JN288369

■基礎コース[経済学]−2■

| 基礎コース |

マクロ経済学
第2版

Macroeconomics

岩田 規久男

新世社

はしがき

　本書はマクロ経済学を理解するために必要と考えられる最小限の基礎を解説したものである。マクロ経済学に限らず、日本の経済学の教科書には程度が高すぎるものが多く、それにつられるためか、大学における入門レベルの講義も、同じく程度が高くなりすぎる傾向があり、消化不良を起こしている学生が少なくない。出版されているマクロ経済学の入門書の中にも、「入門」または「基礎」という名前がつけられていながら、内容は中級や上級レベルの事柄が中心になっているため、入門者の期待を裏切るものが少なくない。このような状況を考慮して、本書は中級や上級レベルの事柄をまったく解説せず、内容を「基礎」に限定した。その意味で、本書は正真正銘の「マクロ経済学の基礎」を解説した教科書である。

　マクロ経済学の基礎は古典派モデルとケインズ・モデルであり、両者の基本的な相違点に留意しながら、両者を正確に理解することが、マクロ経済学を理解する上での出発点となる。以上の考え方に立って、本書の執筆にあたっては、中級レベル以上と思われることは思い切って切り捨て、古典派モデルとケインズ・モデルの核心部分だけを取り出し、わかりやすいことをモットーにした。この目的を達成するため、本書には以下のような工夫が施されている。

　第一に、「事前」と「事後」の区別といった、入門段階で正確に理解しておくべきであるにもかかわらず、誤って理解されているために、その後の理解があやふやになってしまうような概念については、くどいと思われるくらい、繰り返し懇切丁寧に説明するように心がけた。

　第二に、抽象的な説明は避け、具体的な事例や数値例を用いて説明することによって、読者が労力をかけずに理解できるように努めた。

　第三に、図は理解を助ける重要な手段であるので、図による説明を多用し、各々の図には簡単な解説を添えておいた。読者が復習や試験の準備の際に、

はしがき

図をみながらそこに解説されている事柄を読むだけで，全体が理解できるようになれば，読者は当該の問題に関しては理解したと考えてよい。したがって，各節の復習や試験準備の際には，各々の図とその解説だけを読んで理解度を確かめることをお勧めする。

第四に，読者が理解したかどうかを確認するのには，章という単位は長すぎる。本書では章を読み終わってからでなく，きめ細かく各節ごとにその節のキーワードを示し，練習問題を作成した。練習問題では，当該の節のキーワードを使った穴埋め問題などがあるので，読者はその節をどの程度理解したかを，練習問題を解くことによって確認しながら，次の節に進むべきである。

以上のような方法で本書を用いれば，「マクロ経済学の基礎」とはいいながら，本書を読み終わった後には，現実のマクロ経済の諸問題（1990年代に入って，景気がなぜ悪くなったのか，日本銀行の金融政策はどのようなメカニズムを通じて日本経済にどのような影響を与えているかなど）に対する読者の理解は大きく前進しているはずである。

(以上，初版「はしがき」より)

* * * * *

本書の初版が出版されてから半年もたたない98年2月以降，日本経済は戦後どの国も経験することがなかったデフレーション（物価の持続的下落）に陥った。長期にわたるデフレの過程で，成長率は大きく低下し，逆に，失業率は大幅に上昇した。

このように日本経済が長期停滞に陥る中で，90年代半ば以降，インフレ率が2％前後で安定したアメリカやイギリスなどでは，日本やEU諸国よりも高くかつ安定した成長が続き，失業率は着実に低下してきた。

この第2版では，データを更新するとともに，以上のような90年代半ば以降の日本と主要国で起きたマクロ経済の変化に関する説明を付け加え，読者が主要国のマクロ経済の状況を理解できるように努めた。

2005年10月

岩田 規久男

目 次

1 国民経済計算　1
- 1-1　マクロ経済学とは …………………………………………………… 2
- 1-2　国内総生産とは ……………………………………………………… 7
- 1-3　国内総支出とは ……………………………………………………… 14
- 1-4　国内総生産と国内総支出の恒等関係 …………………………… 24
- 1-5　国民経済計算の諸概念 ……………………………………………… 29

2 国内総生産と物価はどのようにして決まるか　43
- 2-1　古典派モデル ………………………………………………………… 44
- 2-2　事前（計画）と事後（結果）の関係 ……………………………… 49
- 2-3　単純なケインズ・モデル …………………………………………… 60

3 独立支出の変化による国内総生産の変化──乗数モデル──　67
- 3-1　45度線分析による国内総生産決定のメカニズム ……………… 68
- 3-2　投資の変化による国内総生産の変化 …………………………… 74
- 3-3　政府支出乗数と租税乗数 ………………………………………… 80
- 3-4　貿易が存在する場合の乗数 ……………………………………… 87

4 投資はどのようにして決まるか　97
- 4-1　投資利益の源泉と投資の期待収益率 …………………………… 98
- 4-2　投資のコストと投資関数 ………………………………………… 102
- 4-3　長期期待と投資 …………………………………………………… 109

目 次

5 利子率はどのようにして決まるか 113
- 5-1 貨幣とは …………………………………………………… 114
- 5-2 貨幣の需要 ………………………………………………… 118
- 5-3 貨幣の供給 ………………………………………………… 124
- 5-4 利子率の決定──流動性選好の理論── ……………… 127

6 IS-LM 曲線による財政金融政策の分析 133
- 6-1 IS 曲線と LM 曲線 ……………………………………… 134
- 6-2 財政政策の効果 …………………………………………… 147
- 6-3 金融政策の効果 …………………………………………… 160

7 古典派モデルと物価が変化するケインズ・モデル 169
- 7-1 物価が変化するケインズ・モデル ……………………… 170
- 7-2 賃金の調整と古典派モデル ……………………………… 182
- 7-3 主要先進国の失業率とインフレ率 ……………………… 194
- 7-4 デフレーションと失業 …………………………………… 203

8 経常収支はどのようにして決まるか 213
- 8-1 為替レートと輸出・輸入 ………………………………… 214
- 8-2 純輸出とアブソープション(内需) ……………………… 222

9 経済はどのようにして成長するか 233
- 9-1 経済成長の源泉 …………………………………………… 234
- 9-2 経済成長の源泉の計測 …………………………………… 251

参考文献　256
練習問題解答　257
索　引　269

第 1 章

国民経済計算

　マクロ経済における，さまざまな経済活動は体系的ないくつかの経済指標によって示される。この体系的な経済指標をまとめたものを，国民経済計算という。この章では，第1節で，マクロ経済学が扱う問題を簡単に説明した後に，第2節以下で，国民経済計算のうち，国内総生産，国内総支出，国民総所得などの主要な概念を定義し，それらの相互関係について説明する。これらの諸概念を理解しておくことは，第2章以下のマクロ経済学を理解するための前提であるので，読者には諸概念を正確に理解した上で，第2章以下に進まれることを望みたい。

1 国民経済計算

□ 1-1　マクロ経済学とは □

■マクロ経済学が扱う問題

　景気が良くなったとか悪くなったとかいう。たとえば，日本経済は1980年代の半ばから後半にかけて，後にバブル景気と呼ばれることになる好景気を経験した。ところが90年代に入ると一転して，長い間景気の低迷に苦しんだ。このように，景気が良くなったり，悪くなったりするのはなぜであろうか。あるいは，主要先進国の物価は60年代終わりから70年代終わりにかけて，総じて高い率で上昇し続けたが，80年代から2000年代にかけては，比較的安定していた(表7-1，188頁参照)。このような物価の変化はどのような要因によって引き起こされるのであろうか。また，世界各国を比較してみると，フランスやイタリアのように，失業率の高い国がある一方で，1980年代までの日本のように比較的低い国がある(図7-13，195頁参照)。一方に，日本やアメリカやドイツなどのように少数の豊かな国があり，他方に，貧困に喘いでいる多くの国がある(図9-1，235頁参照)。こうした国ごとの違いが生まれるのはなぜであろうか。マクロ経済学はこれらの疑問を明らかにしようとするものである。

　以上から想像できるように，マクロ経済学は経済全体の動きを説明しようとする経済学である。生産についていえば，個々の企業の生産を扱うのではなく，国全体の生産を扱う。あるいは価格についていえば，個々のモノ(経済学では，財という)やサービスの価格を問題にするのではなく，個々のモノやサービスの平均的な価格である物価を問題にする。ここで，モノ(財)とは目にみえるモノをいい，サービスとは目にみえないモノをいう。たとえば，鉄道に乗ることを，経済学では「鉄道輸送サービスを消費する」という。

　雇用についていえば，個々の企業がどれだけ雇用するかではなく，経済全体の雇用量がどの程度になり，その結果，失業率がどの程度になるかを問題

にする。消費についていえば，各個人の消費の内容ではなく，各個人の消費を合計した経済全体の消費を分析の対象にする。

　それに対して，個々の企業の生産量や雇用量や，生産された個々のモノやサービスの価格などがどのようにして決定されるか，各個人がさまざまなモノやサービスをどのような割合で消費するか，といったことを分析する経済学を，**ミクロ経済学**という。このように，ミクロ経済学は個々の企業や個人の行動を細かく分析するのに対して，マクロ経済学は個々の企業や個人の行動を集計して，それらの相互作用を通じて経済全体がどのように動くかを分析しようとする。

　マクロ経済学で扱う問題は私たちの生活に深く関係するものばかりである。たとえば，一国の国内で，ある期間に生産されたモノとサービスの総額を国内総生産というが，この国内総生産が増えれば，人々の所得も増え，物質的な生活も豊かになる。雇用機会も増えて失業者も減少する。逆に，景気が悪くなって国内総生産が減少すれば，人々の所得も減少し，暮らしは苦しくなる。企業から解雇されて失業する人も増えるし，学校を卒業しても就職先がなかなかみつからないといった事態が生ずる。

　あるいは，物価の上昇が続くと，年金などに頼って生活している高齢者などの生活は苦しくなる。円がドルに比べて高くなれば(円高になること)，輸入物価の下落を通じて物価が低下し，消費者としては利益を受ける。しかし他方で，輸出が減少するため，輸出産業は打撃を受け，逆に，輸入は増えるので，輸入競争企業(輸入されるモノと同じようなモノを生産している国内企業)の利益は圧迫される。その結果，景気は悪くなる可能性がある。

　上に述べたような，国内総生産，雇用量，物価などを**マクロ経済変数**という。この言葉を使うと，マクロ経済学は，なぜあるマクロ経済変数がある値に落ちついたり，あるいは変化したりするのかを明らかにすることを目的としているといえる。マクロ経済変数を変動させる要因がわかれば，財政政策や金融政策によってそれらの変動を安定化させることによって，国民生活を安定化させるだけでなく，向上させることができる可能性も開ける。こうし

た問題に取り組むという意味で，マクロ経済学はきわめて実践的な経済学である。

■**マクロ経済の仕組み**

　日本経済のように発達した市場経済の特徴は，何を，どれだけ，どのように生産するかを決定する経済主体と，生産されたモノやサービスをどれだけ消費するかを決定する経済主体とが分離している点にある。ここで**経済主体**とは，経済的な事柄について意思決定できる単位をいう。生産を決定する主体を**企業**と呼び，消費を決定する主体を**家計**と呼ぼう。家計は企業で働く労働者でもある。労働者が企業で働くことを家計が企業に**労働サービス**を供給するという。それに対して，企業が労働者を雇うことを，企業が家計の労働サービスを需要するという。

　図 1-1 は複数の企業と複数の家計をそれぞれ一まとめにして，前者を単に企業と，後者を単に家計と呼び，企業と家計とから構成されるマクロ経済の仕組みを示したものである。図の上半分は生産物（サービスを含む）が取引される**生産物市場**（**財市場**ともいう）を示したものである。この生産物は経済全体では，国内総生産または国内総生産物と呼ばれる。図では，国内総生産物はすべて家計によって消費されると仮定されている。この場合，生産物市場で取引されるモノとサービスを**消費財**という。実際の経済では，国内総生産物の中には自動車を作る機械などのように，家計によっては消費されないモノも含まれるが，その点については 1-3 節で扱う。

　他方，図の下半分は**労働市場**を示したものである。この市場では，家計と企業との間で労働サービスが取引され，家計がどれだけ労働サービスを企業に供給し，その対価としてどれだけ**賃金**が得られるかが決定される。家計は企業で働いて**所得**を受け取る。家計はこの所得で，生産物市場で企業が生産したモノやサービスを購入する。他方，企業は，生産物市場で家計にモノやサービスを売って得た収入で，労働市場で雇った労働者に賃金を支払う。

図 1-1 マクロ経済の仕組み

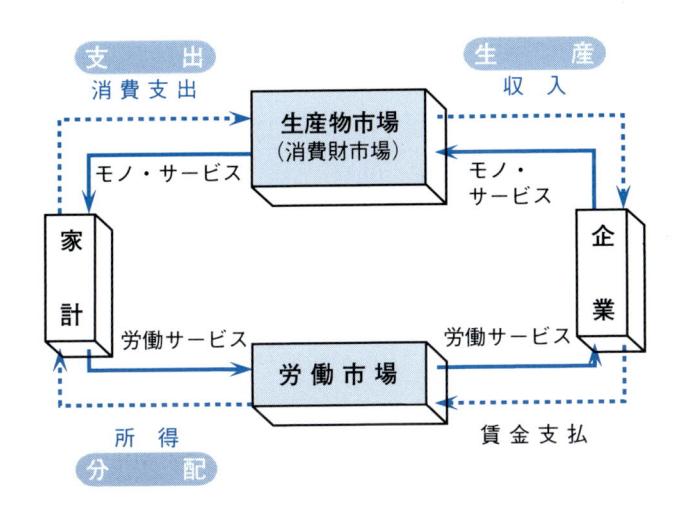

■生産，支出，分配からみたマクロ経済

マクロ経済は生産，支出，分配の三つの側面からみることができる。図1-1 において企業がモノやサービスを生産し，それを生産物市場で販売することは，マクロ経済における生産の側面である。それに対して，家計が生産物市場でモノやサービスを購入することは，マクロ経済における支出の側面である。

他方，企業が家計から労働サービスを購入して，その対価として賃金を支払うことは，所得が家計に分配されるわけであるから，マクロ経済における分配の側面である。

次の 1-2 節では，マクロ経済の生産の側面に注目して，国内総生産とは何かを，1-3 節では，マクロ経済の支出の側面に注目して，国内総支出とは何かを，1-4 節では，事後的にみると，国内総生産と国内総支出とはつねに等しいことを，それぞれ説明する。1-5 節では，国内総所得を定義した上で，それは事後的には，国内総生産および国内総支出に等しいという三面等価の

1 国民経済計算

法則を導いた後に,それまでに説明しなかった,国民経済計算におけるその他の主要な概念(国民総所得など)を説明する。

■生産物市場と労働市場との相互依存関係

ところで,生産物市場と労働市場とは密接に関連している。たとえば,企業が生産したモノやサービスが生産物市場で以前よりも売れなくなる場合を考えてみよう。企業の売り上げは減少するから,企業は生産を縮小し,労働者をいままでのようには雇おうとはしなくなるであろう。その結果,労働市場で決まってくる経済全体の雇用量は減少し,賃金も低下するであろう。したがって,家計の所得は減少する。家計の所得が減少すれば,家計は消費を切りつめなければならない。そのため企業の売上高は一層減少する。企業の売り上げが減少すれば,企業の雇用量は一層減少し,その結果,家計の所得は一層減少するという悪循環に陥る。これが景気が悪くなる局面である。

逆に,家計の消費が活発になって企業の売り上げが増えれば,企業はより多くのモノやサービスを生産しようとするから,国内総生産は増加する。企業はモノやサービスをより多く生産するために,家計からより多くの労働サービスを購入しようとする。すなわち,より多くの人々を雇おうとする。その結果,経済全体の雇用量と家計全体の所得は増加する。家計の所得が増えれば,消費も増える。消費が増えれば企業の売り上げはさらに増えるので,企業は増産のために一層多くの人々を雇おうとするであろう。このようにして,国内総生産と雇用とがともに増加するという好循環が生まれる。この状況が景気が良くなる局面である。

マクロ経済学は,以上のような各市場の相互依存関係を通じて,景気が良くなったり,悪くなったりするメカニズムなどを明らかにしようとするものである。

―― check point 1.1

● キーワード

マクロ経済学　　国内総生産　　物価　　雇用(量)　　ミクロ経済学　　マクロ経済変数　　企業　　家計　　労働サービス　　生産物市場　　財市場　　労働市場　　所得　　消費財　　生産　　支出　　分配

● 1-1節 練習問題

次の文のカッコ内を上に示したキーワードで埋め，適切な文章にしなさい。

1. (1)は経済全体の動きを説明しようとする経済学である。
2. (2)は個々の企業の生産量や雇用量がどのようにして決まるかを分析対象とするのに対して，(3)は個々の企業や家計の行動を集計して，それらの相互作用を通じて経済全体がどのように動くかを分析しようとする。
3. マクロ経済学が分析対象とする(4),(5)，雇用量などは(6)と呼ばれる。
4. (7)は(8)に労働サービスを供給し，(8)はその対価として(7)に賃金を支払う。これにより(7)は(9)を得る。
5. (7)は生産物市場で(9)を消費財の購入にあて，(8)は消費財の生産とその売却とによって得た収入で，当該企業に(10)を供給した(7)に賃金を支払う。

1-2　国内総生産とは

■国内総生産とは

　生産面からみたマクロ経済学におけるもっとも基本的な経済変数は，国内総生産または国民総所得である。ここでは国内総生産について説明し，国民総所得(GNI)については，1-5節で説明する。国内総生産は生産面からみたマクロ経済の概念であり，英語の頭文字をとってGDP(Gross Domestic Product)ともいう。日本の国内総生産(GDP)とは，日本人(企業を含む)であるか外国人(企業を含む)であるかにかかわらず，日本の「国内」で生み出

1　国民経済計算

されたモノやサービスを合計したものをいう。

■ 国内総生産の測定

　1-1節で国内総生産とは，一国の国内で，ある期間に生産されたモノとサービスの総額であると定義した。しかし，その定義は正確ではないのでここでは正確に定義しておこう。まず，国内総生産とは，「ある国の国内で，ある一定の期間（たとえば1年）に生産されたモノとサービス」に関する統計である。しかし，国内で生産されたモノとサービスを単純に合計するだけでは国内総生産にはならない。この点をわかりやすく説明するために，**図 1-2** のようなきわめて単純な経済を考えてみよう。この経済では，農民によって小麦が生産され，製粉企業がその小麦を用いて小麦粉を生産し，パンの製造・販売企業が小麦粉を原料としてパンを製造し，そのパンを消費者に販売する。

　まず小麦の生産段階では，農民によって20万円の小麦が生産される。ここでは簡単化のために，小麦を生産するために必要な原料やエネルギーは無視している。次に，製粉企業が20万円の小麦を農民から購入して，それを原料として50万円の価値に等しい小麦粉を生産する。次に，パンの製造・販売企業が製粉企業から50万円の小麦粉を購入し，それを原料として90万円のパンを製造し，消費者に販売する。この例では，各生産段階の生産高を合計したものは，（小麦生産20万円＋小麦粉生産50万円＋パンの製造・販売90万円）であるから，160万円になる。しかし，この計算方法では，図からわかるように，農民が生産した小麦20万円は小麦粉生産とパンの製造・販売にも含まれており，合計3回加算されている。また製粉企業は農民が生産した小麦20万円に30万円の価値を付け加えて，50万円の小麦粉を生産しているが，その場合に付け加えた30万円はパンの製造・販売にも含まれているため，合計2回加算されている。このように，単純に各生産段階の生産高を加えると，各生産段階の生産高を二重，三重に加えて計算することになるから，一国の生産水準を表す指標としては不適当である。

　二重，三重の計算を避けるためには，次のような方法を用いればよい。ま

1-2 国内総生産とは

図1-2 国内総生産の測定

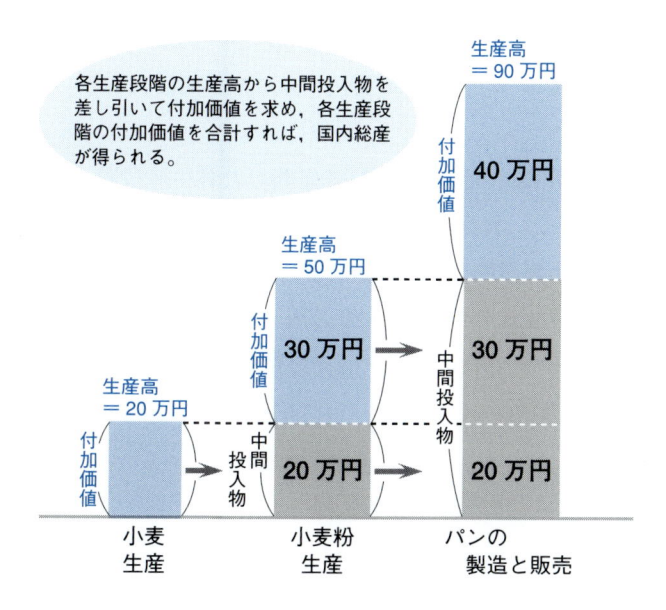

各生産段階の生産高から中間投入物を差し引いて付加価値を求め，各生産段階の付加価値を合計すれば，国内総産が得られる。

小麦生産：生産高＝20万円（付加価値）

小麦粉生産：生産高＝50万円（付加価値30万円＋中間投入物20万円）

パンの製造と販売：生産高＝90万円（付加価値40万円＋中間投入物30万円＋20万円）

ず小麦粉の生産段階をみると，小麦粉生産高50万円の中には農民が生産した20万円の小麦が含まれている。したがって，小麦粉の生産段階で新しく付け加えられた価値は，50万円の小麦粉生産高から20万円の小麦生産高を差し引いた30万円になる。この小麦粉生産段階で新しく付け加えられた価値30万円を，小麦粉生産段階における付加価値という。それに対して，小麦粉を生産するときに原料として用いられた小麦は，小麦粉を生産するときの中間投入物と呼ばれる。以上から，付加価値を式を用いて定義しておくと，次のようになる。

$$\text{付加価値} \equiv \text{生産高} - \text{中間投入物} \tag{1-1}$$

図1-2の例では，小麦生産の段階では原材料やエネルギーなどは投入されないと仮定したので，中間投入物はゼロであり，小麦生産高20万円がそのまま，小麦生産段階における付加価値になる。

次に，パンの製造・販売では，生産高の中に，小麦の生産段階における付

加価値 20 万円と小麦粉生産段階における付加価値 30 万円が含まれている。この付加価値合計 50 万円は小麦粉生産額に等しく，パンの製造・販売企業にとっては原材料である中間投入物になる。したがって，パンの製造・販売段階での付加価値は，パン生産額 90 万円からこの中間投入物 50 万円を引いた 40 万円になる。

図 1-2 における国内総生産は，(1-1) で定義した各生産段階の付加価値を合計したものに等しく，次のように示される。

> 国内総生産 ≡ 各生産段階の付加価値合計
> = 小麦生産の付加価値 20 万円 + 小麦粉生産の付加価値 30 万円 + パンの製造・販売の付加価値 40 万円
> = 90 万円　　　　　　　　　　　　　　　　　　　　　(1-2)

■ 生産高と売上高および最終生産物の関係

図 1-2 の例では，各生産段階で生産されたものは，次の段階ですべて購入されると仮定されている。したがって，各生産段階の生産高と売上高は一致する。この場合には，国内総生産はパンの製造・販売段階における生産高 90 万円に等しくなる。図からわかるように，このパンの製造・販売段階における生産高は各生産段階の付加価値の合計に等しい。すなわち，パンの生産・販売段階における生産高は，パンが生産されるまでのすべての段階における付加価値の合計に等しくなるので，それはそのまま国内総生産になるのである。

消費者によって購入されたパンは，その後誰かほかの人や企業に販売されずに消費者によってすべて消費されるから，パンの製造・販売段階の次の段階は存在しない。いい換えれば，消費者が購入したパンはほかの企業の中間投入物としては利用されない。このように中間投入物として利用されないモノやサービスを，最終生産物という。図 1-2 では消費者によって購入され，消費される 90 万円のパンが，最終生産物である。このときのパンを消費財という。

図 1-3　生産高と売上高と在庫投資

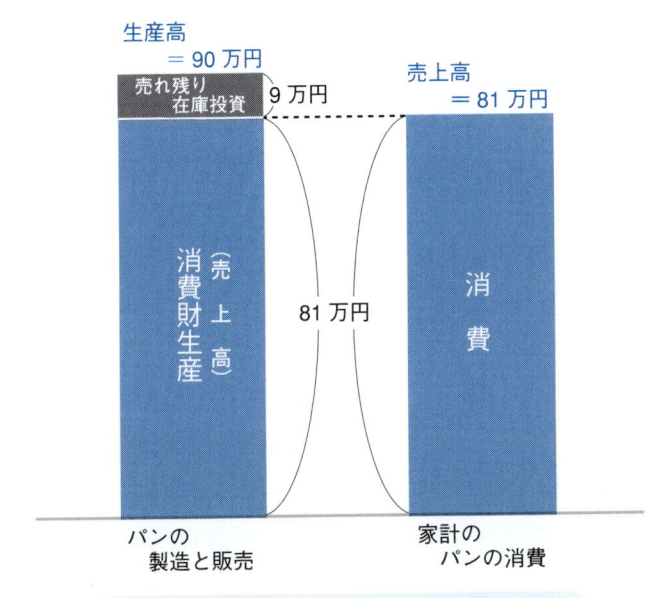

生産高
＝ 90 万円

売れ残り
在庫投資　9 万円

売上高
＝ 81 万円

消費財生産
（売上高）

81 万円

消費

パンの
製造と販売

家計の
パンの消費

パンの製造・販売段階の生産高は，パンが生産・販売されるまでに付け加えられた付加価値の合計，すなわち，国内総生産に等しい。

■最終生産物としての投資財

図 1-2 では，各生産段階で生産されたモノは次の段階で購入されると仮定した。したがって，各生産段階の生産高と売上高は等しい。しかし，実際の経済では，生産したモノはすべて次の段階で購入されるわけではないので，生産高と売上高はかならずしも一致しない。

図 1-2 で，パンの製造・販売段階における生産高は 90 万円であった。いま，パン 1 斤を 90 円とすると，パンの製造・販売企業が販売しようとしたパンの量は 1 万斤だったことになる。しかし実際には，パンは 9000 斤しか売れず，1000 斤が売れ残ったとしよう。この場合には，図 1-3 に示されているように，パンの製造・販売段階における売上高は 81 万円(90 円 × 9000)であり，売れ残ったパンの金額は 9 万円である。この場合にも，国内

1 国民経済計算

総生産は各生産段階の付加価値合計と定義されるので，90 万円で変わらない。しかし，家計が購入したパンは 81 万円であるから，最終生産物である消費財は 81 万円である。それに対して，製造・販売段階で売れ残った 9 万円は，パンの製造・販売企業による「在庫投資」と定義される。在庫とは，企業が将来の生産や販売に備えて保有している原材料や製品のことをいい，在庫投資とは在庫を増やすことをいう。逆に，保有している在庫が減少することを負の在庫投資という。

上で，在庫として保有されたパンを投資財という。この投資財は，いま問題にしている期間(たとえば，1 年)については，中間投入物として利用されないので，消費財と同じように最終生産物になる。

以上から，製造・販売段階で売れ残りが生ずるケースでは，付加価値である国内総生産 90 万円は，最終生産物である消費財の生産 81 万円と投資財の生産 9 万円の合計になる。そこで，これらの関係を式で表しておこう。

$$\text{国内総生産} \equiv \text{付加価値合計 90 万円} = \text{最終生産物の生産高 90 万円} \tag{1-3}$$

$$\text{最終生産物の生産高 90 万円} = \text{消費財生産 81 万円} + \text{投資財生産 9 万円} \tag{1-4}$$

— check point 1.2

● キーワード

国内総生産　　付加価値　　中間投入物　　生産高　　売上高　　最終生産物　　消費財　　在庫投資　　投資財

● 1-2 節 練習問題

ある国の生産物が原油とガソリンだけであるとして，図 1-4 に即して，以下の文のカッコ内を適切な数値または言葉で埋めなさい。ただし，原油採掘段階での中間投入物はゼロとする。

1．ガソリン精製段階の中間投入物と付加価値は，それぞれ，(1)億円と(2)億円である。

図1-4 原油とガソリンだけを生産する国民経済

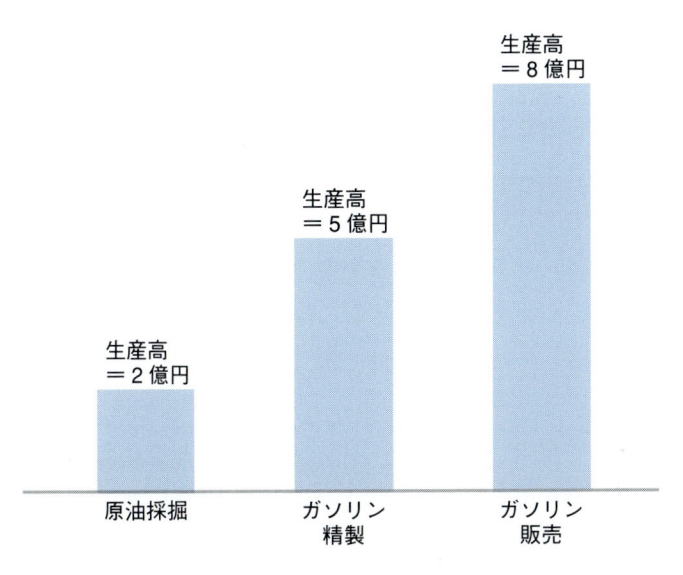

```
                                    生産高
                                   ＝8億円
                                    ┃
                      生産高         ┃
                     ＝5億円         ┃
                      ┃             ┃
     生産高           ┃             ┃
    ＝2億円           ┃             ┃
     ┃               ┃             ┃
    原油採掘       ガソリン       ガソリン
                    精製           販売
```

2．ガソリン販売段階での中間投入物と付加価値は，それぞれ，（3）億円と（4）億円である．
3．国内総生産は各生産段階の（5）の合計であるから，（6）億円である．
4．生産されたガソリンがすべて消費者によって購入されたとすると，ガソリンの生産高である（7）億円は売上高に一致する．この場合の最終生産物は（8）だけである．
5．ガソリンの販売段階において，生産されたガソリンのうち1億円の売れ残りが生ずるとき，その売れ残りをガソリン販売企業による（9）という．この場合には，最終生産物は（10）億円の消費財と1億円の（11）の合計になる．

1　国民経済計算

1-3　国内総支出とは

■支出の側面からみたマクロ経済

　1-2節では，マクロ経済を生産の側面から説明した。マクロ経済は生産されたモノやサービスに対する支出の側面からみることもできる。たとえば，消費されたパンは，パンを生産する企業の側からみると，パンという消費財の生産であるが，パンを消費する家計の側からみると，パンという消費財に対する支出である。そこで，この節では，マクロ経済を支出の側面からながめてみよう。

　図 1-3 に即して説明したときに，パンが売れ残る場合には，生産された最終生産物は消費財と投資財であると述べた。その場合，消費財であるパンは家計によって**消費**される。この家計による消費は家計による支出にほかならない。それでは，製造・販売段階で売れ残ったパン，すなわち，在庫投資は誰による支出と考えたらよいであろうか。

　国民経済計算では，モノやサービスに対する需要を支出と呼び，「ある一定期間に，国内で生産された最終生産物に対する支出総額」を，**国内総支出**と定義している。この定義からわかるように，「中間投入物に対する支出」や「外国で生産された最終生産物に対する支出」は，国内総支出には含まれない。図 1-2（9頁）のケースでは，小麦粉生産企業が原材料として用いた小麦粉 20 万円は，小麦粉生産における中間投入物に対する支出であるから，国内総支出には含まれない。同様にして，パンの製造・販売企業が購入した小麦粉 50 万円も，パン製造・販売企業による中間投入物に対する支出であるから，国内総生産には含まれない。結局，図 1-2 のケースでは，家計がパンの製造・販売企業から購入した消費財としてのパンの購入代金 90 万円が，国内総支出になる。この国内総支出を消費という。

　他方，図 1-3（11頁）における売れ残ったパンは，パンの製造・販売企業自

1-3 国内総支出とは

身によって需要されたものと考えることができる。需要は国民経済計算では支出と定義されるから，売れ残ったパンは製造・販売企業による「在庫投資」という支出に分類される。結局，図 1-3 では，国内で生産された最終生産物に対する支出は，パンの消費と在庫投資の合計に等しく，その合計金額は図 1-2 のケースと同じ 90 万円になる。図 1-3 についての以上の関係を式にまとめておくと，次のようになる。

$$\text{国内総支出} \equiv \text{国内で生産された最終生産物に対する支出}$$
$$= \text{消費} + \text{在庫投資} \tag{1-5}$$

■ 投資の種類

1-2 節と上では，投資財への支出である在庫投資を説明したが，投資財への支出，すなわち，投資は一般に次のように分類される。

(1) 在 庫 投 資

原材料，仕掛品（しかかりひん），製品などの保有を増やすことを**在庫投資**という。たとえば，図 1-3 においてパンの生産・販売段階で売れ残った 9 万円のパンは，パンの製造・販売業者によるパンという製品への在庫投資である。そこでこれを，**製品在庫投資**という。それに対して，図 1-2 において，かりに小麦の製粉業者が，農家から購入した小麦の一部をそのまま小麦として保有し続け，小麦粉の生産に使わなかったとしよう。この製粉業者によって保有された小麦の増加分は，製粉業者によって需要されたモノと考えることができるので，支出に分類される。また，この小麦は，当該の期間においては，ほかの企業の中間投入物としても利用されず，消費者によっても消費されないので，最終生産物の一種である投資財になる。そこで，この製粉企業による原材料という投資財に対する支出を，**原材料在庫投資**という。

製粉企業が購入した小麦は加工されて小麦粉になるが，小麦から小麦粉になる前の中間段階にあるモノがある。このような，小麦粉になりきらない中間段階にあるモノを**仕掛品**という。この仕掛品はパンの製造・販売企業に売却されずに，製粉企業の手元に残り，将来の小麦粉生産に向けられる。この

ように仕掛品の段階で止まったモノを，製粉企業による**仕掛品在庫投資**という。この仕掛品在庫投資も製粉企業による仕掛品に対する需要と考えられるので，支出に分類される。以上の関係を式にまとめておくと，次のようなる。

在庫投資 ＝ 原材料在庫投資 ＋ 仕掛品在庫投資 ＋ 製品在庫投資

(1-6)

　在庫投資の対象になった投資財が，「国内」で生産された最終生産物であれば，それは国内総支出の一部になる。このことは，「国外」で生産された最終生産物に対する支出は，国内総支出に含まれないことを意味するが，この点については，この節の「貿易が存在するケース——「国内」と「外国」の区別——」の項(20 頁)で説明する。

(2) 設備投資

　設備投資とは企業が生産のために工場や事務所を建設したり，機械を購入したりすることをいい，支出に分類される。これらの工場や事務所や機械などは投資財と呼ばれる。投資財はそれを購入した企業によって利用され，その他の企業の中間投入物としては使われない。したがって，機械などの投資財の購入，すなわち，投資財に対する支出も最終生産物に対する支出である。このとき，設備投資の対象になった投資財が，「国内」で生産されたモノであれば，それは国内総支出の一部になる。

　なお，機械を生産している企業が，その企業みずからはその機械を使用もせず，またほかの企業にも売らずに，しばらく保有する場合には，設備投資ではなく**製品在庫投資**に分類される。

(3) 住宅投資

　住宅投資とは企業や家計が住宅を購入する(あるいは，需要する)ことをいう。住宅の購入は住宅に対する支出であるから，その住宅が国内で生産されたものであれば，国内総支出の一部になる。なお，住宅投資については，次の点に注意しておく必要がある。

　企業や家計が住宅を購入する場合の代金には，土地の購入費が含まれ，土地購入費は企業や家計の住宅投資になる。しかし，一国全体で住宅投資を考

1-3 国内総支出とは

図1-5 サラリーマンの住宅投資と土地購入代金

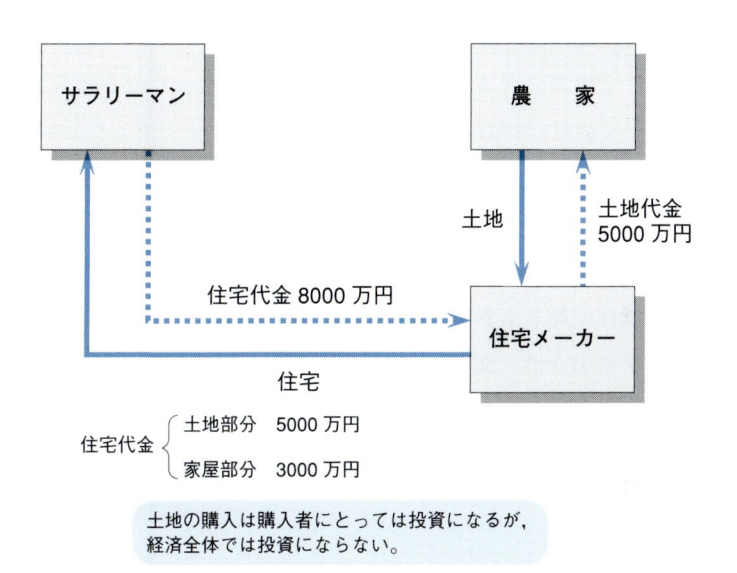

```
サラリーマン                    農　家
                    土地    土地代金
                            5000万円
        住宅代金 8000万円
                           住宅メーカー
              住宅

住宅代金 ┌ 土地部分  5000万円
        └ 家屋部分  3000万円
```

土地の購入は購入者にとっては投資になるが，経済全体では投資にならない。

える場合には，この土地の購入費にあたる部分は住宅投資には含まれない。この点を数値例を用いて示しておこう。図1-5は，あるサラリーマンが住宅メーカーから住宅を購入する場合を示している。住宅メーカーは農家から土地を5000万円で購入し，その上に住宅を建設し，サラリーマンに8000万で住宅を売却するとしよう。このケースでは，住宅メーカーにとって5000万円の土地は中間投入物になり，住宅メーカーが付け加えた付加価値は家屋部分の3000万円である。他方，サラリーマンの住宅投資は住宅購入代金である8000万である。その内訳は，土地に対する投資部分である5000万円と家屋への投資部分である3000万円である。他方，農家は5000万円に相当する土地を住宅メーカーに売っている。このとき，農家の土地投資はマイナスの5000万円であるという。その結果，経済全体では，サラリーマンの土地投資5000万円と農家のマイナスの土地投資5000万円とが相殺されるので，経済全体の土地投資はゼロになる。したがって，家屋への投資と土地への投資

を合計した住宅投資は,経済全体では,家屋に対する投資だけが残り,3000万円になる。

このように土地付きの住宅を購入するサラリーマンにとっては,土地購入費の部分も住宅投資に含まれるが,他方に土地を売っている経済主体(図1-5のケースでは農家)が存在するため,経済全体では,サラリーマンの土地投資は農家のマイナスの土地投資によって相殺されてしまうので,家屋への投資だけが経済全体の住宅投資として残るのである。

以上のように,マクロ経済学では,投資とは生産された目にみえる耐久性のあるモノ(財)に対する支出を指す。ただし,家計が自動車のような耐久消費財を購入する場合は,便宜的に,民間消費に分類している。それに対して,日常用語では,債券や株式などの金融資産を購入することも投資と呼んでいる。しかしマクロ経済学では,それらは投資とは呼ばず,金融投資として区別している。

■政府部門と貿易が存在しない場合の国内総支出

ここで,政府部門が存在しない民間部門からだけ構成される国民経済を考え,貿易も存在しないケースについて,国内総支出の構成要素をまとめておこう。政府部門が存在しないということは,経済主体は家計と企業とから構成される経済を考えるということである。この場合の家計の最終生産物に対する支出は消費と住宅投資から構成される。そのうちの消費は,国民経済計算では民間最終消費支出と呼ばれる。しかし,本書では簡略化して,単に,民間消費ということにする。

それに対して,企業の最終生産物に対する支出は投資である。投資は在庫投資と設備投資と住宅投資から構成される。したがって,住宅投資については家計による住宅投資と企業による住宅投資とが存在するわけである。家計と企業の投資の合計を民間国内総投資という。以上から,政府部門と貿易が存在しない場合の国内総支出を式で示すと,次のようになる。

1-3 国内総支出とは

図1-6 国内総支出の数値例 ──政府と貿易が存在しないケース──

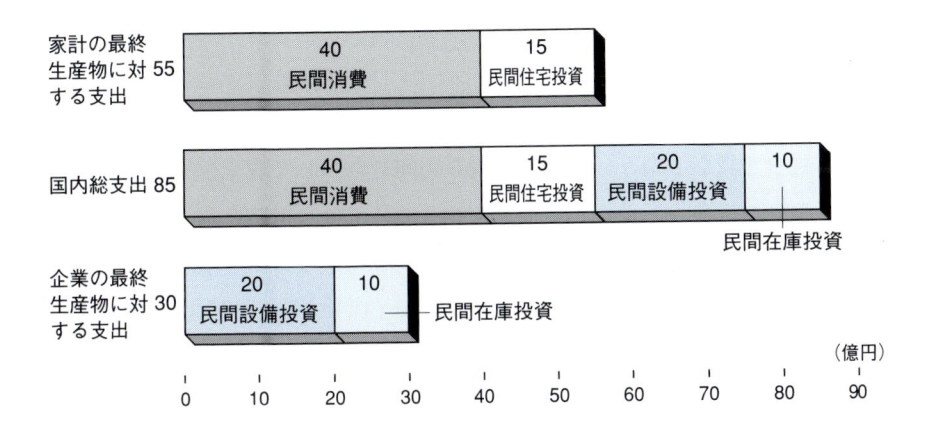

家計の最終生産物に対する支出 55：民間消費 40、民間住宅投資 15

国内総支出 85：民間消費 40、民間住宅投資 15、民間設備投資 20、民間在庫投資 10

企業の最終生産物に対する支出 30：民間設備投資 20、民間在庫投資 10

（単位：億円）

$$\begin{aligned}
国内総支出 &= 民間消費 + 民間国内総投資 \\
&= 民間消費 + 民間在庫投資 + 民間設備投資 \\
&\quad + 民間住宅投資
\end{aligned} \tag{1-7}$$

(1-7)で，各用語に「民間」と付けられているのは，政府と区別するためである。

■ 国内総支出の数値例

図1-6 は，政府と貿易が存在しない場合における国内総支出の数値例を示したものである。家計の最終生産物に対する支出は，民間消費と民間住宅投資であり，それぞれ40億円と15億円である。したがって，家計の最終生産物に対する支出合計は55億円になる。他方，企業の最終生産物に対する支出は民間設備投資と民間在庫投資であり，それぞれ20億円と10億円である。このケースでは，企業は住宅に投資しないと仮定されている。したがって，企業の最終生産物に対する支出合計は30億円になる。

このマクロ経済の国内総支出は，国内で生産された最終生産物(貿易が存在しないケースなので，最終生産物はすべて国内で生産されている)に対す

る，家計と企業による支出の合計であるから，図に示されているように85億円になる。

■ **政府部門の支出**

実際の国民経済には，民間部門だけでなく政府部門が存在する。政府は民間から税金を徴収したり，民間に国債を売却したりして資金を集め，それを用いて公務員を雇って彼らに給与を支払ったり，橋や道路を造ってそれを造った企業に代金を払ったりする。これらの政府による支出を政府支出という。この政府支出は，その支出の対象である最終生産物が国内で生産されたモノやサービスであれば，国内総支出の一部になる。

■ **貿易が存在するケース ──「国内」と「外国」の区別──**

上では外国との貿易を考慮しなかったが，日本をはじめ多くの国民経済は，外国と貿易している。この場合，外国にモノやサービスを売ることを輸出といい，外国からモノやサービスを購入することを輸入という。まず，輸出から説明しよう。日本についてみると，日本の国内で生産されたモノやサービスの輸出は，日本の国内総支出の一部になる。ただし，輸出の場合，支出された場所は「国内」ではなく「外国」である。「外国」で支出されたにもかかわらず，国内総支出の一部であるというのは，「国内で生産された」モノやサービスに対する支出だからである。つまり国内総支出という場合の「国内」とは，その支出の対象となったモノやサービスが「生産された場所」のことをいい，「支出された場所」とは無関係な概念である。

次に輸入について考えてみよう。日本の輸入は「外国で生産された」モノやサービスに対する支出であるから，国内総支出には含まれない。しかし，実際の国民経済計算においては，民間消費や民間国内総投資や政府支出の中に，輸入されたモノやサービスに対する支出が含まれている。たとえば，家計が消費するモノの中にはヨーロッパで作られた洋服や化粧品などの輸入品が含まれている。あるいは企業や政府が購入するパソコンは設備投資である

が，それらの中には外国で生産された輸入品のパソコンが存在する。このような「外国で生産された」輸入品は，「国内で生産された」モノに対する支出ではないので，定義によって，国内総支出ではない。したがって，国内総支出を求める際には，民間消費，民間国内総投資，および輸出の中に含まれている輸入を差し引かなければならない。

　国民経済計算では，まず，国内で生産されたか，外国で生産されたかを問わず，民間消費と民間国内総投資と政府支出および輸出を合計し，次に，その合計から輸入を差し引くことによって，国内で生産された最終生産物に対する，民間消費，民間国内総投資，政府支出，および輸出の合計を求めている。このようにして求められた，「国内で生産された」最終生産物に対する支出の合計が，国内総支出である。以上を式でまとめておくと，次のようになる。

$$\text{国内総支出} = \text{民間消費} + \text{民間国内総投資} + \text{政府支出} + \text{輸出} - \text{輸入} \tag{1-8}$$

　(1-8)の右辺の民間消費，民間国内総投資，政府支出，および輸出の合計は最終生産物に対する支出の合計である。この最終生産物の中には，輸入品が含まれているが，輸入品に対する支出は定義によって国内総支出には含まれない。したがって，国内総支出は，輸入品を含めた最終生産物に対する支出合計から，輸入を差し引いた金額になる。これらの関係を式でまとめておくと，

$$\begin{aligned}
\text{国内総支出} &\equiv \text{国内で生産された最終生産物に対する支出} \\
&= \text{最終生産物に対する支出} - \text{輸入} \\
&= \text{民間消費} + \text{民間国内総投資} + \text{政府支出} \\
&\quad + \text{輸出} - \text{輸入} \\
&= \text{民間消費} + \text{民間国内総投資} + \text{政府支出} + \text{純輸出}
\end{aligned} \tag{1-9}$$

ただし，純輸出 ＝ 輸出 － 輸入である。

1　国民経済計算

図1-7　国内総支出と輸出入の関係

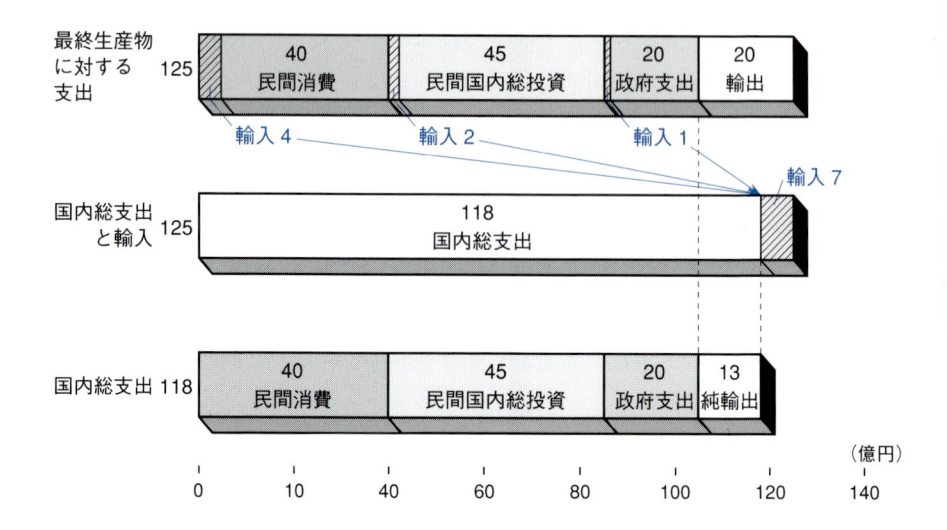

最終生産物に対する支出　125：民間消費 40／民間国内総投資 45／政府支出 20／輸出 20

輸入 4　輸入 2　輸入 1

国内総支出と輸入　125：国内総支出 118／輸入 7

国内総支出 118：民間消費 40／民間国内総投資 45／政府支出 20／純輸出 13

(億円)　0　10　40　60　80　100　120　140

■ 政府と貿易を含んだ国内総支出の数値例

図1-7は政府と貿易が存在する場合の国内総支出の数値例を示したものである。この例では，最終生産物に対する支出は，民間消費，民間国内総投資，政府支出，輸出の合計で，125億円になる。しかし，この最終生産物の中には，「国内」ではなく，「外国」で生産された最終生産物も含まれている。この「外国」で生産された最終生産物に対する支出は，定義によって国内総支出から除外しなければならない。まず，民間消費は40億円であるが，そのうち斜線で示された4億円は，外国で生産された輸入品（たとえば，ドイツで生産された自動車のベンツ）に対する支出であるので，国内総支出から差し引かれる。また，45億円の民間国内総投資のうち斜線で示された2億円は，外国で生産された機械などの輸入品の購入であるので，これも国内総支出から除かなければならない。次に政府支出は20億円であるが，このうち斜線で示された1億円は，輸入品の購入であるので，これも国内総支出から除かれる。最後に，輸出20億円はすべて国内で生産された最終生産物であ

り，外国で生産された最終生産物は存在しないと仮定されている。

　以上から，民間消費，民間国内総投資，政府支出に含まれている輸入品の合計は7億円になる。この7億円を最終生産物に対する支出合計125億円から差し引くと，国内総支出が118億円と求められる。この国内総支出は民間消費，民間国内総投資，政府支出の合計105億円に純輸出13億円を加えたものである(1-9式参照)。

— check point 1.3

● キーワード

> 国内総支出　　最終生産物に対する支出　　民間消費　　在庫投資　　原材料在庫投資　　仕掛品在庫投資　　製品在庫投資　　設備投資　　住宅投資　　民間国内総投資　　政府支出　　輸出　　輸入　　国内　　外国　　国内で生産された最終生産物に対する支出

● 1-3節 練習問題

A　次の( )の中を適切な用語で埋めなさい。ただし，( )内が同じ数字である場合は，埋める用語も同じものにする。

1．国内総支出 ＝ (1) ＋ (2) ＋ (3) ＋ (4) － (5)
2．(2) ＝ (6) ＋ (7) ＋ (8)
3．(6)には企業が生産した製品のうち，売却しなかったものが含まれる。製品を生産した企業がその製品を保有することを(9)という。
4．(7)には，企業による工場や事務所などの建設や，(10)の購入が含まれる。
5．政府が公務員に給与を支払うと，その支出は(3)に計上される。

B　次の文が正しければ○，間違っていれば×，どちらでもなければ△をつけよ。

1．国内総支出とは，ある期間において，ある国の国内で生産された最終生産物に対する支出を合計したものである。
2．輸出したり，輸入したりしている国では，ある期間における，その国の最終生産物に対する支出を合計すれば，国内総支出が求められる。

1 国民経済計算

3．小麦粉の製粉企業が農家から小麦を原材料として購入し，それを倉庫に保管するだけで，それを用いて小麦粉を生産しなかった場合には，この小麦は中間投入物ではなく，最終生産物になる。
4．学君のお父さん（日本の居住者）はドイツで生産されたベンツを購入した。これは日本の国内総支出の一部になる。
5．あるアメリカ人が日本の東芝が日本国内で生産したパソコンを購入した。これはアメリカ人による支出であるから，日本の国内総支出には含まれない。

1-4　国内総生産と国内総支出の恒等関係

■もっとも単純なマクロ経済のケース

　1-2 節と 1-3 節では，それぞれ，国内総生産と国内総支出を定義した。そこでこの節では，国内総生産と国内総支出の関係について説明しよう。理解を容易にするために，図 1-3 (11 頁) に示されているような，国内総支出が消費と在庫投資とだけから構成されるもっとも単純なマクロ経済を考えよう。

　図 1-3 は 11 頁の図 1-3 を再掲したものである。この経済では，国内で生産された最終生産物はパンだけであり，その生産高は 90 万円である。国内総生産は国内で生産された最終生産物の合計であるから，この経済の国内総生産はパンの生産高 90 万円に等しい。

　図 1-3 では，生産された 90 万円のパンのうち，家計によって購入され，消費されたパンは 81 万円であり，残りの 9 万円に相当する分はパンを製造した企業自身によって保有され，家計には売却されなかった。この家計に売却されなかったパンを支出面からみると，パンの製造企業自身によって 9 万円が支出されて，パンが購入されたとみなすことができる。ただし，パンを購入する主体も売る主体も，同じパン製造企業であるから，代金の授受は起きない。他方，この消費者に売却されなかったパンを，生産面からみると，

1-4 国内総生産と国内総支出の恒等関係

図1-3 生産高と売上高と在庫投資

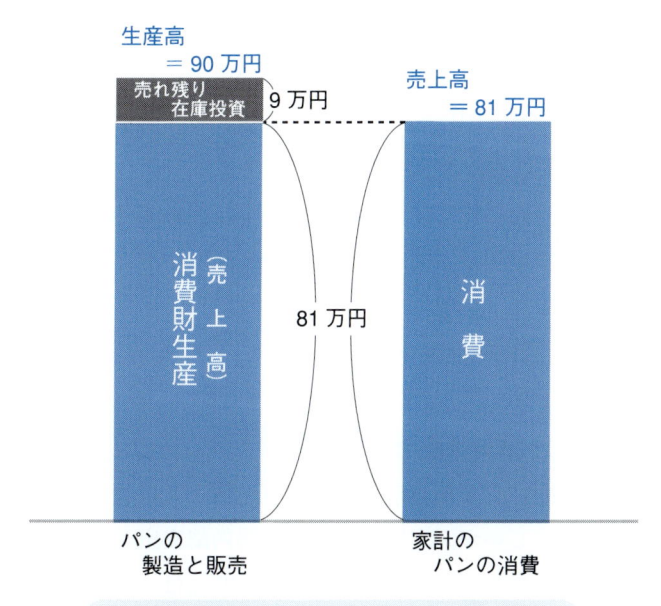

パンの製造・販売段階の生産高は，パンが生産・販売されるまでに付け加えられた付加価値の合計，すなわち，国内総生産に等しい。

家計に売却されなかったパンは投資財と呼ばれるので，この経済は9万円に相当する投資財を生産したことになる。

以上をまとめておこう。まず，国内総生産とはある一定期間における一国経済の活動を生産面からみたものである。いま問題にしているマクロ経済は，81万円の消費財と9万円の投資財を生産したことになり，これらの合計が国内総生産である。すなわち，

$$\begin{aligned}国内総生産 &= 消費財生産(81万円) + 投資財生産(9万円)\\ &= 90万円\end{aligned} \quad (1\text{-}10)$$

次に国内総支出とは，一国のマクロ経済の活動水準を支出面からみたものである。上の例では，国内総支出は民間消費と在庫投資の合計であるから，

1 国民経済計算

次のようになる。

> 国内総支出 ＝ 民間消費（家計によって購入されたパン 81 万円）＋ 在庫投資（売れ残ったパン 9 万円。これはパンを生産した企業による支出とみなされる） (1-11)

(1-10) と (1-11) から，国内総生産と国内総支出はともに 90 万円で等しいことがわかる。両者が等しくなるのは，国内総生産のうち家計によって消費されなかったパンの売れ残り分を，パンを生産した企業自身による支出とみなして，在庫投資に分類し，国内総支出の中に含めたからである。この定義的関係を式で示せば，

> 在庫投資 ≡ 国内総生産 − 民間消費 (1-12)

これを変形すると，

> 国内総生産 ≡ 民間消費 ＋ 在庫投資 (1-13)

(1-13) 右辺の民間消費と在庫投資の合計は，図 1-3 のケースでは定義によって国内総支出に等しいから，**国内総生産と国内総支出とは等しくなる**。

ただし，上の国内総生産と国内総支出の恒等関係は，事後的に成立する関係であって，事前的にはかならずしも成立しない。しかし，ここで，「事前的」および「事後的」とは何かを説明していると，話が先に進まないので，この点については，2-2 節で説明することにして，話を先に進めることにする。

■一般的なマクロ経済における国内総生産と国内総支出の恒等関係

上に述べた，国内総生産と国内総支出は等しいという事後的な恒等関係は，政府や貿易を含んだより一般的なマクロ経済についても成立する。この恒等関係が成立するのは，国内総生産物の合計と輸入品のうち，民間によって消費もされず，民間の住宅投資や設備投資の対象にもならず，政府によって購入もされず，輸出もされずに，企業の手元に残ったモノを在庫投資と定義して，国内総支出の中に含めるからである。すなわち，一般的なケースでは，民間在庫投資は次のように定義される。

民間在庫投資 ≡【国内総生産 ＋ 輸入】－【民間消費 ＋ 民間設備投資 ＋ 民間住宅投資 ＋ 政府支出 ＋ 輸出】　　　　　　(1-14)

(1-14)を整理すると,

民間在庫投資 ≡ 国内総生産 －【民間消費 ＋ 民間設備投資 ＋ 民間住宅投資 ＋ 政府支出 ＋ 輸出 － 輸入】　　　　　　(1-15)

純輸出を純輸出 ＝ 輸入 － 輸出と定義すると,

民間在庫投資 ≡ 国内総生産 －【民間消費 ＋ 民間設備投資 ＋ 民間住宅投資 ＋ 政府支出 ＋ 純輸出】　　　　　　(1-16)

(1-16)から,次式が得られる。

国内総生産 ≡ 民間消費 ＋ 民間設備投資 ＋ 民間住宅投資 ＋ 民間在庫投資 ＋ 政府支出 ＋ 純輸出　　　　　　(1-17)

(1-17)の右辺の(民間設備投資 ＋ 民間住宅投資 ＋ 民間在庫投資)は民間国内総投資であり,(1-17)の右辺は定義によって国内総支出であるから,

　　国内総生産 ≡ 国内総支出　　　　　　(1-18)

という恒等式がえられる。

■国内総生産と国内総支出の恒等関係：数値例

　図 1-8 は図 1-7 と同じマクロ経済を,生産と支出の両面から示したものである。この経済では1年間に国内で生産された最終生産物の合計は 118 億円である。これがこの国の1年間の国内総生産になる。他方,支出に注目すると,民間消費 40 億円,民間設備投資と民間住宅投資の合計 35 億円,政府支出 20 億円,純輸出(＝ 輸出 － 輸入)13 億円である。これらの合計は(1-16)の右辺の大カッコ内の合計であり,108 億円である。これは国内総生産よりも 10 億円少ない。この 10 億円は,国内総生産 118 億円のうち,家計の消費や住宅投資,企業の設備投資や住宅投資,政府支出,輸出のいずれの対象にもならず,企業の手元に残っているものである。

　すでに述べたように,このような企業の手元に残っている最終生産物は,民間在庫投資と定義されて,国内総支出に含められる。したがって,上の

1 国民経済計算

図1-8 国内総生産と国内総支出の事後的恒等関係

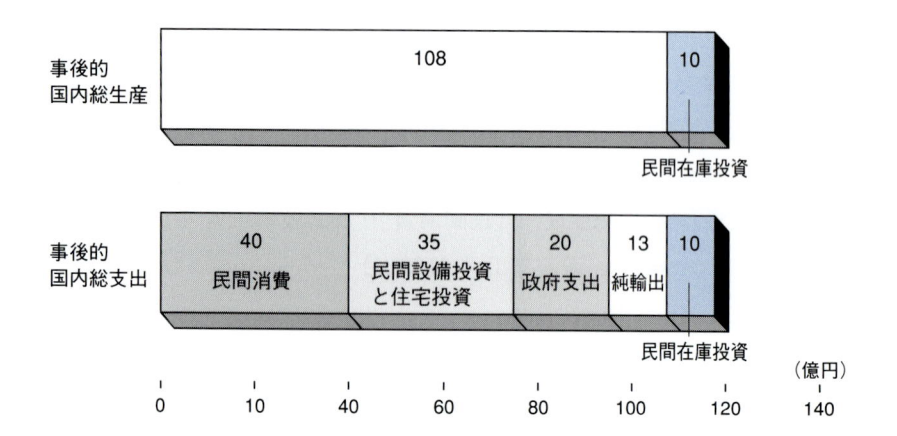

108億円の支出に民間在庫投資10億円を加えれば，118億円の国内総支出になり，それはかならず国内総生産に一致する。つまり，民間在庫投資の定義によって，国内総生産と国内総支出はかならず一致するという恒等関係が成立するのである。

check point 1.4

● 1-4節 練習問題

国内総生産＝100億円，民間消費＝60億円，民間設備投資＝15億円，民間住宅投資＝5億円，政府支出＝10億円，輸出＝8億円，輸入＝4億円として，次の（　）内を適切な数値または言葉で埋めよ。

1. 民間在庫投資は(1)億円である。
2. 国内総支出は(2)，(3)，(4)，(5)，(6)，(7)の合計から(8)を差し引いたものであるから，(9)億円になり，それは(10)に等しい。
3. 民間国内総投資は(11)億円である。
4. 純輸出は(12)億円である。

1-5 国民経済計算の諸概念

■ 分配面からみたマクロ経済

　1-2 節では，マクロ経済を生産の面から，1-3 節では支出の面から，それぞれ説明し，国内総生産と国内総支出は，事後的にはかならず等しくなることを説明した。ここでは，マクロ経済を分配面からみてみよう。

　図 1-1（5 頁）を用いて説明したように，企業はモノやサービスを生産し，それらを売却した代金で，労働サービスを供給した家計に賃金を支払う。しかし実際の企業活動はもっと複雑で，企業は労働サービスを購入するだけではなく，土地や建物を借りたり（これを土地サービスや建物のサービスを購入するという），在庫投資や設備投資のために資金を調達したりする。土地や建物を借りる場合には，企業はそれらの所有者に地代や家賃を支払う。資金を借り入れた場合には，資金の提供者に利子を支払う。また，資金を株式の形で企業に供給した者（これを株主という）に対しては，企業は利益の中から一部を配当として支払うが，残りは配当せずに企業の中にとどめておく。この企業の中にとどめられた利益を内部留保（または，留保利益）という。企業はこの内部留保を設備投資などのための資金として用いる。

　上に述べた，賃金や地代・家賃や利子・配当および内部留保などと，企業の生産との間には次のような関係がある。理解を容易にするために，図 1-2（9 頁）におけるパンの製造・販売企業を例にとろう。この企業の生産高は 90 万円であり，それは売上高に等しい。企業はこの売上高 90 万円から，まず小麦粉生産企業から購入した，中間投入物である小麦粉の代金 50 万円を支払う。残りの 40 万円が，このパンの製造・販売企業の付加価値である。図 1-9 では，企業はこの付加価値 40 万円の中から，賃金を 20 万円，地代・家賃と利子を 10 万円支払っている。これらを支払った後に企業の手元に残る 10 万円を，企業利益（あるいは利潤）という。図 1-9 の例では，企業利益

1 国民経済計算

図1-9 付加価値と分配の関係

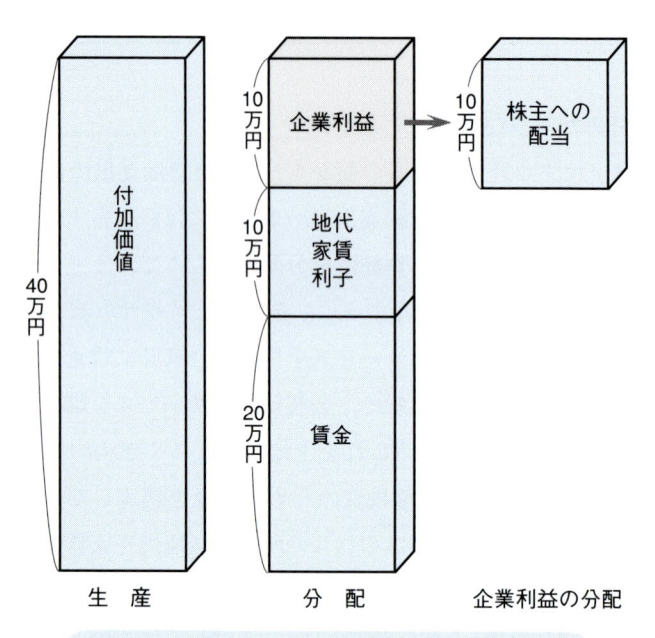

付加価値は生産に貢献した生産要素の所有者に分配される。

はすべて株主に配当として支払われている。このように，付加価値40万円はその付加価値の生産に貢献した経済主体に，賃金，地代，家賃，利子，配当として分配される。これらの賃金や地代・家賃などの所得を労働サービスなどの生産要素の所有者が獲得した所得という意味で，要素所得という。この数値例からわかるように，各経済主体に分配された金額の合計は，付加価値の合計に等しくなっている。両者が等しくなるのは，企業利益を次のように定義したからである。

企業利益（損失）≡ 付加価値 −（賃金 ＋ 地代・家賃 ＋ 利子）(1-19)

(1-19)で，(賃金 ＋ 地代・家賃 ＋ 利子) が付加価値よりも大きければ，企業利益は負になる。負の企業利益とは企業損失のことにほかならない。企業は貨幣を銀行などから借り入れることによって，一時的には，付加価値を超

える（賃金 ＋ 地代・家賃 ＋ 利子）を支払うことができる。しかし，そのような状態が長期的に続けば，やがて企業に貨幣を貸す者がいなくなるので，企業は倒産する。

(1-19)から次の関係が得られる。

$$\text{付加価値} \equiv \text{賃金} + \text{地代・家賃} + \text{利子} + \text{企業利益（損失）} \quad (1\text{-}20)$$

各経済主体の付加価値を一国全体で合計したものは，国内総生産である。他方，各企業が分配した金額を一国全体で合計したものを，**国内総所得**という。したがって，次の関係が成立することがわかる。

$$\text{国内総生産} = \text{国内総所得} \quad (1\text{-}21)$$

1-4節で，国内総生産と国内総支出は事後的にはつねに等しくなることを説明したが，国内総生産は事後的にかならず国内総所得にも等しくなる。結局，次の関係が事後的にかならず成立する。

$$\text{国内総生産} = \text{国内総支出} = \text{国内総所得} \quad (1\text{-}22)$$

(1-22)は国内総生産と国内総支出および国内総所得は，「事後的には」かならず等しくなることを示しており，**三面等価の法則**と呼ばれる。ここで三面とは，**生産面**と**支出面**と**分配面**を指している。なお，事後的という意味については2-2節で説明する。

日本の国民経済計算では，支払われた賃金の総額を**雇用者所得**と定義し，付加価値から雇用者所得を差し引いたものを**営業余剰**と定義している。すなわち，

$$\text{営業余剰} \equiv \text{国内総生産（付加価値の合計）} - \text{雇用者所得} \quad (1\text{-}23)$$

営業利益の定義からわかるように，営業利益には企業利益のほかに，地代・家賃や利子が含まれている。(1-23)から，国民経済計算において国内総生産と国内所得が事後的にはかならず等しくなるのは，営業余剰を国内総生産から雇用者所得を差し引いたものを定義したからであることがわかる。

■「総」概念と「純」概念の区別

企業は機械や建物などの資本を用いてモノやサービスを生産するが，これ

らの資本は使われている過程で摩耗し、その生産能力は低下する。この生産能力が低下した分を金額表示したものを、減価償却費または固定資本減耗という。国内総生産においてはこの固定資本減耗は控除されていない。それに対して、国内総生産から固定資本減耗を控除したものを、国内純生産(Net Domestic Product, NDP)という。

国内純生産(NDP) ＝ 国内総生産(GDP) － 固定資本減耗　　(1-24)

(1-24)からわかるように、国内総生産における「総」とは固定資本減耗を差し引いていないことを意味する。「総」に代えて「粗」という言葉が用いられる場合もある。その場合には、粗国内生産という。それに対して、国内純生産における「純」とは固定資本減耗が控除されていることを意味している。なお固定資本減耗の存在を考慮すると、(1-23)の営業余剰には固定資本減耗が含まれているので、それは厳密には、総営業余剰、または、粗営業余剰と呼ばれる。

国内純生産を支出面からみた概念に国内純支出がある。これは民間国内総投資や政府支出の中に含まれている固定資本減耗分を差し引いた概念である。たとえば、民間国内総投資が100億円であるとし、既存の機械等の資本減耗分を20億円とすると、民間国内総投資100億円のうち20億円は資本減耗分を相殺するための投資と考えることができる。この部分を民間国内総投資から控除したものを民間国内純投資と呼ぶ。以上をまとめておくと、

国内純支出 ＝ 国内総支出 － 固定資本減耗　　(1-25)

(1-24)と(1-25)から、国内純生産と国内純支出も事後的にかならず等しくなる。

同様に、固定資本減耗の存在を考慮すると、国内純所得は、国内総生産から固定資本減耗を控除した国内純生産の中から分配された所得と定義されるから、国内純生産に等しくなる。なお、国内純所得に固定資本減耗を加えたものが国内総所得である。

1-5　国民経済計算の諸概念

■ 国内総生産と国民総所得

　国民経済計算には「国内」概念と「国民」概念とがある。いままで説明してきた国内総生産や国内総支出は「国内」概念である。「国内」概念とは，付加価値が生産された場所が「国内」という意味である。それに対して，「国民」概念を用いた国民経済計算の代表的な経済変数に，国民総所得 (Gross National Income, GNI) がある[注1]。これは一国の「国民」が生産した付加価値の合計を分配面から見たものである。国民総所得における「国民」とは居住者のことを指し，かならずしも「国籍」とは一致しない。たとえば，日本の国内に存在する外資系企業は日本の居住者として扱われ，国民総所得における「国民」に該当する。したがって，日本国内に存在する外資系企業が生産したモノは，国内総生産であるとともに，国民総所得でもある。

　それに対して，国民総所得には含まれるが，国内総生産には含まれないものが存在する。たとえば日本の居住者で，かつ，海外に存在する企業の株主である投資家が，その海外に存在する企業から受け取った配当を考えてみよう。この配当は，日本の居住者が供給した資金を，海外で生産に用いて生み出された生産物の中から分配されたもの，と考えることができる。したがって，この配当は日本の居住者が生産に貢献して得たものという意味で，日本の国民総所得に含まれる。しかし，生産された場所は日本ではなく海外であるので，日本の国内総生産には含まれない。

　逆に，国内総生産には含まれるが，国民総所得には含まれないものが存在する。たとえば，海外の居住者が日本で取得した所得は，海外の居住者が生産に貢献した生産物の中から分配されたものであるので，日本の国民総所得には含まれない。しかし，その所得は日本国内で生産された生産物の中から分配されたものであるので，日本の国内総生産には含まれる。具体的には，たとえば，日本に存在する企業が海外に居住する株主に対して支払った配当

(注1)　旧経済企画庁(現内閣府)は2000年に，それまで使用していた国民総生産や国民総支出などの用語の使用を取りやめ，それらを分配面から見た国民総所得という用語を使うようになった。そこで，以下ではこの新しい用語を使うことにする。

1　国民経済計算

図1-10　要素所得と国内総生産と国民総所得

	①日本の居住者が海外から受け取った要素所得	②日本が海外の居住者に支払った要素所得
国内総生産	含まれない	含まれる
国民総所得	含まれる	含まれない

が，これに相当する。

　図1-10は以上の関係をまとめたものである。①日本の居住者が**海外から受け取った要素所得**は，国内総生産には含まれないが，国民総所得には含まれる。他方，②日本が**海外の居住者に支払った要素所得**は，国内総生産には含まれるが，国民総所得には含まれない。そこで，これらの関係を用いて，国内総生産から国民総所得を求める方法を示しておこう。まず，国内総生産には含まれていないが，国民総所得には含まれる①を国内総生産に加える。次に，国内総生産には含まれているが，国民総所得には含まれない②を国内総生産から控除する。この方法によって，国内総生産から国民総所得を求めることができる。以上の方法を，式で示しておくと，

$$\text{国民総所得} = \text{国内総生産} + ①\text{日本の居住者が海外から受け取った要素所得} - ②\text{日本が海外の居住者に支払った要素所得} \quad (1\text{-}26)$$

　(1-26)の右辺の(①－②)は**海外からの純要素所得**と定義される。すなわち，

$$\text{海外からの純要素所得} = ① - ② \quad (1\text{-}27)$$

　(1-27)の左辺を(1-26)の右辺に代入すると，

$$\text{国民総所得} = \text{国内総生産} + \text{海外からの純要素所得} \quad (1\text{-}28)$$

　図1-11は(1-28)で示されている国内総生産と国民総所得の関係を図示したものである。

図1-11　国内総生産と国民総所得の関係

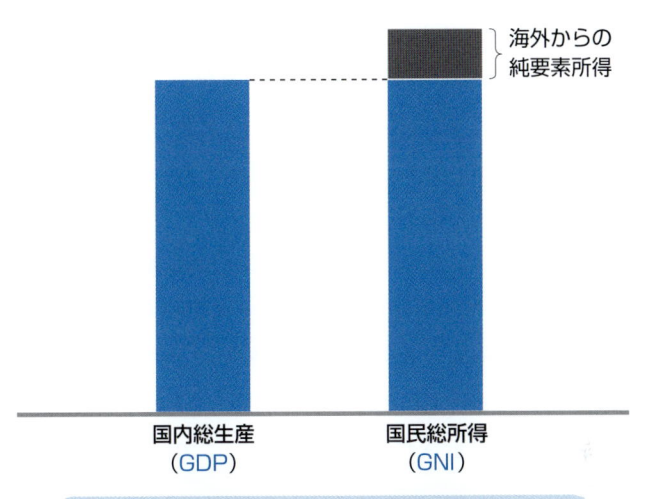

国内総生産（GDP）に海外からの純要素所得を加えると，国民総所得（GNI）が得られる。
（注）　海外からの純要素所得＝海外から受け取った要素所得
　　　　　　　　　　　　　　　－海外へ支払った要素所得

■キャピタル・ゲインなどはGDPには含まれない

　国民経済計算の記録範囲は，原則として市場で取り引きされるものに限られている。たとえば，家庭の主婦は清掃や料理といったサービスを生産しているが，これらは市場で取り引きされないので，その貨幣価値が明確でないために，国民経済計算上の国内総生産や国民総所得には含まれない。

　また，株式や土地の市場価格の上昇は**キャピタル・ゲイン**と呼ばれ，株式や土地の所有者にとっては所得であるが，国内総生産や国民総所得には含まれない。国民総所得とは，モノやサービスの生産にともなって生ずる所得のことをいう。株式や土地の市場価格が上昇しても，それにともなってモノやサービスは生産されていないので，それらの市場価格の上昇によって資産所有者が得る所得は，国民総所得ではない。同様の理由によって，土地や株式の市場価格の低下による**キャピタル・ロス**は土地や株式の所有者にとっては

1 国民経済計算

負の所得(損失)であるが，国民総所得から控除されない。

■ 名目と実質の区別

　GDP(国内総生産)は国民の物質的な生活の豊かさを測る一つの(完全ではない)尺度であるが，その場合に，名目 GDP と実質 GDP とを区別することが重要である。表1-1 は名目 GDP と実質 GDP，および GDP デフレーターを示したものである。この例では，話をわかりやすくするために，この国民経済は最終生産物として，リンゴとオレンジしか生産しないとしている。2000 年における，リンゴの生産量を 10 個，その価格(これを時価という)を 100 円，オレンジの生産量を 6 個，その価格を 50 円とすると，リンゴとオレンジの生産額は，それぞれ，1000 円と 300 円になるから，合計では 1300 円である。これが(1)に示されているように，この国の 2000 年における名目 GDP である。

　それに対して，実質 GDP とは，それぞれの生産物の価格を，ある年の価格に固定した場合の生産額をいう。いま，2000 年の価格を基準にとると，(2)に示されているように，2000 年の名目 GDP と実質 GDP とは一致する。

　次に，2005 年における，リンゴの生産量を 20 個，その価格を 120 円，オレンジの生産量を 10 個，その価格を 60 円としよう。この場合には，リンゴとオレンジの生産額は，それぞれ，2400 円と 600 円になるから，総生産額は 3000 円になり，これが 2005 年の名目 GDP である。

　それに対して，2000 年の価格を基準にとったときの 2005 年の実質 GDP は，リンゴとオレンジの価格を 2000 年に固定して計算される。リンゴの 2000 年価格は 100 円であるから，それに 2005 年のリンゴの生産個数 20 をかけると，2000 年価格で測った，2005 年のリンゴの生産額は 2000 円になる。他方，オレンジの 2000 年価格は 50 円であるから，これに 2005 年のオレンジの生産量 10 個をかけると，2000 年のオレンジの価格で測った，2005 年のオレンジの生産額は 500 円になる。したがって，両者を合わせた 2000 年価格で測った 2005 年の総生産額は，2500 円になる。これが 2000 年価格を基

1-5 国民経済計算の諸概念

▶表1-1　名目GDPと実質GDPおよびGDPデフレーター

2000年	名目GDP＝ リンゴの時価100円×リンゴ10個 　　　　　＋オレンジの時価50円×オレンジ6個 　　　　　＝1300円	(1)
	実質GDP＝ リンゴの2000年価格100円×リンゴ10個 　　　　　＋オレンジの2000年価格50円×オレンジ6個 　　　　　＝1300円	(2)
	GDPデフレーター＝［名目GDP／実質GDP］×100＝100	(3)
2005年	名目GDP＝ リンゴ時価120円×リンゴ20個 　　　　　＋オレンジの時価60円×オレンジ10個 　　　　　＝3000円	(4)
	実質GDP＝ リンゴの2000年価格100円×リンゴ20個 　　　　　＋オレンジの2000年価格50円×オレンジ10個 　　　　　＝2500円	(5)
	GDPデフレーター＝［名目GDP／実質GDP］×100＝120	(6)

準にとったときの2005年の実質GDPである。

　名目GDPの定義からわかるように，名目GDPは価格が変化せずに，生産量が増加しても増えるし，生産量が増加せずに，価格だけが上昇しても増加する。国民の豊かさは価格が変化せずに，生産量が増える場合には改善されるが，生産量が増えずに価格だけが上昇する場合にはなんら改善されない。したがって，2005年における国民の生活水準が2000年よりも向上したかどうかを知るには，名目GDPの変化のうち，価格の変化にもとづく部分を除いて考えなければならない。その一つの方法が価格を2000年の価格に固定して考える方法であり，これが(5)で示される2005年の実質GDPの算出方法である。

　(1)と(3)を比較するとわかるように，2005年の名目GDPは2000年の名目GDPよりも約2.3倍になっているが，このうちの何割かは生産量の増加ではなく，価格の上昇によるものである。そこで，2000年から2005年の間における価格の変化の影響を取り除くために，価格を2000年に固定して

1　国民経済計算

2005年のGDPを算出すると，2000年価格基準の実質GDPは2500になる。2005年と2000年の実質GDPを比較すると，2005年は2000年よりも約1.9倍になっている。国民の物質的豊かさの向上の程度を測る上では，この実質GDPの倍率の方が，価格の変化の影響を取り除いているので，名目GDPの倍率よりも合理的である。

■GDPデフレーター

2005年の名目GDPと実質のGDPを比較してみよう。名目GDPは，国民が生産されたリンゴとオレンジを消費するために，どれだけお金を支払う必要があったかを示すものである。2005年におけるこの総支出額は3000円である。

かりに，2005年にリンゴとオレンジの価格が2000年と変わらなかったとすると，2005年のリンゴ20個とオレンジ10個の消費に対して，国民は(5)で示されているように，2500円の支出で済んだはずである。しかし，実際には，2000年から2005年に価格が変化したため，3000円支出しなくてはならなかった。そこで，名目GDP 3000円を2500円の実質GDPで割ると1.2という値が得られる。この1.2は物価が2000年から2005年にかけて1.2倍になったために，支出が増大した分である。この1.2を100倍したものを2005年の**GDPデフレーター**という。ここで100倍するのは，(3)に示されているように，2000年のGDPデフレーターを100に基準化したためである。

以上から，2005年の120のGDPデフレーターは，2000年よりも物価が1.2倍になったことを示している。これを式で表せば，**表1-1**の(6)のようになる。

以下，この本で物価という場合には，ある年(上の例では，2000年)の物価を100として基準にとったときの，当該年(上の例では，2005年)のGDPデフレーターのことを指している。

1-5 国民経済計算の諸概念

図1-12　実質GDPとその成長率の推移

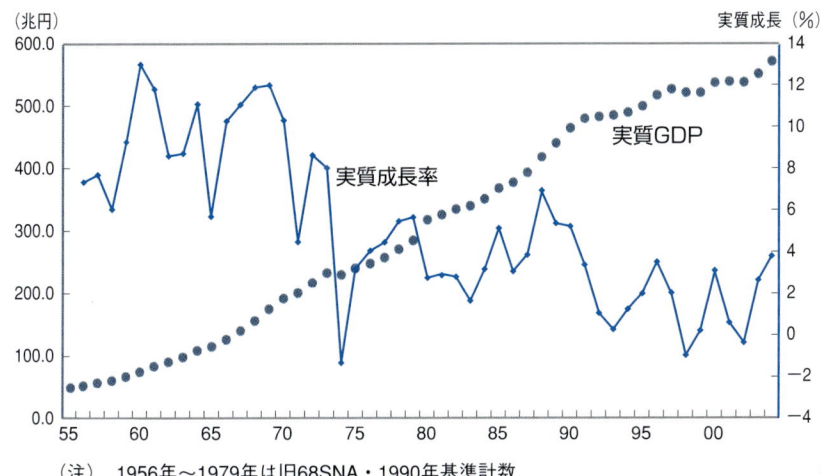

（注）　1956年～1979年は旧68SNA・1990年基準計数
　　　　1980年～2004年は93SNA・1995年基準計数
（資料）　内閣府「国民経済計算年報」

■日本の国民経済計算

　図1-12は，1955年～2004年までの50年間における，日本の実質国内総生産とその成長率の推移とを示したものである。55年には，実質国内総生産は1990年価格で45兆1000億円であったが，2004年には567兆1000億円へと，50年間で12倍になった。この期間の実質国内総生産の成長率の推移をみると，次の三つの期間に分けられる。55年～73年の高度経済成長期の実質国内総生産の成長率は，平均9.2％であった。これは実質国内総生産が約7年半で倍になるスピードである。しかし，73年10月から半年で原油価格が2倍になるという，第1次石油危機が起き，それ以後，91年までにかけては，実質国内総生産の成長率は平均3.7％へと大きく低下した。さらに，1992年～2004年にかけては，1.4％へと低下している。

　表1-2は，2004年の名目国内総支出と名目国民総所得およびその構成比を示したものである。2004年の国内総支出は505兆2000億円であった。このうち，民間消費，民間国内総投資，政府支出，純輸出の占める割合は，そ

1 　国民経済計算

▶表1-2　名目国内総支出と名目国民総所得およびその構成比

(2004年)

項　目	兆　円	対GDP比（％）
(1) 民間消費	285.5	56.5
(2) 民間国内総投資	96.0	19.0
民間住宅投資	18.2	3.6
民間設備投資	77.4	15.3
民間在庫投資	0.4	0.08
(3) 政府支出	113.9	22.5
(4) 純輸出	9.6	1.9
輸出	66.3	13.1
輸入	56.7	11.2
(5) 国内総支出【(1)+(2)+(3)+(4)】	505.2	100
(6) 海外からの純要素所得	9.6	
(7) 国民総所得【(5)+(6)】	514.8	

（注）　合計には四捨五入にもとづく誤差がある。
（資料）　内閣府『国民経済計算年報』2005

れぞれ，56.5％，19％，22.5％，1.9％であった。民間国内総投資の内訳をみると，民間設備投資がもっとも大きく，81％を占めている。純輸出の内訳は，輸出が66兆3000億円で，国内総支出の13.1％を占めているのに対して，輸入は56兆7000億円で，国内総生産の11.2％である。

　国内総支出(＝国内総生産)に海外からの純要素所得9.6兆円を加えた国民総所得は514兆8000億円である。

1-5 国民経済計算の諸概念

check point 1.5

● キーワード

国内所得　雇用者所得　営業余剰　「総」(「粗」)と「純」概念　固定資本減耗　減価償却費　国内総生産　NDP　総営業余剰　国内純支出　民間国内純投資　国内総所得　国内純所得　「国内」と「国民」概念　国民総所得　海外から受け取った要素所得　海外へ支払った要素所得　海外からの純要素所得　国民総支出　名目国内総生産　実質国内総生産　GDPデフレーター

● 1-5節 練習問題

次の各文はある国の2005年におけるマクロ経済の状態を示したものである。（　）内を適切な数値で埋めて，各文を完成せよ。

1. 国内総生産が110億円，固定資本減耗が5億円であれば，国内純生産は(1)億円である。
2. 政府部門は存在しないとして，民間消費が50億円，民間国内総投資が40億円であれば，純輸出は(2)億円である。
3. 民間国内純投資は(3)億円である。
4. 雇用者所得が60億円であれば，総営業余剰は(4)億円である。
5. 海外から受け取った要素所得が3億円で，海外に支払った要素所得が1億円であれば，国民総所得は(5)億円である。
6. 上の1～5の数値はすべて名目である。2000年基準のGDPデフレーターによると，2005年のGDPデフレーターは110である。したがって，2000年を基準とする2005年の実質国内総生産は(6)億円である。

第 2 章

国内総生産と物価はどのようにして決まるか

　第1章では，名目国内総生産と実質国内総生産および物価などの関係について説明した。そこでこの章では，物価と実質国内総生産とがどのように決定されるかを説明しよう。物価と実質国内総生産の決定を説明する理論には，大別して「古典派モデル」と「ケインズ・モデル」がある。この章では，まず初めに古典派モデルを説明し，次にケインズ・モデルのうちもっとも単純なモデルを説明する。ケインズ・モデルについては，この章の第3節から7-1節までにかけて，単純なケースから始めて，次第に複雑なケースを取り上げ，7-2節でケインズ・モデルと古典派モデルの相違について説明する。

2 国内総生産と物価はどのようにして決まるか

2-1 古典派モデル

■総供給と物価

　モノやサービスが取り引きされる市場を，**生産物市場**または**財市場**という。実質国内総生産と物価は，この財市場で決定される。さて，一般に，モノやサービスの価格は需要と供給とを等しくするように決定されると考えられるが，実質国内総生産の価格である物価についても，同じように考えるモデル(理論のこと)を，「**古典派モデル**」という。それに対して，物価はそのようには決定されないと考えるモデルを，「**ケインズ・モデル**」という。この節では古典派モデルについて説明し，ケインズ・モデルについては2-3節で説明する。

　図2-1は横軸に，実質国内総生産と実質国内総支出をとり，縦軸に物価(38頁で定義したGDPデフレーターのこと)をとったものである。ここでは，実質国内総生産と実質国内総支出はyという記号で，物価はPという記号で表されている。以下では，yやPに下付きの0や1などの数値が付いていることがあるが，それらは，yやPがある特定の値をとった場合の記号である。たとえば，P_0とは物価PがP_0という値になったことを示す。このような記号法は以下でもすべて同じである。

　まずはじめに，供給に注目して，それと物価との関係を説明しよう。一般に，企業はモノやサービスの価格が上昇すれば，その供給量を増やそうとする。このことは企業全体の供給についてもあてはまると考えられる。したがって，実質国内総生産物の価格である物価が上昇すれば，実質国内総生産物の供給量も増えるであろう。マクロ経済学では実質国内総生産の供給については，単に，供給とはいわず，**総供給**という用語が用いられる。この用語を用いると，総供給と物価の関係は図2-1のS曲線のように右上がりの曲線(図では直線で描かれているが，直線も曲線の一種なので，以下，曲線で呼

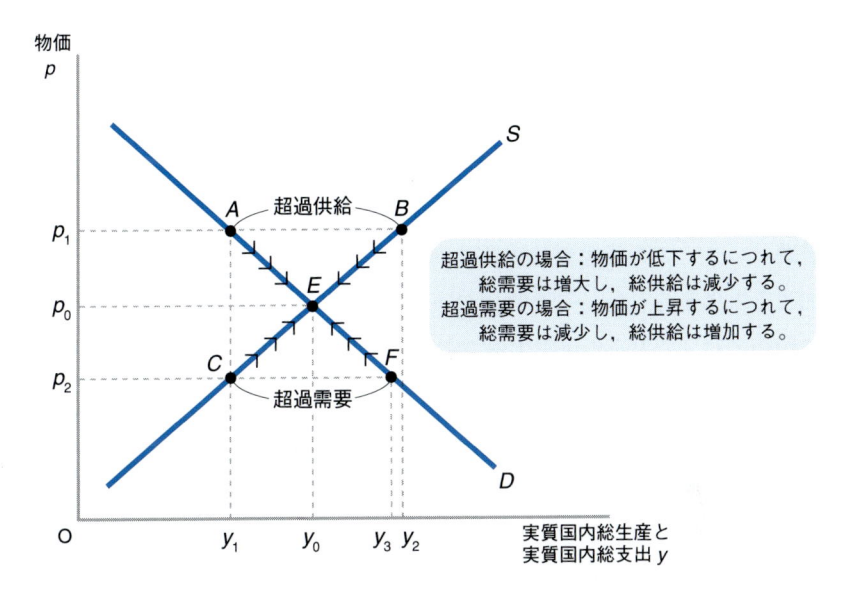

図 2-1 古典派モデルにおける，実質国内総生産と物価の決定

超過供給の場合：物価が低下するにつれて，総需要は増大し，総供給は減少する。
超過需要の場合：物価が上昇するにつれて，総需要は減少し，総供給は増加する。

称を統一する）で示される。この曲線 S は**総供給曲線**と呼ばれ，次のことを意味する。たとえば物価が P_2 であれば，企業は全体として実質国内総生産物を y_1 だけ供給しようと計画する。それに対して物価が P_0 まで上昇すれば，企業は全体として供給量を y_0 まで増やそうと計画する。さらに P_1 まで上昇すると，企業全体としての供給量は y_2 に増加する。これが総供給曲線が**右上がり**という意味である。

以上のように，総供給曲線とは任意の物価水準に対応して，企業全体がモノとサービスを供給しようと「計画する」という意味で，**企業全体の「計画」を示す曲線**である。この計画のことを「**事前**」といい，計画段階にある関係を，事前的関係という。この用語を使うと，総供給曲線とは，事前的な物価と総供給量の関係を示す曲線であるといえる。

なお，図 2-1 の総供給曲線は，名目賃金率を一定として描かれているが，この点については，7-2 節で説明する。

2 国内総生産と物価はどのようにして決まるか

■総需要と物価

　次に実質国内総生産に対する需要に注目しよう。この場合の需要とは1-3節の用語でいえば，「支出」のことを意味する。実質国内総生産に対する需要，すなわち，支出とは，民間消費，民間国内総投資，政府支出および輸出の合計から輸入を差し引いた，実質国内総支出にほかならない。これらの各支出項目から構成される，実質国内総生産に対するすべての需要のことを，総需要という。この総需要は実質国内総生産の価格である物価が低下すれば，増加すると考えられる。この物価の下落につれて総需要が増大するメカニズムについては，7-1節で説明することにして，ここでは以上の関係を前提にして話を進めよう。

　図 2-1 の曲線 D は総需要曲線と呼ばれ，「実質国内総生産に対する需要は，物価が低下すれば増加する」という関係を示したものである。たとえば物価が P_1 であれば，需要者たちは実質国内総生産を y_1 だけ購入しようと計画する。物価が P_0 まで低下すれば，総需要は y_0 まで増加し，さらに物価が P_2 まで低下すると，総需要は y_3 まで増加する。総需要曲線も総供給曲線と同じように，需要者たちの「計画」を示す曲線であるから，事前的な物価と需要量との関係を示している。

■総需要と総供給の均等と物価の決定

　以上で，実質国内総生産の総供給と総需要について説明したので，この二つの概念を用いて物価の決定について説明しよう。古典派モデルでは，物価は総供給と総需要が等しくなるように決定されると考えられる。図 2-1 でいえば，総供給と総需要が等しくなるのは点 E であるから，そのとき物価は P_0 に決定される。そのときの総供給と総需要はともに y_0 で等しくなっている。このとき，実質国内総生産は y_0 に，物価は P_0 に，それぞれ決定されるという。

　ここで実質国内総生産や物価が決定されるというときの「決定される」という意味を説明しておこう。「物価が P_0 に決定される」とは，物価が何ら

かの理由で P_0 から離れることがあっても，やがて P_0 に戻るということを意味する。同様に「実質国内総生産が y_0 に決定される」とは，実質国内総生産が y_0 から何らかの理由で離れることがあってもしばらくすれば，y_0 に戻ることを意味する。このような物価 P_0 と実質国内総生産 y_0 を，それぞれ，**均衡物価**と**均衡実質国内総生産**という。それではなぜ，物価と実質国内総生産は，それぞれ，P_0 と y_0 に戻る傾向があるのであろうか。

いまかりに，何らかの理由で，物価が P_1 になったとしよう。この物価水準では企業は全体として，図 2-1 の B に対応する y_2 だけ，実質国内総生産物を供給しようと計画する。それに対して，需要者たちは A に対応する y_1 だけ需要（あるいは支出）しようと計画しているから，総供給 y_2 の方が総需要 y_1 よりも AB だけ多い。この状態を**超過供給**という。この場合には，企業が y_2 を供給しようとしても，それだけの量のモノやサービスを購入してくれる経済主体は存在しないため，売れ残りが生ずる。

「古典派モデル」では，企業は売れ残りを処分しようとして，価格を引き下げても売ろうとすると考える。この供給者間での価格引き下げ競争の結果，物価が下がると，企業は当初の計画を修正して，総供給曲線 S に沿って供給量を減らそうとするであろう。すなわち，企業は供給量を総供給曲線 S 上に沿って，B から E に向かって減らそうとするわけである。

他方，物価が下がるにつれて，総需要は総需要曲線 D 上の，A から E に向かって増加していく。このような物価の低下と総供給と総需要の調整は，総需要と総供給が一致する E にいたると終了する。このとき，物価は P_0 になり，総供給と総需要はともに y_0 で等しくなるので，企業が計画し，実際にも生産したモノとサービスは，すべて，家計か企業か政府か外国の輸入企業かのいずれかによって購入される。いい換えれば，供給者は売ろうと計画した量 y_0 を実際にも売っており，需要者は購入しようと計画した量 y_0 を実際にも購入している。

このように，供給者にとっても需要者にとっても，計画したことが実現すれば，もはや，供給量や需要量を変えようとする供給者も需要者もいなくな

2 国内総生産と物価はどのようにして決まるか

るので，物価と実質国内総生産は，それぞれ，P_0 と y_0 の水準で変化しなくなる。

逆に，物価が均衡物価水準である P_0 よりも低い P_2 であったとしよう。この場合には，総供給は C に対応する y_1 であるのに対して，総需要は F に対応する y_3 であり，総需要の方が総供給よりも CF だけ多くなる。この状況を超過需要が存在するという。この場合，企業が当初に在庫をもっていなければ，需要者たちは y_1 だけしか買うことができず，CF に相当する量のモノまたはサービスの購入をあきらめなければならない。

「古典派モデル」では，このケースでは，需要者間で競争が起き，より高い価格でも買おうとするものが現れると考える。その結果，物価は上昇し始める。物価が上昇すれば，供給者は当初の計画を修正して，総供給曲線 S 上を C から E に向かって供給量を増やそうとする。

他方，需要者も物価が上昇し始めると，当初の計画を修正して，総需要曲線 D 上を F から E に向かって，需要量を減らしていく。このような物価の上昇と総需要と総供給の調整は，物価が P_0 になったときに終了する。なぜならば，このとき，供給者は供給しようと計画した量 y_0 を実際にも供給しており，需要者は購入しようと計画した量 y_0 を実際にも購入しているため，供給量や需要量を変えようとはしなくなるからである。

check point 2.1

● キーワード

| 実質国内総生産 | 実質国内総支出 | 物価 | 均衡 | 均衡物価水準 |
| 均衡実質国内総生産 | 超過供給 | 超過需要 | | |

● 2-1節 練習問題

古典派モデルのケースについて，次のカッコ内を適当な用語で埋めなさい。

1. ある物価水準で総供給が総需要を上回っているとき（1）が存在するという。この場合には，供給者の間で価格引き下げ競争が生じるため，物価は（2）し始める。物価が（2）するにつれて，総需要は（3）し始め，逆に総供給は（4）し始め

る。このような物価と総需要および総供給の調整の結果，物価は当初の水準よりも（5）する。

2．ある物価水準で総需要が総供給を上回っているとき，（6）が存在するという。この場合には，需要者の間で価格引き上げ競争が働くので，物価は（7）し始める。物価が（7）するにつれて，総需要は（8）し始め，逆に総供給は（9）し始める。このような物価と総需要と総供給の調整の結果，物価は当初よりも（10）する。

2-2 事前（計画）と事後（結果）の関係

■事前（計画）と事後

ところで，1-4節では国内総生産と国内総支出はつねに等しいという恒等関係が存在すると述べた。しかし，そこでも述べたように，この恒等関係は「事後的」に存在する関係であり，「事前的」にはかならずしも成立しない。このことを，まずはじめに，きわめて単純なマクロ経済を想定して説明しよう。

図2-2は，自動車だけを生産し，消費しているマクロ経済における総供給曲線と総需要曲線とを示したものである。自動車メーカーは当初自動車の在庫をもっていないとし，自動車の種類は一種類としよう。まず，自動車1台あたりの価格が300万円である場合から考えよう。この場合には自動車メーカーは総供給曲線の点Bに相当する自動車を生産して，販売しようとする。すなわち，自動車メーカーが計画する自動車の生産・販売台数は1500台である。それに対して，消費者たちは，総需要曲線D上の点Aに対応する800台の自動車を購入しようと「計画」している。このように総供給曲線Sと総需要曲線Dは，ともに「計画的」な自動車の価格と自動車の生産および消費との関係を示している。2-1節で述べたように，「計画的」は「事前的」とも表現される。図2-2では，自動車の価格が300万円であれば，事前

2 国内総生産と物価はどのようにして決まるか

図 2-2　自動車生産だけから構成されるマクロ経済の「事前」と「事後」

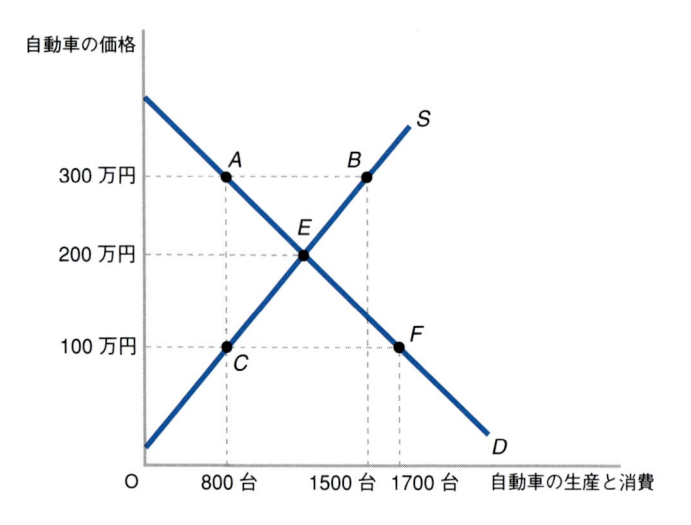

的な自動車の生産・販売計画量 1500 台は，事前的な自動車の消費計画量 800 台よりも 700 台だけ多くなっている。すなわち，自動車の価格が 300 万円である場合には，事前的な生産計画台数と事前的な支出計画台数とは一致しない。

　しかし，事後的には生産と支出とはかならず一致する。これが一致するメカニズムにはいくつか存在するが，ここでは，自動車メーカーが自動車は 300 万円で売れると予想して，1,500 台の自動車を生産し，生産した自動車をすべて販売しようと計画し，実際にもその計画通り自動車を生産するケースを取り上げよう。この場合には，事前的な生産計画台数と事後的な生産台数とは一致する。しかし，消費者たちは自動車が 300 万円であれば 800 台しか購入しようとしないので，700 台の自動車は売れ残ってしまう。この事後的に売れ残ってしまった 700 台は，1-3 節で述べたように，在庫投資に分類されるが，企業が事前に計画した在庫投資ではなく，売れ残ってしまったために，事後的に，やむをえず在庫投資になってしまったものである。このやむをえず在庫投資になってしまった 700 台は，国民経済計算上，事後的には，

50

自動車メーカーによる，在庫投資として支出に計上される。したがって，事後的な支出は，消費者による支出 800 台に，事後的に売れ残ってしまった 700 台を加えたものになるので，かならず，自動車メーカーが実際に生産した 1500 台に一致するのである。

　上のように，自動車の価格が 300 万円である場合には，自動車の事前的な生産(1500 台)と事前的な支出(800 台)とは一致しないが，事後的には売れ残った 700 台を支出に計上するため，生産と支出は事後的には，かならず等しくなる。

　次に，図 2-2 で，自動車の価格が 100 万円の場合を考えよう。この場合には，自動車メーカーは事前的に 800 台の自動車を生産・販売しようと計画するのに対して，消費者たちは 1700 台の自動車を購入しようと計画する。自動車メーカーは当初，自動車の在庫をもっていないとし，計画した生産量 800 台の自動車を，事後的にも生産するとしよう(これを，以下，ケース 1 と呼ぶ)。この場合には，消費者たちは実際に生産された 800 台の自動車しか購入できないので，消費者全体では 900 台だけ自動車の消費をあきらめなければならない。したがって，事後的な支出は事後的な生産 800 台に一致する。このように事前的な支出が事前的な生産よりも大きい場合にも，生産と支出は事後的にはかならず等しくなる。

　上のケース 1 では，自動車メーカーは当初，自動車を在庫としてもっていないと想定したが，かりに，自動車メーカーが当初，将来の需要に備えて 300 台の自動車を在庫として保有しており，今期も同じ台数の在庫を保有しようと計画していたとしよう(以下，これをケース 2 と呼ぶ)。この場合，自動車メーカーは自動車が 100 万円で売れれば，生産した 800 台だけでなく，在庫として保有し続けようと計画していた 300 台の自動車も消費者に売ってしまうとしよう。このケースでは，100 万円の自動車を 1700 台購入しようと計画していた消費者たちは，事後的に，1100 台(新たに生産された 800 台と在庫の取り崩し 300 台の合計)の自動車を購入できるので，全体であきらめなければならない自動車の購入台数は 600 台になる。

ケース 2 では，事後的な生産は 800 台である。それに対して，企業が当初保有していた 300 台の在庫を消費者に売却すると，在庫は 300 台だけ減少する。この在庫の減少(300 台)は，負の在庫投資と呼ばれ，国民経済計算上，負の支出として計上される。したがって，事後的な支出は，事後的な消費(1100 台)と事後的な負の在庫投資(− 300 台)を加えた，800 台になるので，このケースでも，生産と支出は事後的にはかならず等しくなる。

■ 事前(計画)と事後の一般的な説明

上では，理解を容易にするため，自動車の生産と消費だけから構成されるマクロ経済を想定して説明したが，ここでは，より一般的なケースを想定し，事前と事後の関係を説明しておこう。図 2-3 の総供給曲線 S と総需要曲線 D はともに「計画的」な，あるいは，「事前的」な物価と実質国内総生産との関係を示している。たとえば，物価が P_1 であるとき，総供給量が y_2 であるということは，物価が P_1 であれば，供給者たちは全体として y_2 だけの実質国内総生産物を供給するという「計画」を立てることを意味する。他方，需要者たちは物価が P_1 であれば，y_1 だけ実質国内総生産物を需要するという「計画」を立てる。この「計画を立てる」ということが「事前」の意味である。したがって，物価が P_1 であれば，事前的には次の関係が成立する。

計画(あるいは事前的)国内総生産 y_2
$>$ 計画(あるいは事前的)国内総支出 y_1 (2-1)

(2-1)は計画，すなわち事前的な国内総生産と国内総支出の関係を示しており，両者は等しくない。すなわち物価が P_1 である場合には，国内総生産と国内総支出は事前的には等しくない。しかし，1-4 節で述べたように，事後的には，国内総生産はかならず国内総支出に等しくなる。ここで，「事後的」とは，実際に実現したことをいう。事後的に国内総生産と国内総支出とが等しくなるのは，次の理由による。

いま，物価 P_1 の水準で，供給者たちは，計画した(事前的な)国内総生産 y_2 を実際にも供給したとしよう。この場合には，

図2-3 事前（計画）と事後の関係

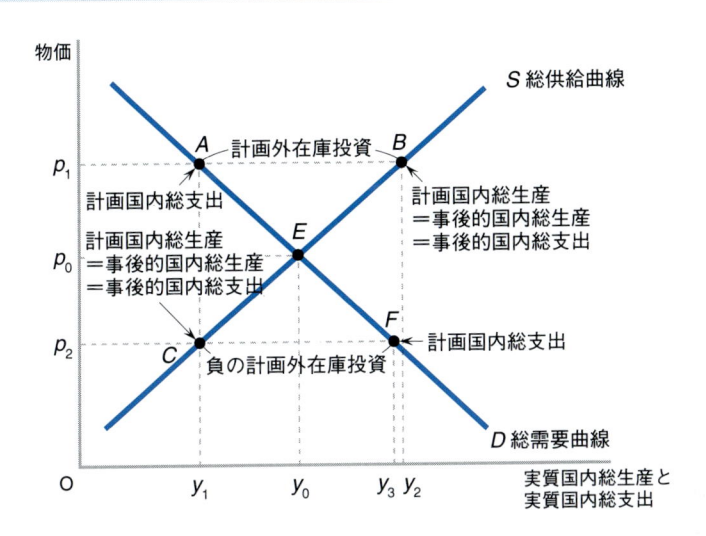

（図：縦軸「物価」、横軸「実質国内総生産と実質国内総支出」。S総供給曲線とD総需要曲線がE点で交わる。点A（p_1, y_1）からB（p_1, y_3）への矢印に「計画外在庫投資」、左側に「計画国内総支出」、右側に「計画国内総生産＝事後的国内総生産＝事後的国内総支出」。E点付近に「計画国内総生産＝事後的国内総生産＝事後的国内総支出」。点C（p_2, y_1）、F（p_2, y_3）付近に「負の計画外在庫投資」「計画国内総支出」。横軸に y_1, y_0, y_3, y_2。）

$$\text{計画国内総生産 } y_2 = \text{事後的国内総生産 } y_2 \tag{2-2}$$

という関係が成立する。実際に供給された実質国内総生産 y_2 は，需要者たちが計画した国内総支出 y_1 よりも AB だけ多い。このケースでは，企業は y_1 だけしか売ることができないから，超過供給分（$y_2 - y_1$）は生産した企業の手元に売れ残りとして残る。この売れ残りは，1-3節で説明したように，在庫投資に分類されるが，企業が事前に計画した在庫投資ではなく，売れ残ってしまったために，事後的に，やむをえず在庫投資になってしまったものである。事前に計画した在庫投資を「**計画在庫投資**」または「**意図した在庫投資**」と呼び，事前に計画しなかった在庫投資を，「**計画外在庫投資**」または「**意図せざる在庫投資**」（あるいは，「意図せざる在庫の積み増し」）と呼ぶ。これから，次の定義式が得られる。

$$\text{計画外在庫投資} \equiv \text{事後的国内総生産 } y_2 - \text{計画国内総支出 } y_1 \tag{2-3}$$

(2-3)から，

> 事後的な国内総生産 y_2 ≡ 計画国内総支出 y_1 ＋ 計画外在庫投資 (2-4)

1-3節で説明したように，在庫投資はモノを生産した企業自身による需要，すなわち支出と定義されるから，計画外在庫投資は事後的に実現した国内総支出の一部分になる。(2-4)の右辺は，計画国内総支出に計画外在庫投資（生産した企業自身による支出）を加えたものであるから，事後的に実現した国内総支出になる。これから，

> 事後的な国内総生産 y_2 ≡ 事後的国内総支出 y_2 (2-5)

という，「国内総生産と国内総支出は事後的にはかならず等しい」という恒等関係がえられる。

以上から，物価が P_1 である場合には，事前的には国内総生産と国内総支出とは等しくないが，事後的には，かならず，等しくなることが理解されたであろう。

それに対して，物価が P_0 である場合には，総供給である計画国内総生産と総需要である計画国内総支出は等しい。すなわち，

> 計画国内総生産 y_0 ＝ 計画国内総支出 y_0 (2-6)

という関係が成立する。需要についても供給についても，計画されたことがそのまま実現すれば，事後的な国内総生産と国内総支出はともに y_0 になる。すなわち，物価水準が P_0 であれば，

> 事後的な国内総生産 y_0 ＝ 事後的国内総支出 y_0 (2-7)

という関係が成立する。

以上から，物価が均衡水準である P_0 である場合には，国内総生産と国内総支出とは，事前的にも，事後的にも等しくなることがわかる。均衡とは，事前的に計画したことが，事後的に実現する状態をいう。

以上をまとめると，次のようになる。

「物価水準が均衡水準になければ，事前的な，計画国内総生産と計画国内総支出とは等しくない。しかし，計画外在庫投資を事後的な支出とみなすので，事後的には国内総生産と国内総支出とはかならず等しくなる。物価水準

が均衡水準にあれば，国内総生産と国内総支出とは，事前的にも，事後的にも等しくなる。」

次に，物価水準が P_2 である場合を考えよう。この場合には，事前的には，

$$\text{計画国内総生産 } y_1 < \text{計画国内総支出 } y_3 \tag{2-8}$$

いま，計画国内総生産 y_1 は事後的に実現されるとしよう。すなわち，y_1 は事後的国内総生産でもある。事後的国内総生産は計画国内総支出よりも CF だけ少ない。この場合に起こりうることの一つは，企業が自分以外の企業や消費者の需要に応えようとして，事前に在庫として保有しようと計画した製品(上の自動車のケース2では，当初保有しており，今期も保有し続けようと計画した300台の自動車)を，自分以外の企業や消費者に売却することである。つまり，モノを生産した企業自身の在庫需要を減らして，他の企業や消費者の需要に応えようとするわけである。これを「負の計画外在庫投資」または「意図せざる在庫の減少(あるいは，意図せざる在庫の取り崩し)」といい，事後的には，負の在庫投資として，負の国内総支出の一部に計上される。かりに，企業が当初，超過需要 CF 以上の在庫をもっていたとすれば，企業は在庫を取り崩して超過需要に応えることができる。この在庫のはき出しは，負の計画外在庫投資になるから，

$$\text{負の計画外在庫投資 } CF \equiv \text{計画国内総支出 } y_3 \\ - \text{事後的国内総生産 } y_1 \tag{2-9}$$

という関係が得られる。(2-9)から次の関係が得られる。

$$\text{事後的国内総生産 } y_1 \equiv \text{計画国内総支出 } y_3 - \text{負の計画外在庫投資} \tag{2-10}$$

(2-10)の右辺は定義によって，事後的国内総支出になるから，

$$\text{事後的国内総生産 } y_1 \equiv \text{事後的国内総支出 } y_1 \tag{2-11}$$

という恒等関係が得られる。

上では，企業は，保有しようと計画した在庫を超過需要に等しい CF だけ取り崩して，他の企業や消費者に売却するというケースを考えた。しかし，保有しようと計画した在庫が超過需要 CF よりも少なければ，在庫の取り

崩しだけでは，事後的な国内総支出を事後的な国内総生産である y_1 まで減らすことはできない。この場合には，計画された民間消費，民間設備投資，政府支出，輸出などの一部が事後的に満たされずに終わり，事後的国内総支出は事後的国内総生産 y_1 まで引き下げられることになる。前項で例としてあげた，国内総生産のすべてが自動車であり，自動車メーカーが当初，自動車の在庫を300台しかもっていないケース2が，このケースにあたる。すなわち，ケース2では，消費者の超過需要900台のうち，自動車メーカーの在庫の取り崩しによって埋められる分は300台にとどまり，残り600台の超過需要は満たされずに終わる。

■ **事前（計画）と事後に関する数値例**

図2-4は，国内総生産と国内総支出とは均衡状態にある場合を除いては，事前的には等しくないが，事後的にはかならず等しくなる関係を示したものである。

まず，生産については事前的にも事後的にも国内総生産は50億円であるとする。それに対して，計画国内総支出は30億円であり，事後的国内総生産よりも20億円少ない。そのため，国内総生産物を生産した供給者側では，売れ残りが20億円生ずる。この売れ残りは計画外在庫投資として支出に計上される。その結果，支出として定義された計画外在庫投資20億円を計画国内総支出30億円に加えると，事後的国内総支出が得られ，これは事後的国内総生産50億円に等しくなる。

■ **計画在庫投資と計画外在庫投資**

上では，企業が意図せずに保有することになった在庫を計画外在庫投資と呼ぶと述べたが，在庫投資の中には企業が事前的に計画した「計画在庫投資」も存在する。たとえば企業は，ある一定期間に販売しようとする以上の製品を生産しようと計画する場合がある。たとえば，パソコンメーカーは販売店から注文があった時にすぐに出荷して需要に応じようとして，パソコン

図 2-4　国内総生産と国内総支出の事前と事後の関係
　　　　──計画国内総生産が計画国内総支出よりも大きいケース──

国内総生産：計画かつ事後的国内総生産 30 ／ 計画外在庫投資 20

国内総支出：計画国内総支出 30 ／ 計画外在庫投資 20　　事後的国内総支出

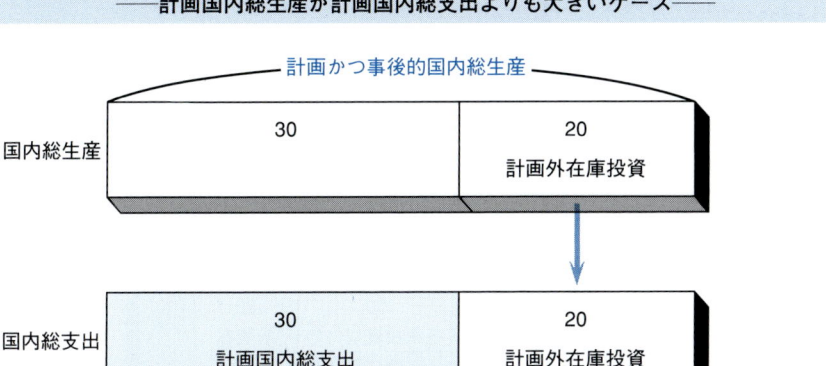

(億円)　0　10　20　30　40　50　60

　をある一定期間に売却しようとする台数よりも意図的に多くつくり，倉庫に在庫として保有しようとする。それは，もしも販売店から生産した以上の注文が来たときに，ただちにそれに応じることができないことによって，顧客を失うことを恐れるからである。事前の計画において，在庫を増やそうとすることを，「計画在庫投資」といい，計画外在庫投資と区別する。
　均衡状態になければ，(2-3) で示される超過供給のケースのように，実際の事後的な在庫投資の中には，計画外在庫投資も存在する。図 2-5 の例では，事後的な在庫投資は，計画在庫投資 20 億円と計画外在庫投資 10 億円の合計で，30 億円である。計画国内総支出は事後的国内総支出から計画外在庫投資を差し引いた 90 億円になる。ただし，実際の事後的な結果を示す国民経済計算では，事後的に実現した在庫投資が，計画したものか，それとも計画しなかったものかを識別することはできない。しかし，国民経済計算では，事後的な国内総生産から在庫投資以外の事後的な国内総支出を差し引いたものを，在庫投資とし，その在庫投資を支出に計上して，事後的な国内総支出を求めている。したがって，事後的国内総生産と事後的国内総支出はかなら

2 国内総生産と物価はどのようにして決まるか

図2-5 計画在庫投資と計画外在庫投資
——計画国内総生産が計画国内総支出よりも大きいケース——

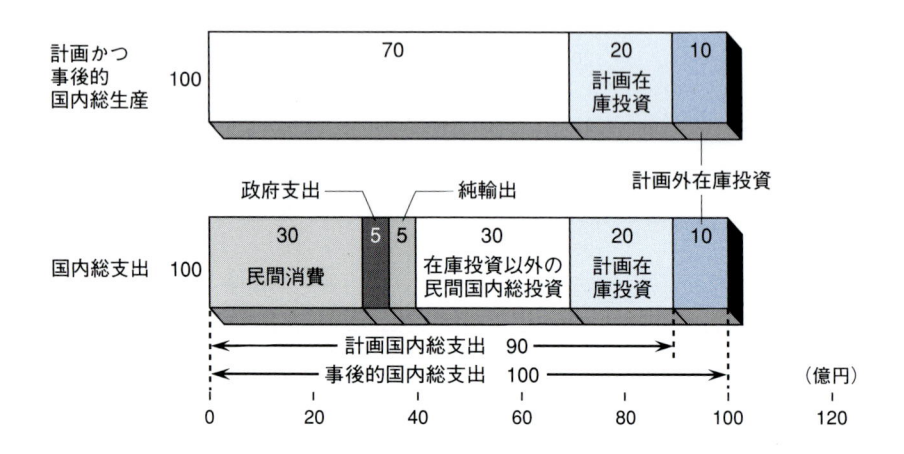

ず等しくなるのである。

■ 計画外在庫投資とマクロ経済の調整

すでに述べたように，マクロ経済が超過供給の状態にあれば，計画外在庫投資が発生する。図2-1と図2-3の場合，物価がP_1にあれば超過供給が発生するため，計画外在庫投資が発生する。「古典派モデル」では，計画外の在庫の増加に直面した企業は，価格を引き下げて，計画外在庫の増加分を売却しようとする。このようにして，物価が低下すると，企業は計画国内総生産を総供給曲線上に沿ってBからEへ向かって減らしていく。物価が低下すれば，計画国内総支出は総需要曲線上に沿って，AからEに向かって増大していく。このような調整を経て，最終的には，経済はEに到達し，そのとき，総供給と総需要は事前的にも事後的にも一致する。

他方，物価がP_2にある場合を考えよう。このとき，企業は計画した実質国内総生産y_1を事後的にも供給するとしよう。このとき総需要はy_3になるので，企業は計画した供給量よりも多くの需要(超過需要)に直面することに

なる．より多くの需要に直面した企業は，生産を直ちには拡大できないため，さしあたり，計画在庫を取り崩して，顧客の需要に応えようとするであろう．その結果，実際に実現する在庫投資は計画在庫投資よりも少なくなってしまう．すでに述べたように，これは「計画外の在庫の減少」という意味で，「負の計画外在庫投資」と呼ばれる．

「古典派モデル」では，企業の在庫がなくなった後にも，超過需要が存在するかぎり，需要者間の競争が働いて，物価は上昇すると考える．物価が上昇するにつれて，総需要は総需要曲線 D 上を，F から E に向かって減少していく．他方，当初は，負の計画外在庫投資によって対応した企業は，物価が上昇すると，生産を総供給曲線 S 上に沿って，C から E に向かって拡大しようとするであろう．その結果，実質国内総生産は y_1 から y_0 に向かって増加する．物価は企業の計画した生産量が総需要に一致する水準まで上昇し続け，最終的に P_0 の水準にいたって均衡に達する．

―― check point 2.2

● キーワード

| 計画 | 事前 | 事後 | 計画国内総生産 | 事前的国内総生産 | 事後的国内総生産 | 計画国内総支出 | 事前的国内総支出 | 事後的国内総支出 | 計画在庫投資 | 意図した在庫投資 | 計画外在庫投資 | 意図せざる在庫投資 |

● 2-2 節 練習問題

図 2-6 で物価が P_2 の水準にあるとして，次の問に答えよ．

1．計画国内総生産はいくらか．
2．計画国内総支出はいくらか．
3．計画国内総生産と計画国内総支出の大小関係を示しなさい．
4．計画国内総生産を 100 億円とし，これは事後的にも実現するとせよ．企業は当初 30 億円の在庫をもっており，今期の計画在庫投資はゼロで，超過需要に対しては，在庫の取り崩しで，超過供給に対しては在庫の積み増しで，それぞれ，

2 国内総生産と物価はどのようにして決まるか

図 2-6

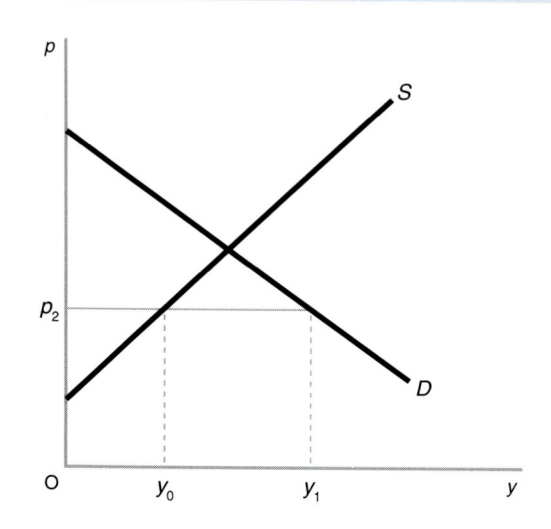

対応するとせよ。計画国内総支出を 120 億円とすると，計画外の在庫の減少または増加はいくらになるか。
5. 上の 4 のケースで，事後的には，国内総生産と国内総支出はかならず等しくなる理由を数値を用いて説明しなさい。

2-3 単純なケインズ・モデル

■単純なケインズ・モデルにおける実質国内総生産の決定

2-1 節では，古典派モデルによる国内総生産と物価の決定について説明した。古典派モデルでは物価が総供給と総需要を等しくするように変化する。このように物価が変化するモデルは**伸縮的価格モデル**とも呼ばれる。それに対して，**ケインズ**(J.M. Keynes)によって展開されたマクロ経済モデルがある。ケインズによって展開されたマクロ経済モデルは，一般に**ケインズ・モ**

2-3 単純なケインズ・モデル

図 2-7 単純なケインズ・モデルにおける，実質国内総生産の決定
――固定価格モデル――

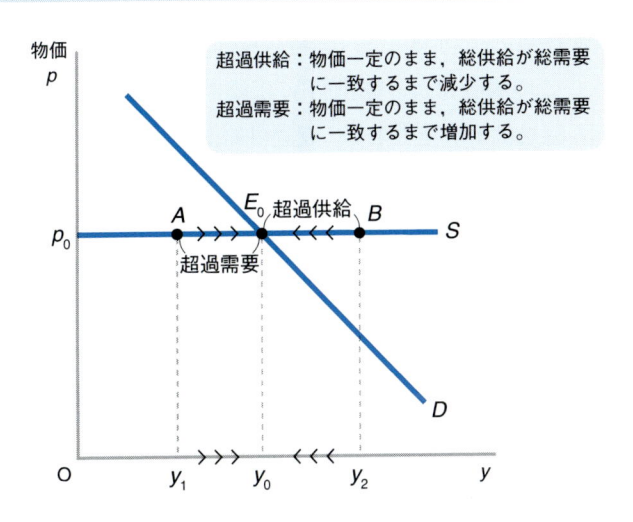

超過供給：物価一定のまま，総供給が総需要に一致するまで減少する。
超過需要：物価一定のまま，総供給が総需要に一致するまで増加する。

デルと呼ばれるが，ここではケインズ・モデルの中でももっとも単純なケースを説明しておこう。この単純なケインズ・モデルの特徴は，物価が一定で変化しないという点にある。このような物価一定のモデルを**固定価格モデル**という。

図 2-7 は単純なケインズ・モデルを図示したものである。総供給曲線 S は物価 P_0 の水準で水平である。他方，総需要曲線 D は古典派モデルと同じように右下がりである。実質国内総生産 y は総供給と総需要が等しくなる E_0 に対応して，y_0 に決定される。

このモデルでは，実質国内総生産が y_0 を離れると，次のようなメカニズムが働いて y_0 の水準に戻る力が働く。たとえば，企業が物価水準 P_0 の水準で y_1 の実質国内総生産物を供給したとしよう。物価水準 P_0 の水準で総需要は y_0 であるから，総需要は総供給よりも多くなる。すなわち，AE_0 だけの超過需要が発生する。総供給曲線が P_0 の水準で水平であることは，企業は需要があればそれに等しいだけ供給することを意味する。したがって，AE_0 だけの超過需要に直面した企業は，超過需要がなくなるまで供給量を増やそ

うとする。その結果，実質国内総生産はy_1からy_0に向かって増加する。この供給量の増加は実質国内総生産がy_0になるまで続く。

他方，企業が物価P_0の水準でy_2に等しいだけの実質国内総生産物を供給したとしよう。この場合には，総供給y_2は総需要y_0よりもE_0Bだけ多くなる。すなわち超過供給が発生する。超過供給が発生すると，企業は(y_2-y_0)だけの計画外の売れ残りが生ずるので，供給量を削減しようとする。この供給量の削減は供給量がy_0になって超過供給がなくなるまで続く。

以上のように，企業は物価水準P_0の水準の下で，超過需要が発生する場合には，供給量を超過需要がなくなるまで増やし，逆に超過供給が発生する場合には，超過供給がなくなるまで供給量を減らそうとする。その結果，総供給と総需要はy_0から離れると，その水準に戻るメカニズムが存在する。したがって，E_0は均衡点であり，均衡実質国内総生産はy_0になる。

このように，単純なケインズ・モデルでは，総供給は総需要y_0の水準に一致するように調整されるという点に特徴がある。いい換えれば，需要が供給を決定するということである。そこで，単純なケインズ・モデルは需要決定型マクロ経済モデルとも呼ばれる。ケインズはこのときの総需要を有効需要と名づけたので，このモデルは有効需要の原理にもとづくモデルとも呼ばれる。

■総需要の変化による実質国内総生産の変化

単純なケインズ・モデルは需要決定型のモデルであるから，総需要が変化するとそれに応じて総供給量が変化する。この点を，まず総需要が増加する場合について示しておこう。図2-8で，総需要の増加とは総需要曲線がD_0からD_1のように右に移動することをいう。これを「総需要曲線が右にシフトする」という。総需要曲線D_1はD_0を水平方向に右に移動させたものであり，D_1はどの物価水準についてもD_0の場合よりも総需要が大きいことを示している。総需要が増加する前の均衡点はE_0であり，均衡実質国内総生産はy_0である。総需要曲線がD_1のように右にシフトすると，総供給と総

2-3 単純なケインズ・モデル

図 2-8　総需要の変化による実質国内総生産の変化

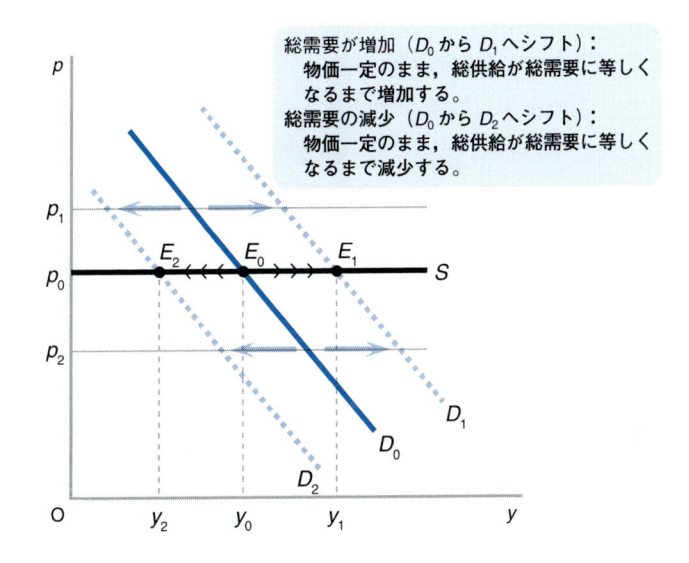

総需要が増加（D_0 から D_1 へシフト）：
物価一定のまま，総供給が総需要に等しくなるまで増加する。

総需要の減少（D_0 から D_2 へシフト）：
物価一定のまま，総供給が総需要に等しくなるまで減少する。

需要が等しくなる均衡点は E_1 に移り，実質国内総生産も y_1 に増大する。

　このような実質国内総生産の増加は次のようにして生ずる。当初においてマクロ経済が E_0 で均衡しているとしよう。次に，何らかの理由で総需要が増加して，総需要曲線が D_1 になったとしよう。このような総需要の増加は民間消費か，民間国内総投資か，政府支出か，純輸出かのいずれかが増加することによって生ずる。企業はこのような総需要の増加に直面すると，予想以上に売れ行きが良くなるため，計画外の在庫の減少(すなわち，負の計画外在庫投資)に直面するため，在庫の水準を計画した水準にもどそうとして，生産を拡大し始める。このような生産の拡大は，総供給が総需要に一致して，計画在庫投資が事後的にも実現するまで続く。

　それに対して，総需要が減少する場合には次のようになる。総需要の減少は総需要曲線が D_0 から D_2 のように左にシフトすることによって示される。D_2 は D_0 に比べてどの物価水準についても総需要は少なくなっている。総需要が減少すると，企業は超過供給に直面し，予想に反して売れ行きが伸び

ないため,計画外在庫投資(意図せざる在庫の積み増し)を強いられる。このようにして計画外在庫投資が増えて,保有している在庫水準が上昇すると,企業は保有在庫の水準を事前的に計画した水準まで減らそうとして,生産を削減し始める。このような生産の削減は実質国内総生産が y_2 になるまで続く。事後的国内総生産が y_2 になれば,企業は予想したとおりすべてのモノを売却できるので,計画外在庫投資もゼロになる。このようにして,総供給についても総需要についても,事前的な計画と事後的な結果とが一致すると,マクロ経済の均衡点は E_2 に移動する。

　以上のように,単純なケインズ・モデルでは,総需要が変化すると,物価の変化をともなうことなく,総供給がその変化に応じて調整される。すなわち,民間消費や民間投資などが増大して,総需要が増加すると,物価一定のまま,均衡実質国内総生産が増加し,逆に,民間消費や民間国内総投資が減少して総需要が減少すると,同じく,物価一定のまま,均衡実質国内総生産も減少する。このことは,実質国内総生産の変動は総需要の変動によって引き起こされることを意味する。

　以上のように,単純なケインズ・モデルでは,超過供給や超過需要は物価によってではなく,もっぱら生産の量的調整によって解消されるという点で,物価と生産による調整を想定する古典派モデルと異なっている。

　次章では,このような総需要の変化が実質国内総生産の変化を引き起こすメカニズムを,より詳しく説明しよう。

— check point 2.3

● キーワード

| ケインズ・モデル | 伸縮的価格モデル | 固定価格モデル | 需要決定型 |
| マクロ経済モデル | 有効需要の原理 | | |

● 2-3節 練習問題

　図 2-9 は,国内総生産が自動車だけから構成され,総需要が自動車に対する民間消費だけである経済における,単純なケインズ型の総供給曲線と総需要曲線と

を示したものである．当初，自動車メーカーは，100台の自動車を在庫として保有しているとして，次の各文の（　）内を適当な数値または用語で埋めて文を完成せよ．

図2-9

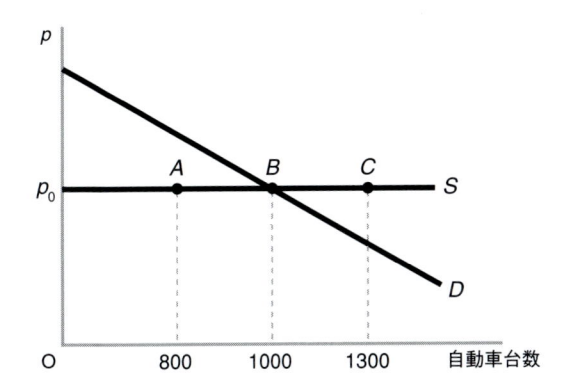

```
p
 |
 |\
 | \
 |  \
 |   \
p_0|---A---B---C-------- S
 |       \
 |        \
 |         \ D
 O   800 1000 1300    自動車台数
```

1. 自動車メーカーは今期800台の自動車を生産し，それをすべて消費者に売ろうと計画しており，実際にも800台の自動車を生産したとしよう．この場合には総需要である自動車に対する民間消費は（1）台であるから，（2）台の超過需要が発生する．企業はこの超過需要に対して，当初に在庫として保有していた100台の自動車を消費者に売って，消費者の需要に応えようとするしよう．その結果，事後的な総需要（事後的国内総支出）は，民間消費（3）台の自動車から，自動車メーカーの負の在庫投資である，（4）台の自動車を差し引いたものになるから，事後的国内総生産（5）台の自動車に一致する．

2. かりに，自動車メーカーが1300台の自動車を生産し，そのすべてを消費者に売ろうと計画しており，実際にも1300台の自動車を生産したとしよう．このケースでは，（6）台の自動車が超過供給になるので，自動車メーカーは（7）台の自動車の売れ残りに直面する．これは（8）として，事後的国内総支出に加えられる．したがって，事後的国内総支出は民間消費（9）台の自動車と自動車メーカーによる（10）台の（8）の合計になるから，事後的国内総生産である（11）台の自動車に一致する．このような事態に直面した自動車メーカーは，自動車の（12）水準を適正な水準に引き下げようとして，自動車の生産を減らそうとするであろう．その結果，総供給は（13）台の総需要に近づいていく．

第 3 章

独立支出の変化による国内総生産の変化
――乗数モデル――

　2-3 節では，総供給曲線と総需要曲線とを用いて，物価水準を一定とする単純なケインズモデルを説明した。この章では，45 度線分析と呼ばれる分析手法を説明した後に，投資，政府支出，租税，輸出，輸入などが変化した場合に，実質国内総生産がどのように変化するかを検討しよう。45 度線分析は単純なケインズ・モデルを説明する場合の伝統的な手法である。

3 独立支出の変化による国内総生産の変化

3-1　45度線分析による国内総生産決定のメカニズム

■ 45 度線分析

図 3-1 は横軸に総供給である実質国内総生産 y をとり，縦軸に総需要である実質国内総支出をとったものである。実質国内総支出は民間消費，民間国内総投資，政府支出，純輸出の合計であるが，ここではマクロ経済が民間部門だけから構成され，貿易が存在しない，もっとも単純で，わかりやすいケースを取り上げよう。このケースでは，総需要である実質国内総支出は民間消費と民間国内総投資の合計になる。図 3-1 では，民間国内総投資がゼロのケースが取り上げられている。このケースでは，総需要(すなわち，実質国内総支出)と民間消費をそれぞれ，D と C で示すと，次の関係が存在する。

$$D = C \tag{3-1}$$

民間消費 C と実質国内総生産 y との間には，次のような関係が存在すると考えられる。1-5 節で説明したように，生産された実質国内総生産の価値に等しい貨幣が，その生産に寄与した生産要素の所有者に分配される。したがって，事後的な実質国内総生産が y であれば，同額の国内総所得が発生する。いま，理解を容易にするために，生産された y はすべて家計に，賃金や地代，利子，配当として分配されて，家計の所得になるとしよう。所得 y を得た家計はその一部を消費に使い，残りを貯蓄するであろう。民間消費 C と分配された実質国内総生産 y との間には次のような関係が存在するとしよう。

$$C = a + by \tag{3-2}$$

ここで，a と b はともに一定と仮定されている。(3-2)で示される消費は，単純なケインズ型消費関数と呼ばれる。この消費関数を図示すると，図 3-1 の右上がりの直線 C のようになる。この消費関数の特徴は，実質国内総生

図 3-1　45度分析による実質国内総生産の決定

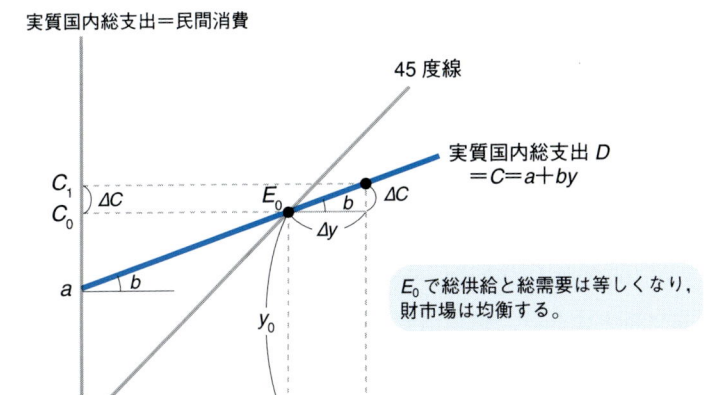

産が増えることによって家計の所得が増えると、それにつれて民間消費も増えるという点にある。このように、「所得に依存する支出」を **依存支出** という。

(3-2)の消費関数の傾き b は、次のことを意味する。いま、実質国内総生産が y_0 の水準であるとしよう。このときの消費は、消費関数上の C_0 になる。次に、実質国内総生産が y_1 まで増加するとしよう。このとき家計の所得も y_1 まで増加する。この家計の所得の増加によって、消費は消費関数上の C_1 まで増加する。この場合の実質国内総生産の増加分 ($y_1 - y_0$) を Δy（デルタ y と読む）で示し、消費の増加分 ($C_1 - C_0$) を ΔC（デルタ C と読む）で示すと、両者の間には次の関係が存在する。

$$b = \frac{\Delta C}{\Delta y} \tag{3-3}$$

すなわち、消費関数の傾き b は実質国内総生産が増えると、消費がどれだけ増えるかを表す係数である。この係数を **限界消費性向** という。

一般に、所得が増える場合、家計はその増えた所得 (Δy) のすべてを消費の増加 (ΔC) のために使うのではなく、一部は消費せず、貯蓄しようとする

3 独立支出の変化による国内総生産の変化

であろう。ここで，貯蓄とは所得のうち消費に使わなかった残りと定義される。いま述べたことを式で表せば次のようになる。

$$0 < \Delta C < \Delta y \tag{3-4}$$

(3-4)の各辺を Δy で割ると，

$$0 < b = \frac{\Delta C}{\Delta y} < 1 \tag{3-5}$$

(3-5)は，限界消費性向 b は 1 と 0 の間の値をとることを示している。たとえば，y が 100 増加したとき，その増加した 100 の所得のうち 70 を消費の増加にあてるとすれば，限界消費性向は消費の増加(ΔC)70 ÷ 所得の増加(Δy)100 = 0.7 になる。

ケインズ型の消費関数のもう一つの特徴は，所得がゼロであっても民間消費は正の値をとるという点である。図 3-1 では，$y = 0$ のときの民間消費は a である。すなわち，消費関数の定数項 a は，所得がゼロである場合の民間消費の値を示している。

それでは，家計は所得がゼロであっても消費できるのはなぜであろうか。それは，家計が過去に貯蓄した貨幣やその他の資産(株式や債券など)をもっており，たとえ所得がなくても，その貯蓄残高の一部を取り崩して消費にあてることができるからである。具体的には，家計が過去の貯蓄を預金の形で銀行に預けていれば，ある期間において所得がない家計も，預金の一部を取り崩して消費生活を続けることができる。

ここでは簡単化のために，民間国内総投資をゼロとし，総需要は民間消費だけであると仮定したので，消費関数 C そのものが総需要曲線(実質国内総支出) D になる。

さて，図 3-1 には傾きが 45 度の 45 度線が引かれているが，この線の上の点は，45 度線の性質上，横軸の総供給(実質国内総生産) y と縦軸の総需要(実質国内総支出)とが等しくなる点である。したがって，45 度線と総需要である消費曲線 C とが交わる点 E_0 において，総供給と総需要は等しくなり，マクロ経済は均衡に達する。実質国内総生産が y_0 であれば，45 度線の性質

図 3-2 総需要が民間消費だけであるマクロ経済の均衡メカニズム

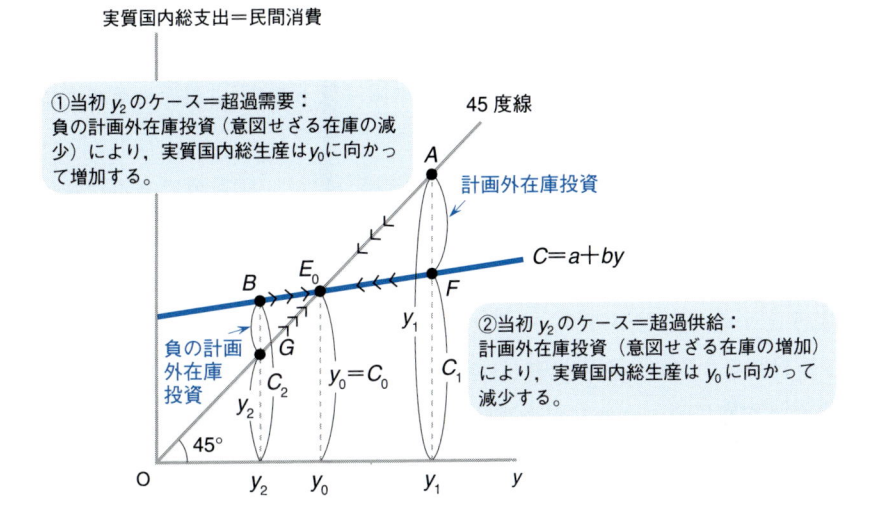

①当初 y_2 のケース＝超過需要：負の計画外在庫投資（意図せざる在庫の減少）により，実質国内総生産は y_0 に向かって増加する。

②当初 y_1 のケース＝超過供給：計画外在庫投資（意図せざる在庫の増加）により，実質国内総生産は y_0 に向かって減少する。

によって点 E_0 の縦軸の値も y_0 になる。したがって，このときの総需要である民間消費 C_0 は，実質国内総生産 y_0 に等しくなっている。

■ 均衡へのメカニズム

総需要が民間消費だけから構成されるマクロ経済において，均衡実質国内総生産が何らかの理由で均衡水準から離れる場合，それはどのようなメカニズムで均衡に戻るであろうか。この点を **45 度線分析** を用いて説明しよう。

図 3-2 において，かりに，実質国内総生産が y_1 であるとしよう。45 度線の性質から，横軸の総供給 y_1 と点 A の縦軸の大きさは等しくなる。それに対して，国内総所得が y_1 である場合には，民間消費は C_1 になる。図から，総供給 y_1 ＞ 総需要 C_1 であり，総供給 y_1 は総需要 C_1 よりも AF だけ大きい。AF は超過供給であり，第 2 章で述べたように，この超過供給分は計画外在庫投資となって，企業の手元に売れ残りとして残る。計画外在庫投資に直面した企業は，生産を縮小して計画外在庫投資を減らそうとするであろう。そのため，実質国内総生産は y_1 から y_0 に向かって減少し始める。この実質国

内総生産の減少にともなって，国内総所得も同じように減少していくので，総需要である民間消費も消費曲線上を F から E_0 に向かって減少していく。この調整は経済が E_0 に達して，実質国内総生産が y_0 になったところで終了する。この超過供給が解消される過程で，物価は低下せず(古典派モデルでは低下することに注意)，一定である。

他方，実際の実質国内総生産が y_2 である場合には，総需要である消費は C_2 になるから，総需要の方が総供給よりも BG だけ多くなる。超過需要に直面した企業は，保有している在庫をはき出して，在庫を減らし，需要に応じようとする。したがって，企業が当初 BG 以上の在庫をもっていれば，BG だけの負の計画外在庫投資(計画しなかった在庫の減少)が発生する。負の計画外在庫投資に直面した企業は，実際の在庫水準が計画した在庫水準よりも少なくなるので，計画した水準にまで回復しようとして，生産を拡大するであろう。その結果，実質国内総生産は y_2 から y_0 に向かって増加し始める。実質国内総生産と国内総所得が増加するにつれて，民間消費も消費曲線上を B から E_0 に向かって増加していく。このようにして，総供給と総需要がともに増加して，E_0 にいたって，両者は等しくなるので，その点で均衡が達成される。この超過需要が解消される過程で，物価は上昇せず(古典派モデルでは上昇することに注意)，一定である。

以上から，このマクロ経済の均衡点は E_0 であり，そのときの均衡実質国内総生産は y_0 である。

■総需要が民間消費と民間国内総投資から構成されるケース

次に，総需要が民間消費と民間国内総投資から構成されるマクロ経済を考えてみよう。この場合には，総需要は次のように示される。

$$D = C + I \tag{3-6}$$

ここで，I は民間国内総投資の水準を表す記号である。

いま，計画されている民間国内総投資 I は I_0 であり，実質国内総生産が増えても変化しないとしよう。このように，実質国内総生産(あるいは，分

3-1 45度線分析による国内総生産決定のメカニズム

図 3-3 総需要が民間消費と民間国内総投資から構成されるケース

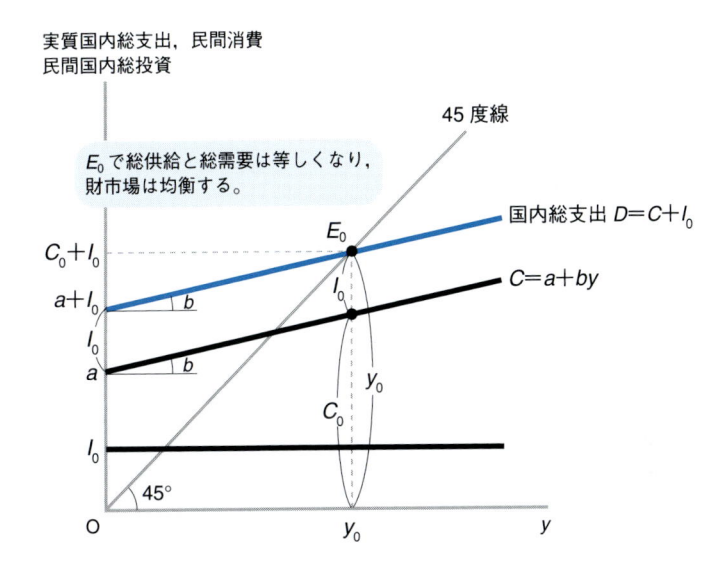

縦軸：実質国内総支出，民間消費，民間国内総投資

E_0 で総供給と総需要は等しくなり，財市場は均衡する。

45度線

国内総支出 $D = C + I_0$

$C = a + by$

配面からみた場合には国内総所得）に依存しない支出を「**独立支出**」という。

図 3-3 で，縦軸に実質国内総支出，民間消費，民間国内総投資の三つの支出をはかることにしよう。民間国内総投資は I_0 で一定としたから，それは縦軸が I_0 の水準で水平な直線で示される。

他方，民間消費は図 3-1 や図 3-2 と同じように，ケインズ型消費関数で表されるとしよう。民間国内総支出は民間消費 C と民間国内総投資 I_0 の合計であるから，民間消費曲線 C を上方に I_0 だけ平行に移動して得られる。すなわち，総需要曲線 D $(C + I = a + I_0 + by)$ は縦軸の切片が $(a + I_0)$ で，傾きが限界消費性向 b に等しい直線になる。いま，実質国内総生産が y_0 であるとすると，これに等しい縦軸の値は E_0 である。総需要曲線は 45 度線上の E_0 を通っているから，E_0 では総需要と総供給はともに y_0 で等しくなる。したがって，E_0 は均衡点であり，均衡国内総生産は y_0 になる。実質国内総生産と国内総所得が y_0 のとき，消費は C_0 になり，この C_0 に民間国内総投資 I_0 を加えたものが，総供給である実質国内総生産 y_0 に等しくなってい

73

3 独立支出の変化による国内総生産の変化

る。

―― check point 3.1
● キーワード

| 45度分析　　ケインズ型消費関数　　消費関数　　限界消費性向 |

● 3-1節 練習問題

　総需要が民間消費と民間国内総投資から構成される，ケインズ型マクロ経済において，消費関数は $C = 100 + 0.7y$，計画されている民間国内総投資は50であるとして，次の問に答えよ。

1. 事後的な実質国内総生産が600であるとき，総供給と総需要とにどのような調整が起きるかを説明せよ。
2. 事後的な実質国内総生産が400であるとし，企業は当初に150の在庫を保有しているとすると，総供給と総需要にどのような調整が起きるかを説明しなさい。

□ 3-2　投資の変化による国内総生産の変化 ――投資乗数――□

■投資乗数モデル

　ここで，物価が一定である単純なケインズ・モデルにおいて，民間国内総投資が変化した場合に，実質国内総生産がどのように変化するかを説明しよう。

　図 3-4 で当初の均衡点を E_0 としよう。均衡実質国内総生産は y_0 である。ここで，民間国内総投資が I_0 から I_1 へと ΔI だけ増加したとしよう。この ΔI に等しい総需要の増加によって，総需要曲線は $(C + I_0)$ から $(C + I_1)$ のように，上方に ΔI だけ平行移動する。すなわち，$(C + I_1)$ と $(C + I_0)$ の間の距離はどこでも ΔI である。民間国内総投資が ΔI だけ増加すると，総需要と総供給とが等しくなる45度線上の点は E_1 になる。したがって，

3-2 投資の変化による国内総生産の変化

図 3-4　投資の増加（減少）による実質国内総生産の乗数倍の増加（減少）
　　　　　　　　　　　――投資乗数モデル――

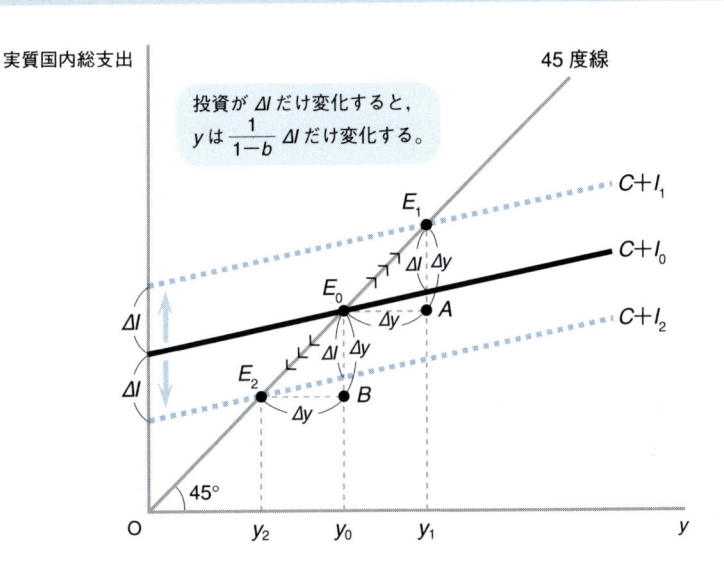

投資が ΔI だけ変化すると，y は $\dfrac{1}{1-b}\Delta I$ だけ変化する。

均衡実質国内総生産は y_1 になり，図に示されているように，Δy だけ増加する。45度線の性質から，三角形 $E_0 A E_1$ は直角二等辺三角形になるから，AE_0 と AE_1 の長さは共に Δy で等しい。したがって，図からわかるように，増加した実質国内総生産 Δy は，増加した民間国内総投資 ΔI よりも大きくなるから，Δy を ΔI で割った値は 1 よりも大きくなる。

すなわち，

$$\frac{\Delta y}{\Delta I} = 投資乗数 > 1 \tag{3-7}$$

(3-7) は，物価が一定である場合に，民間国内総投資が ΔI だけ増加すると，実質国内総生産はそれ以上に増加することを示しており，Δy を ΔI で割った値を**投資乗数**という。これを乗数というのは，民間国内総投資の増加 ΔI はその増加よりも大きな実質国内総生産の増加 Δy をもたらすという意味である。

3 独立支出の変化による国内総生産の変化

逆に，図 3-4 で，民間国内総投資が ΔI だけ減少し，総需要曲線が $(C + I_2)$ にように ΔI だけ下方に平行移動する場合を考えよう。この場合は，均衡点は E_0 から E_2 に移動し，実質国内総生産は y_0 から y_2 に減少する。このときの実質国内総生産の減少 Δy が，民間国内総投資の減少 ΔI よりも大きくなっている。したがって，実質国内総生産の減少額を民間国内総投資の減少額で割った投資乗数 $(\Delta y/\Delta I)$ は，民間国内総投資が増加する場合と同じように 1 よりも大きくなる。

上に述べたことは，民間国内総投資が変動すると，実質国内総生産はその変動幅以上に変動することを示している。民間国内総投資がどのような要因によって変化するかは第 4 章で説明するが，その大きな要因の一つは企業経営者が予想する投資から得られる将来の利益である。この予想される将来の利益は，企業経営者が強気になれば大きくなり，弱気になれば小さくなる。この意味で，民間国内総投資は企業経営者の強気，弱気を反映して変動する。そうであれば，企業経営者が強気になったり，弱気になったりするたびに，実質国内総生産は大きく変動することになる。

市場経済における実質国内総生産の変動のもっとも大きな要因の一つは，この企業経営者の強気，弱気を反映して変動する民間国内総投資である。たとえば日本では，1980 年代の半ばから後半にかけて，企業経営者は将来の見通しに関してきわめて楽観的になり，盛んに設備投資をおこなった。これは図 3-4 でいえば，設備投資が大きく増大して，総需要曲線が $C + I_0$ から $C + I_1$ へと上方にシフトし，均衡点が当初の均衡状態 E_0 から E_1 に移動する状況である。

ところが，1990 年代にはいると，企業経営者の将来に関する予想はきわめて悲観的なものになり，企業は設備投資を大きく削減するようになった。そのため，図 3-4 でいえば，民間国内総投資は I_1 から I_2 のように大きく減少した。したがって，この期間にほかの事情が変化しなかったならば，実質国内総生産は y_1 から y_2 へと大きく減少したであろう。しかし実際には，第 8 章で述べるように，民間国内総投資の減少を相殺するような財政金融政策

図 3-5 投資乗数モデルのメカニズム

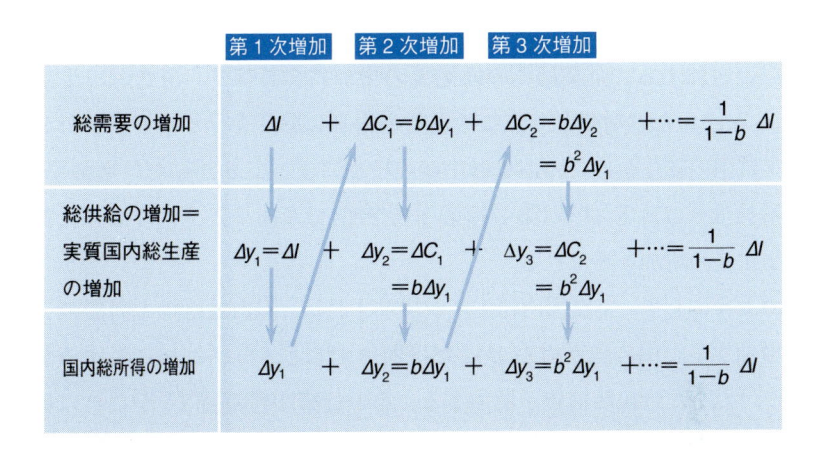

	第 1 次増加	第 2 次増加	第 3 次増加	
総需要の増加	ΔI +	$\Delta C_1 = b\Delta y_1$ +	$\Delta C_2 = b\Delta y_2$ $= b^2 \Delta y_1$	$+\cdots = \dfrac{1}{1-b} \Delta I$
総供給の増加＝実質国内総生産の増加	$\Delta y_1 = \Delta I$ +	$\Delta y_2 = \Delta C_1$ $= b\Delta y_1$ +	$\Delta y_3 = \Delta C_2$ $= b^2 \Delta y_1$	$+\cdots = \dfrac{1}{1-b} \Delta I$
国内総所得の増加	Δy_1 +	$\Delta y_2 = b\Delta y_1$ +	$\Delta y_3 = b^2 \Delta y_1$	$+\cdots = \dfrac{1}{1-b} \Delta I$

による総需要増加政策がとられたために，実質国内総生産は y_1 から y_2 のように大きくは減少しなかった。

■ 投資乗数モデルのメカニズム

それでは，民間国内総投資が増加すると，なぜ実質国内総生産は増加した投資以上に増加するのであろうか。いい換えれば，投資乗数はなぜ 1 よりも大きくなるのであろうか。図 3-5 はこのメカニズムを示したものである。

まず第 1 行目の第 1 列は，民間国内総投資が ΔI だけ増加して，その結果，総需要も ΔI だけ増加することを示している。物価一定のケインズ・モデルにおいては，総供給(すなわち，実質国内総生産)はこの総需要の増加に応じて増加する。したがって，第 2 行第 1 列に示されているように，総供給は ΔI だけ増加する。この ΔI に等しい実質国内総生産の増加分を Δy_1 で示そう。この実質国内総生産の増加を第 1 次実質国内総生産の増加という。第 1 次実質国内総生産の増加分は各経済主体に分配されるので，国内総所得も Δy_1 だけ増加する。国内総所得が増加すると，増加した国内総所得 Δy_1 に限界消費性向 b をかけた分だけ，民間消費が増加する。たとえば，限界

3　独立支出の変化による国内総生産の変化

消費性向を 0.7 とすると，民間消費は $0.7 \times \Delta y_1$ だけ増加する。この民間消費の増加を ΔC_1 とすると，それは $b\Delta y_1$ に等しい。これは第 1 次民間消費の増加と呼ばれる(第 1 行第 2 列参照)。民間消費が増加すると，総需要もそれだけ増加する。企業はこの総需要の増加に合わせて，消費財の生産を $\Delta C_1 = b\Delta y_1$ だけ増やして，この消費の増加に応じようとする。したがって，実質国内総生産はこの消費財生産の増加によって $b\Delta y_1$ だけ増加する。この増加分 $b\Delta y_1$ を Δy_2 (第 2 行第 2 列参照)で示そう。Δy_2 は第 2 次実質国内総生産の増加と呼ばれる。

このようにして，実質国内総生産が増加すれば，国内総所得も同額の Δy_2 だけ増加する。国内総所得が Δy_2 だけ増加すると，再びこれに限界消費性向をかけた分だけ民間消費が増加する。第 1 行第 3 列の ΔC_2 がこれに相当する。民間消費が ΔC_2 だけ増加すると，企業はそれに等しい消費財を生産することによって，この総需要の増加に対応しようとする。したがって，$\Delta C_2 = b\Delta y_2$ に等しいだけの実質国内総生産(これを Δy_3 とおく)が増える(これを第 3 次実質国内総生産の増加という)。この第 3 次実質国内総生産の増加によって，再び国内総所得が Δy_3 だけ増加する。以下同様に，国内総所得の増加にともなって，次々に民間消費が増加し，それに応じて実質国民総生産が増加するというメカニズムが続く。

以上のようなメカニズムが続くと，最終的には実質国内総生産は次のようになる。すなわち，実質国内総生産の増加は図 3-5 の第 2 行を横にすべて合計したものであるから，

$$\text{実質国内総生産の増加 } \Delta y = \Delta y_1 + \Delta y_2 + \Delta y_3 + \cdots$$
$$= \Delta y_1 + b\Delta y_1 + b^2 \Delta y_1 + \cdots$$

ここで，図 3-5 の第 1 列第 2 行に示されているように，Δy_1 は ΔI に等しいので，上の式は次のようになる。

$$\text{実質国内総生産の増加 } \Delta y = \Delta I + b\Delta I + b^2 \Delta I + \cdots$$
$$= (1 + b + b^2 + \cdots)\Delta I$$

上の式の右辺の(　)内は初項が 1 で等比が b の無限等比級数の和である

から，公式(初項) ÷ (1 − 等比)を用いると，$1/(1-b)$ になる[注1]。

したがって，

> 実質国内総生産の増加 $\Delta y = \dfrac{1}{1-b} \Delta I$ (3-8)

(3-8)は民間国内総投資が ΔI だけ増加すると，その $1/(1-b)$ 倍だけの実質国内総生産の増加が生ずることを示している。限界消費性向 b は0と1との間を値をとるから，$1/(1-b)$ は1よりも大きくなる。(3-8)から，次式が得られる。

> 投資乗数 $= \dfrac{\Delta y}{\Delta I} = \dfrac{1}{1-b} > 1$

たとえば，限界消費性向 b を0.7とすると，投資乗数は約3.3になる。これは民間国内総投資が1億円増えると，実質国内総生産は約3.3億円増えることを意味する。

なお，総需要と国内総所得の増加も国内総生産の増加に等しくなるから，これらも $1/(1-b) \Delta I$ だけ増加する。

(注1) この公式を忘れたときには，次のようにして求める。
$$S = 1 + b + b^2 + \cdots \tag{a}$$
として，(a)の両辺に等比 b をかけると，
$$bS = b + b^2 + \cdots \tag{b}$$
(a)から(b)を引くと，
$$(1-b)S = 1 \tag{c}$$
(c)から，
$$S = \dfrac{1}{1-b} \tag{d}$$
と(a)に示されている S を求める公式が得られる。

3 独立支出の変化による国内総生産の変化

——————— check point 3.2

● キーワード

投資乗数

● 3-2節 練習問題
ある国のマクロ経済が当初次のように示されるとして，以下の問いに答えよ。

$$C = 100 + 0.7y \quad \cdots\cdots\cdots①$$
$$I = 60 \quad \cdots\cdots\cdots②$$

1．上のマクロ経済における均衡実質国内総生産を小数点第1位を四捨五入して求めよ。
2．このマクロ経済の投資乗数の大きさを，小数点第2位を四捨五入して求めよ。
3．上で求めた投資乗数を用いて，民間国内総投資が 80 になった場合に，均衡実質国内総生産は当初よりもどれだけ増加するかを示せ。

□ 3-3　政府支出乗数と租税乗数 □

　3-2節では，民間国内総投資が変化すると，その乗数倍の実質国内総生産の変化が生ずることを示し，実質国内総生産を変動させる大きな要因の一つは，民間国内総投資の変動であることを説明した。民間国内総投資が変化すると実質国内総生産が変化するのは，民間国内総投資という，「独立支出」が変化することによって，総需要が変化すると，それに応じて総供給が変化するからである。したがって，同じく，実質国内総生産(あるいは，国内所得)に依存しない「独立支出」である，政府支出が変化する場合にも，投資乗数と同じようなメカニズムを経て実質国内総生産は変化する。そこでこの節では，民間部門に加えて政府部門が存在することを考慮して，実質国内総生産の決定メカニズムを考えてみよう。

図 3-6 政府支出と実質国内総生産

政府支出が ΔG だけ変化すると，y は $\frac{1}{1-b} \Delta G$ だけ変化する。

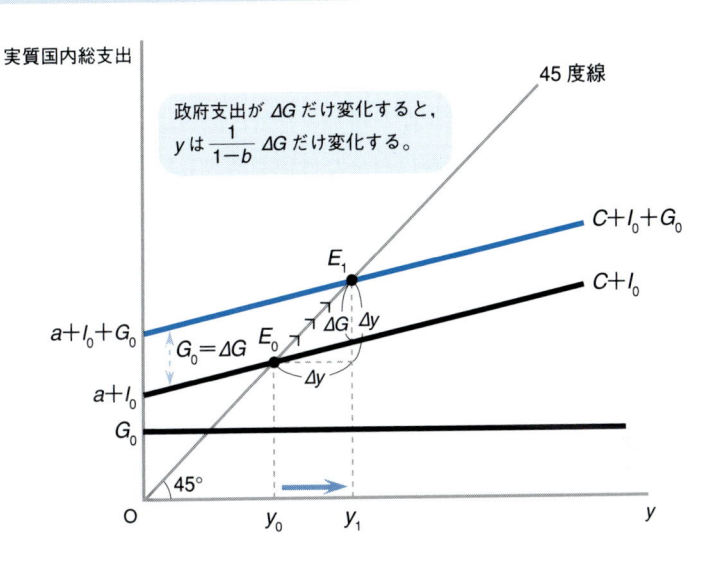

図 3-6 では，当初，政府支出がゼロで，貿易も存在しないと仮定されている。このケースでは，総需要は $C + I_0$ であり，均衡点は E_0 である。このときの均衡実質国内総生産は y_0 である。次に，政府支出がゼロから G_0 になったとしよう。総需要は $(C + I_0 + G_0)$ になるから，総需要曲線は $(C + I_0)$ 曲線から $(C + I_0 + G_0)$ 曲線のように G_0 だけ上方に平行移動する。このケースでは，総需要と総供給が等しくなる点は E_1 であるから，実質国内総生産は y_0 から y_1 へと増加する。当初の政府支出をゼロと仮定したから，G_0 は政府支出の増加分になる。そこでこの増加分を ΔG で表すと，図からわかるよう，実質国内総生産の増加 Δy は，政府支出の増加 ΔG よりも大きくなる。Δy を ΔG で除した値は**政府支出乗数**あるいは**財政支出乗数**と呼ばれる。Δy は ΔG よりも大きいから，政府支出乗数は 1 よりも大きくなる。すなわち，

$$\text{政府支出乗数（あるいは財政支出乗数）} = \frac{\Delta y}{\Delta G} > 1 \qquad (3\text{-}9)$$

政府支出の増加がその増加以上の実質国内総生産の増加をもたらすメカニ

3 独立支出の変化による国内総生産の変化

ズムは，投資乗数の場合とまったく同じである。すなわち，政府支出が ΔG だけ増加すると，その政府による需要の増加に応じて，企業は実質国内総生産を増加させる。これによって，政府支出の増加が満たされる。政府支出の増加に応じて実質国内総生産が増加すれば，国内総所得も増加するので，国内総所得に限界消費性向をかけた分だけ民間消費も増大する。

この民間消費の増加に応じて消費財をつくっている企業は生産を拡大する。これによって，再び国内総所得が増え，所得が増えた人々はそれに限界消費性向をかけた分だけ消費を増やそうとする。そこで再び，この民間消費の増加に応じて消費財産業は生産を拡大するので，実質国内総生産が拡大し，それにともなって国内総所得も増加する。このようなメカニズムは，投資乗数と同じように $\{1/(1-b)\} \times \Delta G$ だけの実質国内総生産の増加 Δy が生じた点で終了する。すなわち，

$$\frac{\Delta y}{\Delta G} = 政府支出乗数(あるいは財政支出乗数) = \frac{1}{1-b} \qquad (3\text{-}10)$$

である。

■租税乗数

次に税金が増えたり減ったりする場合に，実質国内総生産がどのように変化するかを説明しよう。税金が増えると，国民が消費などに使うことのできる所得(これを，<u>可処分所得</u>という)は減少する。可処分所得が減少すれば，民間消費は減少するであろう。逆に，減税が実施されると可処分所得が増加するので，民間消費は増加するであろう。ここで，税金が課せられた場合の消費関数は，次のように示されるとしてみよう。

$$C = a + b(y - T) \qquad (3\text{-}11)$$

ここで，T は税金を示し，$(y - T)$ は可処分所得を示す。(3-11)は民間消費は可処分所得 $(y - T)$ が増えると，それに限界消費性向 b をかけた分だけ増えることを意味している。(3-11)は次のように書き換えることができる。

図 3-7 租税と実質国内総生産

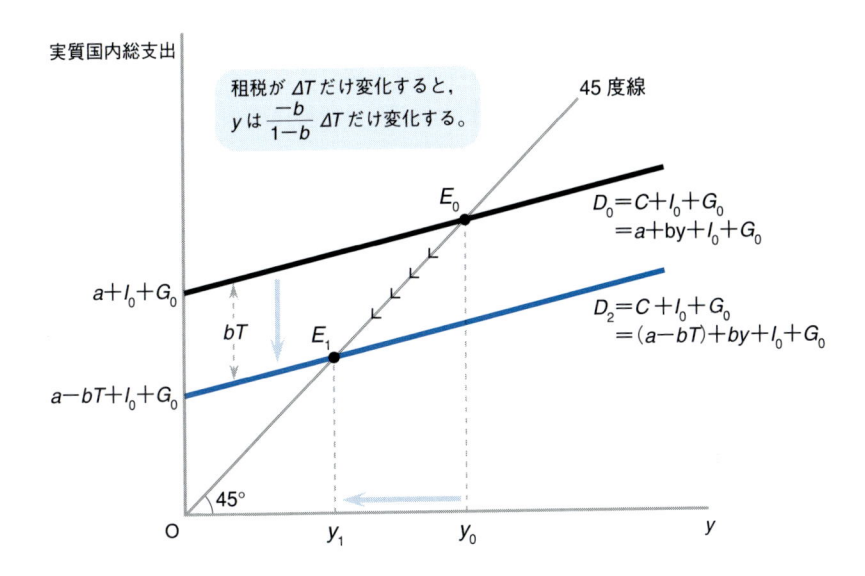

租税が ΔT だけ変化すると，y は $\dfrac{-b}{1-b}\Delta T$ だけ変化する。

$$C = (a - bT) + by \tag{3-12}$$

図 3-7 は，税金が課された場合の実質国内総生産の変化を示したものである。当初，税金が課せられていないときの総需要曲線は D_0 で示される。この総需要曲線の縦軸の切片は図 3-6 の政府支出が G_0 の場合と同じ，$(a + I_0 + G_0)$ である。この場合の均衡点は E_0 であるから，均衡実質国内総生産は y_0 になる。次に税額が T の税金が課せられたとしよう。これによって，消費関数は(3-2)から(3-12)に変化する。

両者を比較するとわかるように，民間消費曲線の縦軸の切片が bT だけ下方に移動する。この民間消費曲線の下方移動にともなって，総需要は D_0 から D_2 のように bT だけ下方に移動する。したがって，税金が課せられた後の均衡点は，E_1 に移動するから，均衡実質国内総生産は y_0 から y_1 へと減少する。すなわち税金が課せられると，家計の可処分所得が減少するため，民間消費が減少する。民間消費の減少は総需要の減少にほかならないから，物

3 独立支出の変化による国内総生産の変化

価一定のケインズ・モデルにおいては，総供給である実質国内総生産もこの総需要の減少に合わせて減少するのである。

減税の場合には，税金が課せられる場合と逆のメカニズムが働く。すなわち，減税が実施されればそれだけ家計の可処分所得は増加するから，民間消費は増加する。民間消費の増加は総需要の増加を意味するから，実質国内総生産はその総需要の増加に応じて増加する。

■租税乗数のメカニズム

次に，投資乗数や政府支出乗数と同じように，図 3-8 にしたがって租税乗数を求めてみよう。ここでは，増税の場合を説明する。いま，増税の大きさを $\varDelta T$ で表そう。(3-12)からわかるように，税金が $\varDelta T$ だけ増えると，それに限界消費性向 b をかけた分 $(b\varDelta T)$ だけ，民間消費が減少する(図 3-8 の第1行第1列参照)。この民間消費の減少(すなわち総需要の減少)に応じて，総供給，すなわち実質国内総生産も同額だけ減少する。その結果，(3-12)の右辺の国内総所得 y も同額 $(b\varDelta T)$ だけ減少する。国内所得が減少すれば，その減少額に限界消費性向をかけた分だけ，民間消費の減少 $(b^2\varDelta T)$ が生じる(第1行第2列参照)。この民間消費の減少に応じて，総供給である実質国内総生産と国内総所得も $(b^2\varDelta T)$ だけ減少する。このようなメカニズムが続くことによる最終的な実質国内総生産(総供給)と実質国内総支出(総需要)の減少は，次のようになる。

$$
\begin{aligned}
\text{増税による実質国内総生産の減少} &= -(b\varDelta T + b^2\varDelta T + b^3\varDelta T + \cdots) \\
&= -b(1 + b + b^2 + \cdots)\varDelta T \\
&= -\frac{b}{1-b}\varDelta T \quad (3\text{-}13)
\end{aligned}
$$

(3-13)から次の関係が得られる。

$$
\text{租税乗数} = \frac{\varDelta y}{\varDelta T} = -\frac{b}{1-b} \quad (3\text{-}14)
$$

図 3-8　租税乗数のメカニズム

	第1次減少	第2次減少	第3次減少		
総需要の減少	ΔC_1 $=-b\Delta T$	ΔC_2 $=b(-b\Delta T)$	ΔC_3 $=b(-b^2\Delta T)$	…	$\dfrac{-b}{1-b}\Delta T$
総供給と国内総所得の減少	$-b\Delta T$	$-b^2\Delta T$	$-b^3\Delta T$	…	$\dfrac{-b}{1-b}\Delta T$

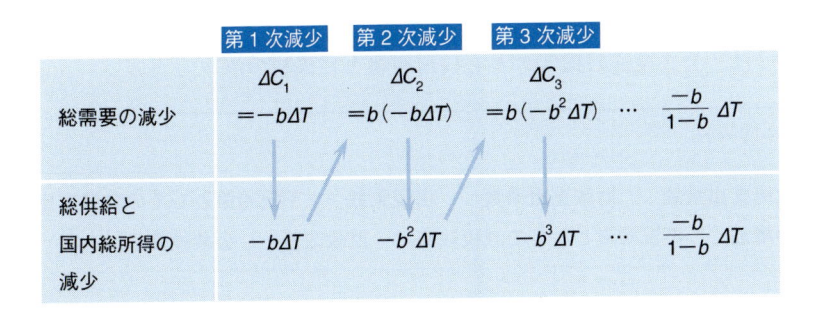

(3-14)は，増税(減税)はその$\dfrac{b}{1-b}$倍だけの実質国内総生産の減少(増加)をもたらすことを意味し，租税乗数と呼ばれる．たとえば，限界消費性向bを0.7とすると，租税乗数は約-2.3になる．すなわち，1億円の増税(減税)は約2.3億円の実質国内総生産の減少(増加)をもたらす．

■不況対策としての財政対策

　上で示したように，政府支出や租税は実質国内総生産に影響を及ぼす．たとえば，政府支出の増加や減税は実質国内総生産の増加をもたらす．そこでこの政府支出や減税の効果を利用することによって，不況の影響を弱めたり，それを克服したりする対策を実施することができる．たとえば，他の事情に変化がないとして，民間消費や民間国内総投資が減少すると，実質国内総生産は減少する．実質国内総生産が減少すれば，企業の雇用需要も減少するであろう．そのため働きたくても企業に雇ってもらえない失業者が増大する．この場合，政府支出を増やしたり，減税したりすれば，それにともなって総需要が増加し，それに応じて実質国内総生産も増加する．実質国内総生産が増加すれば，生産増加のために必要な雇用量も増大し，その結果，失業者も減少する．

　このような政府支出の増加や減税による不況対策を財政政策という．政府

3　独立支出の変化による国内総生産の変化

支出の増加が不況対策として採用される場合には，道路や橋などの社会資本と呼ばれる資本財の建設に対して，支出される場合が多い。このような政府による社会資本に対する支出は<u>公共投資</u>と呼ばれる。1990年代の不況対策としては，公共投資の拡大とともに所得税と住民税の減税も実施された。

check point 3.3

● キーワード

政府支出乗数　　財政支出乗数　　租税乗数　　不況対策としての政府支出の増加　　不況対策としての減税政策　　財政政策　　公共投資

● 3-3節　練習問題

当初のマクロ経済が次のように示されるとして，以下の問いに答えよ。

$$C = 100 + 0.7(y - T) \quad \cdots\cdots\cdots\cdots ①$$
$$I = 490 \quad \cdots\cdots\cdots\cdots\cdots\cdots\cdots\cdots ②$$
$$G = 17 \quad \cdots\cdots\cdots\cdots\cdots\cdots\cdots\cdots\cdots ③$$
$$T = 10 \quad \cdots\cdots\cdots\cdots\cdots\cdots\cdots\cdots\cdots ④$$

1．上で示されるマクロ経済の均衡実質国内総生産を図と式を用いて求めよ。
2．上のマクロ経済の投資乗数，政府支出乗数，租税乗数を，すべて少数点第2位を四捨五入して求めよ。
3．上で求めた各乗数を用いて民間国内総投資が540になった場合，政府支出が27になった場合，租税が5に減税された場合について，それぞれ，均衡実質国内総生産は当初よりもどれだけ増加するか。
4．3の政府支出の増加と減税のケースについて，均衡国内総生産がどのように変化するかを図で示せ。

3-4　貿易が存在する場合の乗数

■輸出の変化と実質国内総生産の変化

「独立支出」である輸出(独立支出とは実質国内総生産に依存しないという意味。ただし、輸出は外国の実質国内総生産が増えると、増加するという意味で、外国の実質国内総生産には依存する)の変化も総需要の変化をもたらすから、民間国内総投資や政府支出の変化と同じように、実質国内総生産の変化をもたらす。図 3-9 では、当初貿易が存在しないため、輸出はゼロであり、そのときの総需要曲線は D_0 で示されている。均衡点は E_0 であり、均衡実質国内総生産は y_0 である。次に貿易が開始されて、輸入はゼロであるが輸出が X_0 になったとしよう。この場合には、総需要曲線は X_0 だけ上方

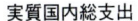

図 3-9　輸出の変化と実質国内総生産の変化

輸出が ΔX だけ変化すると、y は $\dfrac{1}{1-b} \Delta X$ だけ変化する。

$D_1 = C + I_0 + G_0 + X_0$

$D_0 = C + I_0 + G_0$

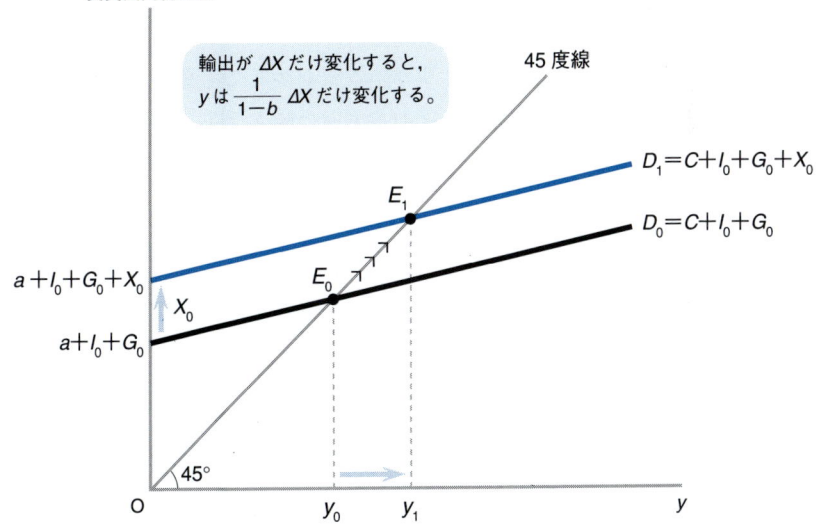

3 独立支出の変化による国内総生産の変化

に平行移動して，D_1 になる。

総需要曲線が輸出の増加によって上方に平行移動するのは，民間国内総投資や政府支出の増加と全く同じ理由によるので，説明は繰り返さない。輸出の増加による総需要の増加の結果，均衡点は E_0 から E_1 に移り，実質国内総生産は y_0 から y_1 へと増加する。逆に輸出が減少する場合には，総需要曲線は D_1 から D_0 のように下方に平行移動するから，実質国内総生産は y_1 から y_0 のように減少する。

以上のように，輸出の増加は実質国内総生産の増大をもたらし，逆に，輸出の減少は実質国内総生産の減少をもたらす。

日本の輸出はアメリカ向けのものが多いが，とくに 1960 年代から 70 年代中頃まではそうであった。そのため，アメリカの景気が良くなってアメリカの日本からの輸入，すなわち日本の対米輸出が増えると，日本の実質国内総生産の増加も大きくなり，日本の景気も良くなるというメカニズムが働いた。とくに，アメリカへの輸出依存度の高かった 1960 年代には，アメリカの景気が良くなれば，日本の対米輸出が増加し，逆に，アメリカの景気が悪くなると日本の対米輸出が減少することを通じて，日本の実質国内総生産が大きく変動した。そのため，「アメリカがくしゃみをすると，日本はかぜをひく」といわれたものである。これはアメリカの景気が少しでも悪くなると，日本の対米輸出が大きく減少するため，日本が不況に陥ることを比喩的に述べたものである。

■輸入の変化と実質国内総生産の変化

次に，輸入の変化が実質国内総生産に及ぼす影響を説明しよう。いま当初において，日本は輸出はしているが輸入は全くしていないとしよう。民間国内総投資，政府支出，税金，輸出をそれぞれ I_0，G_0，T_0，X_0 としよう。消費関数が(3-2)で示されれば，総需要曲線は図 3-10 の D_0 になる。

次に，日本が輸出だけでなく，輸入もする場合を考えてみよう。一般に，日本の輸入は日本の実質国内総生産が増加するにつれて，増加する傾向があ

図 3-10 輸入と実質国内総生産

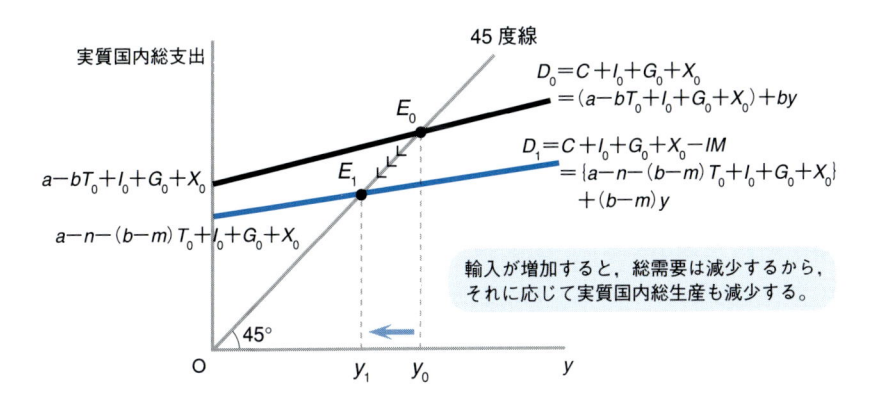

実質国内総支出

45度線

$D_0 = C + I_0 + G_0 + X_0$
$= (a - bT_0 + I_0 + G_0 + X_0) + by$

$D_1 = C + I_0 + G_0 + X_0 - IM$
$= \{a - n - (b - m)T_0 + I_0 + G_0 + X_0\} + (b - m)y$

輸入が増加すると，総需要は減少するから，それに応じて実質国内総生産も減少する。

る。これは日本の実質国内総生産が増加する過程で，原材料や原油などの輸入が増えるとともに，家計の所得が増加すると，外国産車や外国製の洋服などの輸入が増えるからである。ここでは，輸入関数が次のような1次式で表されるケースを想定してみよう。

$$IM = n + m(y - T_0) \tag{3-15}$$

ここで，IM（import の最初の2文字をとったもの）は輸入であり，n と m は一定の係数である。いま，実質国内総生産が Δy だけ増加するときの輸入の増加を ΔIM とすると，(3-15)から次の関係が得られる。

$$m = \frac{\Delta IM}{\Delta y} = 限界輸入性向 \tag{3-16}$$

(3-16)は輸入の増加を実質国内総生産で割った値は m に等しいことを示している。このような輸入の増加と実質国内総生産の増加の関係が得られる理由は，消費の増加の関係と同じであるので説明は繰り返さない。この m を<u>限界輸入性向</u>という。限界輸入性向も限界消費性向と同じように0と1の間の値をとると考えられる。

さて，輸入がゼロの状態から IM の輸入が始まると，総需要は1-3節で説明したように，当初の D_0 から輸入を差し引いたものになる。すなわち，

3　独立支出の変化による国内総生産の変化

輸入を考慮したときの総需要は次のようになる。

$$D_1 = C + I_0 + G_0 + X_0 - IM \tag{3-17}$$

(3-17)の右辺の IM に(3-15)の右辺を代入すると，輸入を考慮したときの総需要は次のようになる。

$$D_1 = \{a - n - (b - m) T_0 + I_0 + G_0 + X_0\} + (b - m) y \tag{3-18}$$

総需要 D_1 を図示すると，図 3-10 の曲線 D_1 のようになる。輸入がない場合の当初の均衡点は E_0 であり，そのときの均衡実質国内総生産は y_0 である。次に実質国内総生産の増加にともなって輸入が増加する場合には，総需要曲線は D_1 のように，縦軸の切片が n だけ下方に移動し，D_0 よりも緩やかな，傾き $(b - m)$ の直線(それに対して，D_0 の傾きは b)になる。

(3-17)からわかるように，輸入が実質国内総生産の増加とともに増加する場合には，総需要が輸入分だけ減少するので，実質国内総生産はそうでない場合よりも減少する。図 3-10 のケースでは，輸入が実質国内総生産の増加とともに増えると，均衡点は E_0 から E_1 へ移動して，実質国内総生産は y_0 から y_1 のように減少する。

輸入がない場合には，民間国内総投資や政府支出や輸出などの増加によって実質国内総生産が増加する場合，民間消費は，その実質国内総生産の増加 Δy に限界消費性向 b をかけた値，すなわち，$b \Delta y$ だけ増加する。このような民間消費の増加が次々におこるため，民間国内総投資や政府支出や輸出などが増加すると，その乗数倍の実質国内総生産の増加が起きるわけである。

ところが，輸入が実質国内総生産が増加する過程で増加すると，実質国内総生産の増加 Δy に限界輸入性向 m をかけた分だけ輸入が増える。このことは，乗数過程で増えていく民間消費 $b \Delta y$ のうち，$m \Delta y$ の部分は国内企業の生産によってではなく，外国からの輸入によってまかなわれることを意味する。このような輸入品は国内で生産されたものではないから，実質国内総生産には含まれない。つまり，民間消費が実質国内総生産が増加していく過程で増加しても，その一部は輸入品に対する需要になるため，そうでな

い場合に比べて総需要の増加が小さくなるのである。この意味で，輸入は総需要からの「漏れ」といわれる。

■輸出乗数

投資乗数や政府支出乗数と同じように輸出乗数を定義することができる。輸出乗数とは輸出が増加した場合に最終的に実質国内総生産がどれだけ増加するかという概念である。輸出の増加を ΔX とし，それにともなって増加する実質国内総生産を Δy とすると，輸出乗数は $\Delta y/\Delta X$ である。

輸出乗数のメカニズムは，基本的に投資乗数や政府支出乗数と全く同じである。すなわち輸出が増加すると，その需要の増加に応じて国内で輸出産業の生産が増加する。この生産の増加過程で輸出産業の関連者に所得が分配され，所得の増加した家計が消費を増やす。この民間消費の増加に対応して，国内の消費財産業での生産が増加し，そこで再び所得も増加する。所得が増加すれば，民間消費が増加するというメカニズムが働く。このことからわかるように，輸出乗数は投資乗数や政府支出乗数と全く同じ値をとる。すなわち，消費関数が(3-2)のように表され，輸入が存在しない場合には，輸出乗数は以下のようになる。

$$輸出乗数 = \frac{\Delta y}{\Delta X} = \frac{1}{1-b} \tag{3-19}$$

■輸入を考慮した場合の輸出乗数（外国貿易乗数）

いままでは輸入を考慮せずに，投資乗数，政府支出乗数，輸出乗数および租税乗数について説明し，前三者は消費関数が(3-2)で示される場合には $1/(1-b)$ になること，租税乗数は $-b/(1-b)$ になることを説明した。そこでここでは輸入を考慮した場合の乗数について説明しよう。

輸入関数が(3-15)で示される場合には，民間国内総投資や政府支出や輸出が増加すると，民間消費の増加分のうち限界輸入性向をかけた分は輸入に対する需要となる。そのため，それだけ国内総生産物に対する総需要の増加も

3 独立支出の変化による国内総生産の変化

図3-11 輸入を考慮したときの投資，政府支出，輸出乗数

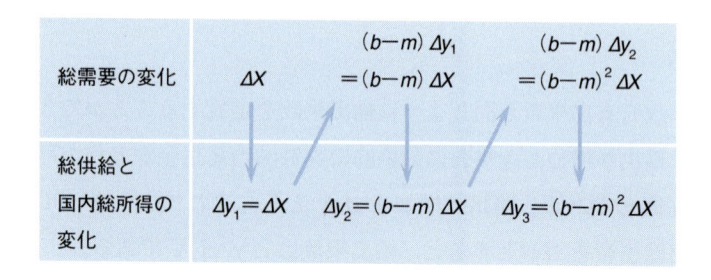

		$(b-m)\,\Delta y_1$	$(b-m)\,\Delta y_2$
総需要の変化	ΔX	$=(b-m)\,\Delta X$	$=(b-m)^2\,\Delta X$
総供給と国内総所得の変化	$\Delta y_1 = \Delta X$	$\Delta y_2 = (b-m)\,\Delta X$	$\Delta y_3 = (b-m)^2\,\Delta X$

小さくなる。物価一定のケインズモデルでは，総需要の増加が小さければ，それだけ実質国内総生産の増加も小さくなる。この効果は，民間国内総投資についても政府支出についても輸出についても同じように働く。そこで例として，輸出の増加だけを取り上げて，輸入を考慮した場合に，乗数がどのように変化するかを，図3-11を用いて説明しておこう。

まず輸出がΔXだけ増加すると，それにともなって総供給と国内総所得は$\Delta X = \Delta y_1$だけ増加する。このΔy_1の国内総所得の増加にともなって民間消費は$b\,\Delta y_1$だけ増加するが，そのすべては国内の生産物に対する需要とはならず，$m\,\Delta y_1$だけは輸入品に対する需要となる。したがって，日本の国内で生産される消費財に対する需要は，図3-11の第1行第2列に示されているように，$(b-m)\,\Delta y_1$になる。Δy_1はΔXに等しいから，国内総生産物に対する総需要の変化は$(b-m)\,\Delta X$になる。この総需要の増加に対応して，同額の実質国内総生産と国内総所得が増加し，以下同じようなメカニズムが働く。

図3-11の第2行目の各段階の実質国内総生産の増加を合計すると，以下のようになる。

最終的な実質国内総生産の増加 Δy

$$= \Delta y_1 + \Delta y_2 + \Delta y_3 + \cdots$$
$$= \Delta X + (b-m)\Delta X + (b-m)^2 \Delta X + \cdots$$
$$= \{1 + (b-m) + (b-m)^2 + \cdots\}\Delta X \quad (3\text{-}20)$$

(3-20)の大カッコの中は1を初項とし，等比が$(b-m)$の無限等比級数列の和であるので，公式によって$1/(1-b+m)$になる。これから，次の輸入を考慮したときの輸出乗数が得られる。輸入を考慮したときの輸出乗数は**外国貿易乗数**とも呼ばれる。

$$外国貿易乗数 = \frac{\Delta y}{\Delta X} = \frac{1}{1-b+m} \quad (3\text{-}21)$$

このように輸入を考慮した場合の輸出乗数は$1/(1-b+m)$になる。限界輸入性向 m は0と1の間の値をとるので，輸入を考慮した場合の輸出乗数の方が輸入を考慮しないときの輸出乗数よりも小さい。これはすでに述べたように，輸入の増加は国内総生産物に対する総需要の増加には結びつかないためである。

以上の説明は，民間投資乗数も政府支出乗数にもあてはまるから，輸入を考慮すると，それらも(3-21)の外国貿易乗数と一致する。

図 3-12 は輸入を考慮したときの租税乗数のメカニズムを示したものである。まず ΔT の増税によって，一方で消費が $b\Delta T$ だけ減少し，他方で，(3-14)からわかるように，輸入が $m\Delta T$ だけ減少する。他の事情を一定として，輸入の減少は国内総生産物に対する需要の増加を意味するから，差し引き，総需要は $(b-m)\Delta T$ だけ減少する。この総需要の減少によって総供給と国内総所得が同額だけ減少する。国内総所得が減少すると，それに $(b-m)$ だけを乗じた分だけ総需要が減少し，それにともなって同額の総供給と国内総所得が減少する。以下，同じメカニズムが働き，最終的な実質国内総生産の変化は次のようになる。

3 独立支出の変化による国内総生産の変化

図 3-12 輸入を考慮したときの租税乗数

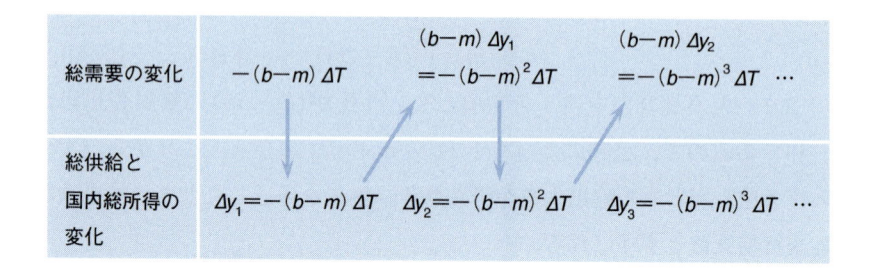

総需要の変化	$-(b-m)\Delta T$	$(b-m)\Delta y_1$ $=-(b-m)^2\Delta T$	$(b-m)\Delta y_2$ $=-(b-m)^3\Delta T$ ...
総供給と国内総所得の変化	$\Delta y_1=-(b-m)\Delta T$	$\Delta y_2=-(b-m)^2\Delta T$	$\Delta y_3=-(b-m)^3\Delta T$ ...

最終的な実質国内総生産の変化 Δy

$$\begin{aligned} &= \Delta y_1 + \Delta y_2 + \Delta y_3 + \cdots \\ &= -(b-m)\{1+(b-m)+(b-m)^2+\cdots\}\Delta T \\ &= \frac{-b+m}{1-b+m}\Delta T \end{aligned} \quad (3\text{-}22)$$

■実質国内総生産と乗数の計算式

ここで，均衡実質国内総生産と投資乗数などを代数計算によって求める方法を示しておこう。

単純なケインズ経済モデルは，次のような方程式によって示される。

$$C = a + b(y - T) \qquad (3\text{-}23)$$
$$I = I_0 \qquad (3\text{-}24)$$
$$G = G_0 \qquad (3\text{-}25)$$
$$T = T_0 \qquad (3\text{-}26)$$
$$X = X_0 \qquad (3\text{-}27)$$
$$IM = n + m(y - T) \qquad (3\text{-}28)$$

総供給を y とすると，総供給 y と総需要 $(C + I_0 + G_0 + X_0 - IM)$ とが等しいという，生産物市場(財市場)の均衡条件式は，次のようになる。

$$y = a + b(y - T_0) + I_0 + G_0 + X_0 - n - m(y - T_0) \quad (3\text{-}29)$$

(3-29) 右辺の y を左辺に移項すると，

$$(1 - b + m) y = a - n - (b - m) T_0 + I_0 + G_0 + X_0 \quad (3\text{-}30)$$

(3-30) から，

$$y = \frac{a - n}{1 - b + m} + \frac{-(b - m) T_0 + I_0 + G_0 + X_0}{1 - b + m} \quad (3\text{-}31)$$

(3-31) 右辺は，T, I, G, X が，それぞれ，T_0, I_0, G_0, X_0 という値をとるときの，均衡実質国内総生産を表している。

たとえば，$a = 200$, $b = 0.7$, $n = 100$, $m = 0.2$, $T_0 = 10$, $I_0 = 300$, $G_0 = 30$, $X_0 = 20$ として，これらの数値を，(3-31) の右辺に代入すると，

$y = 890$

すなわち，均衡実質国内総生産は 890 である。

次に，各乗数は次のようにして求められる。たとえば，投資が I_0 から ΔI だけ増えて，$I_0 + \Delta I$ になったとし，そのときの均衡実質国内総生産を y_1 とすると，(3-31) から，

$$y_1 = \frac{a - n}{1 - b + m} + \frac{-(b - m) T_0 + I_0 + \Delta I + G_0 + X_0}{1 - b + m} \quad (3\text{-}32)$$

(3-32) から (3-31) を辺辺差し引くと

$$y_1 - y = \frac{1}{1 - b + m} \Delta I \quad (3\text{-}33)$$

(3-33) の左辺を $\Delta y (= y_1 - y)$ とおくと，

$$\frac{\Delta y}{\Delta I} = \frac{1}{1 - b + m} \quad (3\text{-}34)$$

と投資乗数が求められる。

同様にして，その他の「独立支出」の乗数を求めると，次のようになる。

$$\frac{\Delta y}{\Delta I} = \frac{\Delta y}{\Delta G} = \frac{\Delta y}{\Delta X} = \frac{1}{1 - b + m} \quad (3\text{-}35)$$

$$\frac{\Delta y}{\Delta T} = \frac{-b + m}{1 - b + m} \quad (3\text{-}36)$$

3 独立支出の変化による国内総生産の変化

上の数値例では，(3-35)と(3-36)は，それぞれ，2と −1 になる。

———— check point 3.4

● キーワード

限界輸入性向　　輸出乗数　　外国貿易乗数

● 3-4節 練習問題

当初のマクロ経済が次のように示されるとして，以下の問に答えよ。

$$C = 100 + 0.7(y - T) \quad \text{……………①}$$
$$I = 527 \quad \text{……………………②}$$
$$G = 20 \quad \text{………………………③}$$
$$T = 10 \quad \text{………………………④}$$
$$X = 15 \quad \text{………………………⑤}$$
$$IM = 20 + 0.5(y - T) \quad \text{……………⑥}$$

1．上で示されるマクロ経済の均衡実質国内総生産を図と式を用いて求めよ。
2．上のマクロ経済の外国貿易乗数と租税乗数を求めよ。

第 4 章

投資はどのようにして決まるか

　第3章では，民間国内総投資を一定として，実質国内総生産がどのように決定されるか，あるいは，民間国内総投資が何らかの事情で増えたり，減ったりしたとして，その場合に，実質国内総生産がどのように変動するかを説明した。この章では，市場経済のマクロ的な変動をひき起こす大きな要因の一つである民間国内総投資そのものが，どのような要因によって決定され，また，変動するのかを説明しよう。

4 投資はどのようにして決まるか

4-1 投資利益の源泉と投資の期待収益率

■経済変動の要因としての民間国内総投資

　以下では，民間国内総投資を単に投資と呼ぶことにするが，投資は次の二つの要因によって大きな影響を受ける。第一は，経営者が予想する投資の収益率である。この収益率は予想収益率あるいは期待収益率と呼ばれるが，本書では以下，投資の期待収益率で統一する。投資に影響を及ぼす第二の要因は，投資資金の調達コストである。企業は投資の期待収益率と資金調達コストとを比較しながら，適正な投資水準を決定すると考えられる。そこでまず投資の期待収益率から説明しよう。

■投資利益の源泉

　投資は在庫投資，設備投資，住宅投資の三つに分けられるが，ここでは主として設備投資に注目し，企業はなぜ設備に投資しようとするかを説明しよう。設備投資とは，工場や事務所の建設やさまざまな機械の購入などをいう。これらの投資財はかなり長い期間にわたってモノやサービスを生産するために使用されて，次のような利益を企業にもたらす。

■生産能力拡大投資

　設備投資は企業の生産能力を拡大することによって，企業に利益をもたらす可能性がある。たとえば，ある製品を生産している企業が，将来，その製品に対する需要は増大すると予想するとしよう。企業は需要の増加に応じて売り上げを伸ばし，利益の増大をはかるためには，生産能力を拡大する必要がある。たとえば，パソコンを生産している企業がパソコン需要が増大すると予想すれば，パソコンを生産するための工場を新たに建設しようとするであろう。あるいは，自動車販売企業は自動車需要が増加すると予想すれば，

販売店を増やそうとするであろう。この販売店を増やすことも設備投資にほかならない。

このように，将来の需要の増加に応えることによって売上高を伸ばし，それによって利益を増大させるような投資を，生産能力拡大投資という。しかし，投資した後に，需要が増加しなければ，投資は無駄になり，企業の利益は減少してしまう。つまり，生産能力拡大投資は企業に利益をもたらす可能性だけでなく，逆に，損失をもたらす可能性もあるという意味で，危険をともなった行動である。

■新製品生産のための投資

戦後の日本では，電気洗濯機，電気掃除機，電気冷蔵庫，テレビ，ビデオなどの家庭電気製品が次々と現れた。これらは当初登場したときには新製品であった。企業は，このような需要が大きいと予想される新製品を開発することによって利益を上げようとする。新製品の生産のためには，それを作るための工場や機械が必要になる。

■技術革新を体化した投資

企業は，同じ製品を生産する場合にも，より効率的に生産が可能になる工場や機械を絶えず求めている。より効率的な機械などは技術革新によってもたらされる。効率的な機械に投資して，生産費用を引き下げることができれば，企業はより大きな利益を得ることができる。

技術革新は新製品の開発と結びついていることが多い。しかし，新製品の生産と結びついた技術革新投資の場合には，果たしてその新製品に対する需要が十分あるかという点に関して，前もって見通しを立てなければならない。この点でも，投資によって企業利益が増加するかどうかは，将来の需要という不確実な要因に大きく依存している。

4 投資はどのようにして決まるか

■他の生産要素を代替するための投資

　日本経済は1973年と78年に二度にわたって石油ショックに見舞われた。これは石油輸出国機構(OPEC)が原油の供給を制限したために，原油価格が高騰して，原油輸入国が経済的危機に陥った事件である。原油価格の高騰に直面した日本企業は，生産過程におけるエネルギーの投入量を節約するための投資を活発に行った。すなわち，エネルギーの投入が少なくてすむような工場を建設したり，機械を導入したりしたのである。このエネルギー節約型の投資を**省エネルギー投資**(略して，省エネ投資)という。これはエネルギーという生産要素の価格が他の生産要素の価格に比べて高くなったために，機械でエネルギーを代替するという意味で，エネルギー代替投資とも呼ばれる。

　また，最近の自動車工場などではロボットが自動車を組み立てており，人間はごくわずかしかみられない。これは賃金が他の生産要素の価格に比べて高くなったために，労働投入量を節約してロボットで代替しているからである。このロボットによる労働の代替も，生産要素代替投資の一種である。

　このように，機械の価格に比べてエネルギーや労働の価格が高くなる場合には，エネルギーや労働という生産要素を，機械などにおきかえることによって，企業は生産費用を引き下げることができる。生産費用を引き下げることができれば，企業の利益はそれだけ増大する。

　ただし，エネルギー代替にせよ，労働代替にせよ，投資は長期的なエネルギーの価格や賃金の動向を予想して決定される。かりに，エネルギー価格の高騰や賃金の上昇が一時的なものであると予想されるならば，企業はエネルギーや労働を代替する投資を控えるであろう。なぜならば，工場を建設したり機械を導入したりした後に，エネルギーの価格や賃金が低下すると，企業はむしろエネルギーや労働の投入量を増やすことによって，生産費用の引き下げをはかることが可能になり，工場や機械による生産は高くつくことになるからである。

4-1 投資利益の源泉と投資の期待収益率

■ 投資の期待収益率

　以上で，投資の利益(あるいは損失)がどのようにして生まれるかを説明したので，次に，投資の期待収益率について説明しよう。投資の期待収益率とは，投資財を長期にわたって使用したときに得られる長期の利益に関連する概念である。しかし，長期にわたる期待収益率を理解することは難しいので，ここでは，ごく短い期間を考えて投資の期待収益率を定義しておこう。

　いま，ある機械の価格が100万円であるとし，その機械を購入してモノやサービスの生産のために1年間用いると，1年後に120万円の利益が得られると期待されるとしよう。ここで「期待」というのは，120万円という利益が期待されるという意味で，結果的にかならずしも120万円の利益が得られるとはかぎらない。このような機械は一般に1年以上使用できるのが普通であるが，ここでは話をわかりやすくするために，この機械は1年後には使用できなくなり，何らの利益も生まなくなってしまうとしよう。この場合，投資から得られる120万円の期待利益から投資費用100万円を引いた20万円を，**投資の期待純利益**という。この投資の期待純利益を機械の購入代金，すなわち，投資額100万円で割ったものを**投資の期待収益率**という。

　以上から投資の期待収益率を r で示すと，それは次のように定義される。

$$
\begin{aligned}
r &= 投資の期待純利益/投資費用 \\
&= \frac{120\,万円 - 100\,万円}{100\,万円} \\
&= 0.2
\end{aligned}
\tag{4-1}
$$

　上の例では，投資の期待収益率は0.2である。これをパーセント表示すれば，0.2を100倍して20％になる。しかし，本書では，パーセント表示は採用せず，(4-1)のように期待収益率を定義する。

4　投資はどのようにして決まるか

---
check point 4.1

● キーワード

| 生産能力拡大投資　　新製品生産のための投資　　技術革新を体化した投資 |
| 生産要素代替投資　　投資の期待収益率 |

● 4-1 節　練習問題

次の文の(　)内を，上に示したキーワードのうちから一つ選んで埋め，文を完成せよ。

1. 1990年代の初めに，大型店舗出店規制(スーパーのような大型店舗の出店を抑制する規制)が緩和されると，大型店舗建設が急激に増えた。これは(1)の一種である。
2. 今後，日本では，人口構成の高齢化が急速に進み，労働力人口の減少が予想される。したがって，長期的にみると，賃金は他の生産要素の価格に比べて上昇するであろう。そうであれば，長期的には，設備投資は増加すると予想される。この投資は(2)の一種である。
3. 90年代初めに，携帯電話が登場し，その電話料金の値下げが進むにつれて，携帯電話を生産するための機械への投資が急増した。この投資は(3)の一種である。

4-2　投資のコストと投資関数

■投資の資金調達コストと期待収益率の比較

上の例で，投資を実行しようとする企業は，投資に必要な資金をもっていないとしよう。その場合には，この企業は100万円の投資費用を賄うために，資金を銀行などから借り入れたり，債券を発行したりしなければならない。ここでは，銀行から借り入れるケースを考え，銀行から資金を借り入れるときの1年間の利子率を10％としよう。利子率が10％であるから，企業は1

年間100万円を借り入れると，1年後に110万円を返さなければならない。それではこのケースで，企業は100万円を銀行から借り入れて，機械を購入しようとするであろうか。

まず，銀行から資金を100万円借り入れて機械を購入すると，1年後には120万円の利益が得られると期待される。企業は1年後に銀行に110万円返済しなければならないから，この期待利益120万円の中から110万円を返済することになる。これによって，企業の手元には10万円が残ると期待される。このように，この投資は10万円の利子を支払って，借入元本100万円を返済した後に，10万円の利益をもたらすと期待されるので，企業にとっては有利な投資である。

いま述べたことを，投資の期待収益率と利子率の概念を用いて説明しておこう。上の数値例のように，実際には，利子率は10％というようにパーセントで表示されるのが普通であるが，ここでは期待収益率をパーセントで表示しなかったので，それとあわせるために利子率を次のように定義しよう。

$$i = \frac{\text{借入元利合計} - \text{借入金}}{\text{借入金}} = 0.1 \tag{4-2}$$

ここで(4-2)の i は利子率を表す記号である。このように，10％の利子率は0.1と定義される。

上の例で投資が有利であったのは，投資の期待収益率 r（上の例では，0.2）が利子率 i（上の例では，0.1）よりも大きかったからである。かりに利子率も投資の期待収益率と同じ0.2であれば，企業は1年後に120万円を返済しなければならないので，借入資金の利払いと元本の返済後には，投資から得られた利益120万円はすべてなくなってしまう。さらに，利子率が0.2を超えれば，1年後の返済額(すなわち，借入元利合計)は投資からの期待利益を上回ってしまい，企業は損失を被ってしまう。したがって，企業は利子率が投資の期待収益率を上回るような投資は実行しない。

以上から，企業が投資するか否かの基準，すなわち，**投資決定基準**は投資の期待収益率が利子率を上回るかどうかである。これを式にまとめておくと，

4 投資はどのようにして決まるか

次のようになる。

> $r > i$ なら投資する
> $r = i$ なら投資してもしなくても同じである。
>   このとき投資するかしないかは無差別であるという。
> $r < i$ なら投資しない   (4-3)

■投資の決定(1)

次に，企業はどのように投資水準を決めるのかを，図で説明しよう。図4-1で，プロジェクト1は，ある種の機械を何台か購入して，モノを生産する場合に期待される収益率が，0.3であることを示している。同様に，プロジェクト2，プロジェクト3なども，それぞれ，異なった機械を購入した場合に期待される収益率を示しており，前者と後者の期待収益率は，それぞれ，0.2と0.1である。いま利子率 i を0.05とすると，投資の期待収益率が利子率を上回っているプロジェクトはプロジェクト4(期待収益率は0.07)までであり，プロジェクト5(期待収益率は0.03)以下は利子率よりも低くなっている。したがって，企業にとって有利や投資はプロジェクト4までであるから，投資は I_0 の水準に決定される。

■投資の決定(2)

図4-1では，投資の期待収益率はプロジェクトごとに異なり，階段状のグラフで示された。それに対して，図4-2は投資の期待収益率が投資の増加につれてスムーズに右下がりになるケースを示したものである。いま利子率が i_0 であれば，企業にとって有利な投資は(4-3)の投資基準から，I_0 の水準に決まる。それに対して，利子率が i_1 まで低下すると，企業によって有利な投資は I_0 から I_1 まで増加する。逆に，利子率が i_2 に上昇すれば，企業によって有利な投資は I_2 に減少する。

このことからわかるように，投資は利子率が低くなれば増加し，高くなれば減少する。

4-2 投資のコストと投資関数

図 4-1 投資の決定（1）

縦軸：投資の期待収益率 r と利子率 i（0.3, 0.2, 0.1, 0.07, 0.05, 0.03, 0.02）
横軸：投資 I

- プロジェクト 1：0.3
- プロジェクト 2：0.2
- プロジェクト 3：0.1
- プロジェクト 4：0.07
- プロジェクト 5：0.03
- プロジェクト 6：0.02

利子率 = 0.05

投資の期待収益率が利子率を上回るプロジェクト4までが採用される。

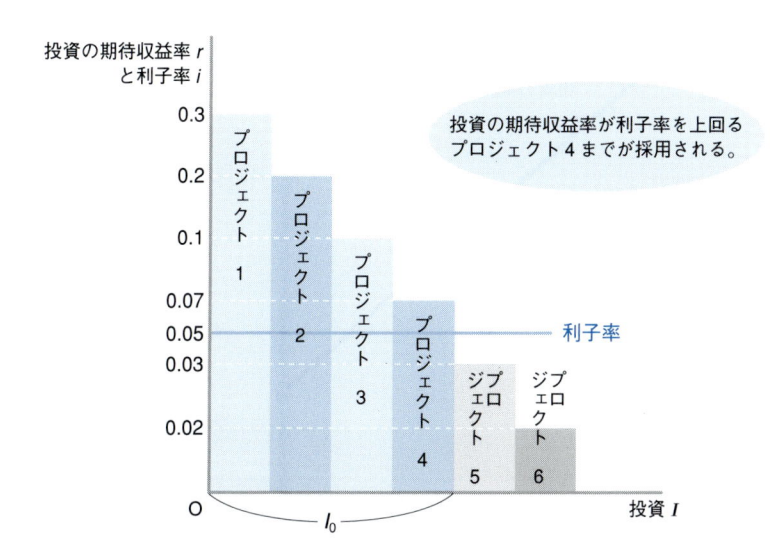

採用範囲：I_0

図 4-2 投資の決定（2）

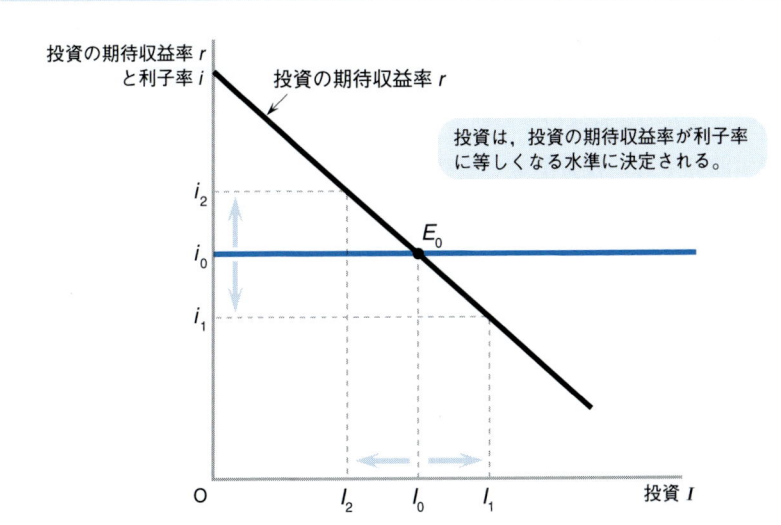

投資は，投資の期待収益率が利子率に等しくなる水準に決定される。

均衡点 E_0 において利子率 i_0 と投資 I_0 が対応。
利子率が i_2 のとき投資は I_2，利子率が i_1 のとき投資は I_1。

図 4-3　投資関数

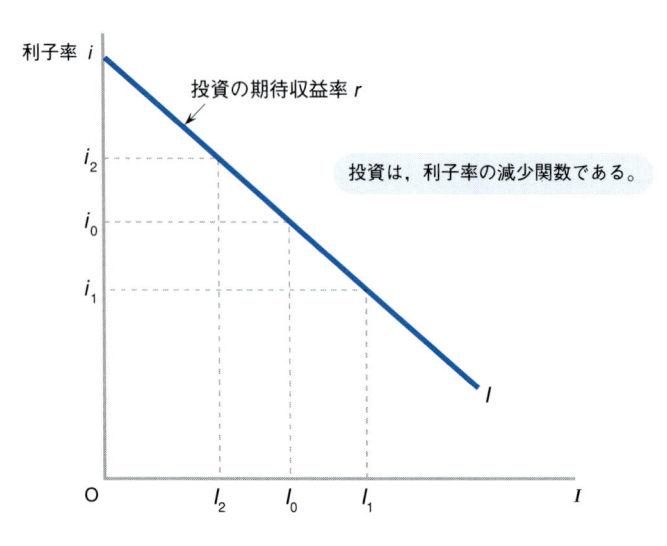

利子率 i を縦軸、投資 I を横軸にとり、投資の期待収益率 r を描いた右下がりの直線 I。縦軸上に i_2, i_0, i_1、横軸上に I_2, I_0, I_1 が対応して示されている。図中に「投資は，利子率の減少関数である。」と注記。

■利子率の減少関数としての投資関数

図 4-3 のように，横軸に投資をとり，縦軸に利子率をとって，図 4-2 と同じ投資の期待収益率 r を描くと，投資と利子率との関係が得られる。曲線(図では曲線の一種である直線) I は，投資は利子率が i_0 であれば I_0 になり，利子率が i_1 に下がれば，I_1 になることを示しており，**投資曲線**と呼ばれる。投資曲線は投資の期待収益率の軌跡にほかならない。この投資と利子率の関係を表す曲線 I は，**投資関数**とも呼ばれる。投資関数は「**投資は利子率が減少すると，増加する**」から，利子率の減少関数(**右下がり**であること)である。

■自己資金のコスト

上では，企業が資金をもっておらず，銀行から借り入れる場合を想定し，そのときのコストは銀行からの借入の利子率であることを示した。それでは企業が自己資金をもっており，それを用いて投資する場合はどうなるであろうか。たとえば，株式会社は利潤の一部を株主に配当として支払うが，残り

を企業の内部にとどめておく。この配当しなかった利潤は**留保利潤**と呼ばれ，自己資金の一種である。企業が自己資金で設備投資の資金を調達する場合には，銀行から借り入れるときのような利子の支払いは生じない。

しかし，利子の支払いが生じないからといって，自己資金のコストはゼロではない。たとえば，自己資金を設備の購入のために用いず，国債などの金融資産の購入に向けることもできる。かりに，国債の利子率を5％とすれば，企業は自己資金を設備の購入のために使うと，国債を購入することができなくなるため，国債を購入したならば得られたはずの5％の利子収入を毎年失うことになる。

この5％の利子収入は自己資金を投資に使うことによって失われたものである。したがって，企業は自己資金を設備の購入にあてる場合には，投資の期待収益率と自己資金を投資に向けたために失われる国債の利子率とを比較して，前者の方が後者よりも大きければ自己資金を投資のために使おうとするであろう。それに対して，国債の利子率の方が投資の期待収益率よりも高ければ，自己資金を設備の購入よりも国債の購入に向けた方が有利である。

この意味で，投資の期待収益率と比較される国債の利子率は，銀行の借入利子率と同じように投資資金のコストになる。実際には銀行の借入利子率と国債の利子率は全く同じではないが，本書では，簡単化のために，両者の差を無視して議論を進めることにする。

■ **投資の期待収益率の変化と投資の変化**

それでは，企業経営者が将来の売り上げなどに関して楽観的になり，投資の期待収益率が上昇すると，投資はどのように変化するであろうか。図 4-4 で，当初の投資曲線を I とする。このとき利子率が i_0 であれば，投資は I_0 に決定される。次に利子率が i_0 で変わらないとして，投資の期待収益率が上昇すると，いままでよりもより有利な投資プロジェクトが増えるから，投資は増大する。たとえば，投資利子率が i_0 であれば，企業によって有利な投資は I_1 まで増加する。利子率が他の水準であっても，投資の期待収益率

4 投資はどのようにして決まるか

図4-4 投資の期待収益率の変化による投資の変化

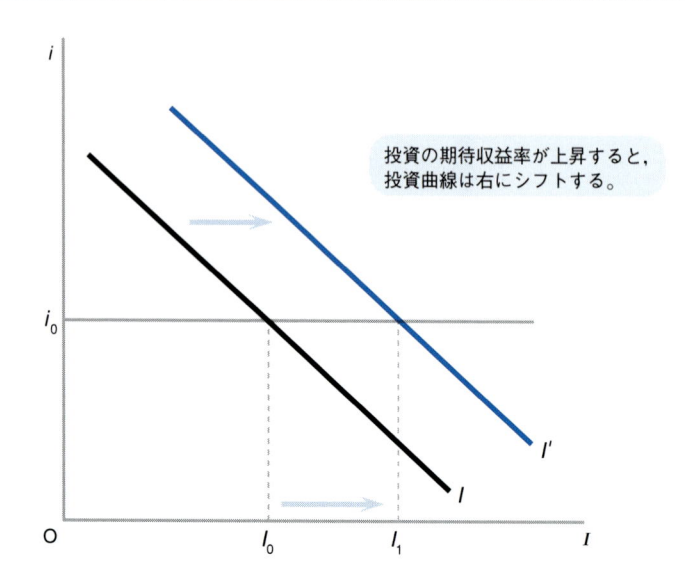

投資の期待収益率が上昇すると，投資曲線は右にシフトする。

の上昇によって投資は以前よりも増加するであろう。このことは投資の期待収益率が上昇すると，投資曲線はIからI'のように右にシフトすることを意味する。

逆に，企業経営者が将来の売り上げなどに関して悲観的になれば，投資の期待収益率も低下するであろう。その場合には，たとえば，投資曲線は当初のI'からIのように左にシフトする。

―― check point 4.2

● キーワード

投資決定基準　　投資関数

● 4-2節 練習問題

投資関数が，

$$I = 100 - 500i \quad \cdots\cdots\cdots\cdots\cdots ①$$

として，次の問に答えよ。

1. ①の投資関数を，横軸に投資を，縦軸に長期利子率 i をとって，図示せよ。
2. 長期利子率が5％の場合（$i = 0.05$），投資はいくらになるかを計算式で示し，図の中に書き込みなさい。
3. 投資の収益率が低下して，投資関数が
   $$I = 80 - 1000\,i \quad \cdots\cdots\cdots\cdots\cdots\cdots ②$$
   となったとして，投資関数を上と同じ図に図示せよ。
4. ②のとき，長期利子率が5％で変わらなければ，民間投資はどのように変化するかを，計算で示すとともに，上の図で図示せよ。
5. 投資を，投資の期待収益率が変化する前の水準に維持するためには，長期利子率を何％に下げればよいかを，計算して図示せよ。

4-3　長期期待と投資

■ 投資の期待収益率と長期利子率

4-1節で述べたように，一般に投資からは長期にわたって利益が得られるので，投資の期待収益率も長期にわたる利益を予想して求められる。したがって，期待収益率と比較される資金調達コストも長期にわたるコストである。

たとえば，投資の利益が10年間にわたる場合には，その投資の期待収益率と比較されるのは同じく10年間にわたる投資の資金調達コスト，すなわち，10年間の借り入れにおける1年あたりの利子率である。このような10年間にわたる借り入れの利子率を，**長期利子率**と呼ぶ。それに対して，借り入れ期間が1年以下の資金の利子率を，**短期利子率**と呼ぶ。一般に，短期利子率は長期利子率とは異なった値をとる。

以上の意味で，投資するかしないかは，投資の期待収益率と長期利子率とを比較して決められる。その場合，長期にわたる投資の期待収益率がいくらになるかを予想することは容易でないが，同様に，長期にわたって資金を借りる場合の1年あたりの利子率を予想することも，次の理由により，容易で

はない。

　たとえば，企業が銀行から借り入れる場合の資金の満期(返済までの期間のこと)は，一般に，投資期間(投資するときに，企業が収益を予想する期間)より短いのが普通である。したがって，企業は投資期間にわたって銀行からの借入資金を借り換えていかなければならない。このとき，企業は投資期間における各年の利子率を予想して，その期間中の平均的な利子率，すなわち長期利子率を予想しなければならない。しかし，将来の各年の利子率を予想することは容易ではない。このように投資の期待収益率も資金調達コストもともに予想することが難しいため，投資は企業経営者の投資の期待収益率と長期利子率に関する予想の変化によって大きく変動する。

■80年代後半から90年代初めにおける投資

　図 4-5 に示されているように，日本では，民間設備投資が1988年～91年にかけて，大きく増加したが，92年～94年にかけて，逆に減少した。このように民間設備投資が大きく変動したのはなぜであろうか。まず，1988年～1990年にかけて，日本ではバブル景気が発生して，企業経営者のみならず，多くの人々が日本経済の将来に関して楽観的な期待を抱くようになった。そのため，投資の期待収益率は大きく上昇した。図 4-6 のように，投資の期待収益率が上昇すると，投資曲線は I から I' のように上方(または，右)にシフトする。

　他方，バブル景気の時代は，多くの企業経営者はきわめて低水準の長期利子率を予想していた。図 4-6 でいえば，長期利子率は i_0 から i_1 へと大きく低下したということである。ただし，90年には，株価が大幅に下落し始め，バブルの崩壊が始まっているが，設備投資のピークは91年になっている。これは，いったん始めた投資(たとえば，事務所建設投資)を途中で中止することはかえって費用がかかり不利であることや，投資の期待収益率などに関する期待の修正の遅れなどによるものと思われる。

　以上のような，投資の期待収益率上昇と長期利子率の低下が同時に生じた

4-3 長期期待と投資

図4-5 80年代後半から90年代初めの実質民間設備投資の推移
(1,000億円：1990年価格)

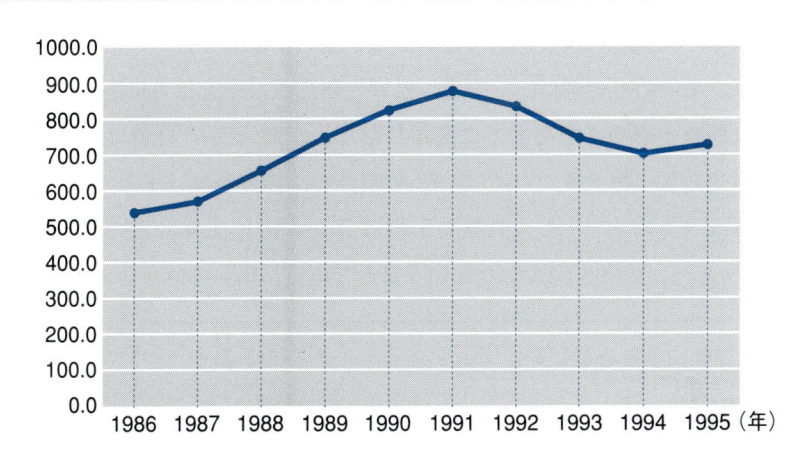

図4-6 80年代バブル期と90年代不況期の民間国内総投資

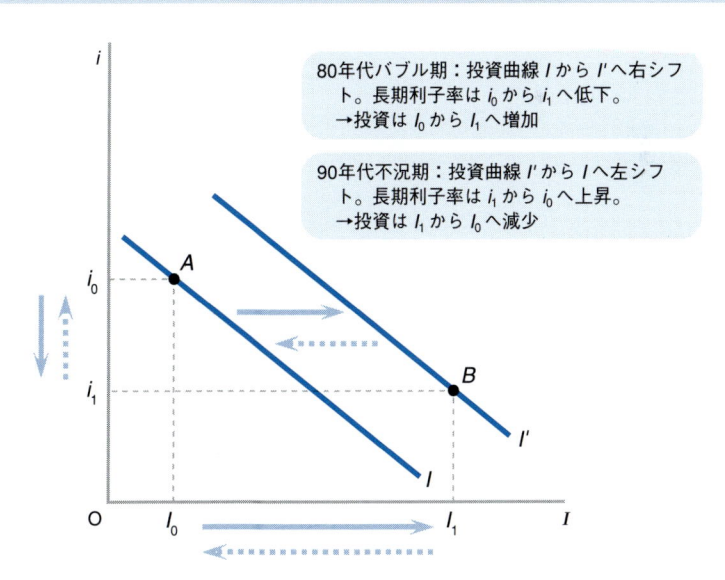

80年代バブル期：投資曲線 I から I' へ右シフト。長期利子率は i_0 から i_1 へ低下。
→投資は I_0 から I_1 へ増加

90年代不況期：投資曲線 I' から I へ左シフト。長期利子率は i_1 から i_0 へ上昇。
→投資は I_1 から I_0 へ減少

4　投資はどのようにして決まるか

ため,投資は当初のI_0からI_1へと大きく増加したのである。

ところが,90年代に入って,実際の長期利子率は予想に反して上昇したのに対して,実現した投資の期待収益率は予想したよりも大幅に低くなってしまった。そのため企業は,一方で,投資の期待収益率を下方に修正し,他方で,長期利子率の予想を上方に修正したため,92年から投資は大幅に減少したのである。図 4-6 でいえば,92年頃から,投資曲線はI'からIへ下方(または,左)にシフトし,長期利子率はi_1からi_0へ上昇したため,投資はI_1からI_0へと大きく減少したということである。

check point 4.3

● キーワード

長期期待

● 4-3節　練習問題

ある時期に,長期利子率が下がったにもかかわらず,民間国内総投資は増加するどころか減少したという。その理由としてはどのようなものが考えられるか。投資関数の図を用いて説明せよ。

第 5 章

利子率はどのようにして決まるか

　いままでは，財市場（あるいは生産物市場）に注目して，物価と実質国内総生産がどのように決定されるか，民間国内総投資や政府支出や輸出入が変化した場合に，実質国内総生産はどのように変化するか，国内総投資はどのような要因に依存して決定されるか，といったことを説明してきた。財市場で取り引きされるモノやサービスの交換は，貨幣を媒介にして行われる。そこでこの章では，貨幣とは何かを説明し，貨幣の需要と供給とによって利子率が決定されるという，流動性選好説について説明しよう。

5 利子率はどのようにして決まるか

5-1 貨幣とは

■交換手段としての貨幣

　第4章では，投資と利子率の関係について述べたが，利子率は貨幣と密接な関係がある。そこでこの章では，貨幣（マネー）の存在を考慮して，それと利子率の関係について説明しよう。

　ここで，もう一度図1-1（5頁）のマクロ経済の仕組みをみてほしい。この図で，企業は家計から労働サービスを需要してその対価として賃金を支払う。1-1節の説明では，この賃金は企業が家計にモノやサービスを売って得た代金から支払われると述べた。このときの賃金や代金はお金で支払われる。このように，市場経済はモノやサービスとお金とが交換されることによって成り立っている。この交換手段として機能するお金を，経済学では，「貨幣」と呼ぶ。交換手段は，支払い手段とか決済手段とも呼ばれる。

　ところで，図1-1で，企業は生産物市場（財市場）でモノやサービスを売って貨幣を手に入れるが，そのようにして貨幣を手に入れる前に，企業に労働サービスを供給した家計に，貨幣で賃金を支払わなければならない。そのためには，企業はモノやサービスを売る以外の方法で，交換手段である貨幣を手に入れておく必要がある。そのような手段としては，保有している債券や株式などの金融資産を売却したり，新たに，債券や株式を発行したり，銀行などの金融機関から借り入れたりする方法がある。これらの方法による貨幣の調達は，以下に示すように，利子率の決定に密接な関連をもっている。

■価値の尺度としての貨幣

　貨幣が交換手段として一般的に用いられるようになると，さまざまなモノやサービスの価値が貨幣で測られるようになる。貨幣で測られたモノやサービスの価値を価格という。この場合の貨幣の機能を価値尺度機能という。

さまざまなモノやサービスが貨幣という共通の尺度で測られて，価格がつけられるようになると，さまざまなモノやサービスの価値の大小を簡単に比較できるようになる。

■価値の貯蔵手段としての貨幣

私たちは貨幣を手に入れた場合，それをただちにモノやサービスの購入にあてることは少ない。通常，獲得された貨幣は現在から将来にかけて少しずつモノやサービスの購入のために使われる。それは貨幣がその価値を失うことなく将来も交換手段として機能するからである。このような貨幣の機能を価値貯蔵機能（または，価値保蔵機能）という。

ただし，この貨幣の価値貯蔵機能はつねに万全なものというわけではない。たとえば，1980年代後半の南米諸国では年率100％〜7000％というような高い物価の上昇が続いた。また，社会主義崩壊後の東欧やロシアでも数年間にわたって50％〜1000％というような高い物価の上昇が続いた。このような場合には，貨幣で買えるモノは日が経つにつれて急激に少なくなってしまい，貨幣の価値貯蔵機能は著しく損なわれてしまう。

また，価値貯蔵機能をもつものは貨幣だけではない。後に述べるように，社債や株式などの金融資産も価値貯蔵機能をもつ。また，日本では土地の希少性が著しく高いため，戦後，1980年代までは，土地神話と呼ばれるほど，土地は価値貯蔵機能としては高く評価されてきた。

■何を貨幣と考えるか

上に述べたように，貨幣には価値の尺度，交換手段，価値の貯蔵という三つの機能が存在するが，実際のマクロ経済を分析する場合には，これら三つの機能のうちどれに注目するかによって，何を貨幣と捉えるかは異なってくる。

たとえば，貨幣の価値尺度という機能に注目すれば，現金通貨だけが貨幣として捉えられる。日本では，現金通貨は1万円札，5千円札，千円札の紙

幣と500円硬貨や100円硬貨などの補助通貨から構成される。

それに対して交換手段に注目すると，現金通貨だけではなく，今日では，銀行の普通預金や当座預金などが現金通貨よりも広く用いられている。これらの交換手段として機能する預金を預金通貨という。たとえば，クレジット・カードをもっている人はクレジット・カードを示して必要な書類にサインすれば，さしあたり取引は可能になる。この取引では，後にクレジット・カードを発行した会社が，買い物をした人の普通預金口座から販売店の普通預金口座へ預金を振り替えるという指示を銀行に出すことによって，決済が完了する。したがってこの場合に交換手段として機能したものは，普通預金である。クレジット・カードそのものは交換手段ではなく，普通預金を交換手段として使うための手段にすぎない。

次に，貨幣の価値貯蔵機能に注目する場合には，普通預金や当座預金だけでなく，定期預金や積立預金といった満期までは現金化できない，定期性預金も貨幣に含めて考えられる。

定期性預金は預金者がただちに交換手段として使いたい場合には，解約することによって普通預金に変えることができる。その場合には，解約までの間に付いた定期性預金としての利子は失われてしまい，普通預金としての利子しか付かなくなる。

■日本における貨幣の定義

日本銀行は表5-1のようにさまざまな貨幣を定義している。まず，交換手段として機能する現金通貨と，普通預金や当座預金といった満期のない預金（預金通貨）の合計を，M1と定義している。ただし，M1に含まれる現金は銀行以外が保有している現金だけであり，銀行が保有している現金はM1には含まれない。M1は狭義の貨幣とも呼ばれる。

このM1に準通貨と呼ばれる定期性預金を加えたものをM2と呼ぶ。さらに，M2に譲渡性定期預金(CD)を加えたものをM2＋CDと呼ぶ。譲渡性定期預金(CD：negotiable certificate deposit)とは，満期前に他人に売却

▶表 5-1　日本における貨幣の定義と広義流動性 （2005年7月末残高）

(単位：兆円)

		残高
(1)	M1＝現金通貨＋預金通貨	377.9
	現金通貨	70.1
	預金通貨	307.8
(2)	M2＝M1＋準通貨	685.3
	準通貨[1]	307.4
(3)	M2＋CD	708.8
	CD[2]	23.5
(4)	広義流動性	1,407.4

(注)　(1)　準通貨＝民間非金融部門の保有する定期性預金（外貨預金を含む）と海外居住者の所有する円預金
　　　(2)　CD＝民間非金融部門が保有する譲渡性定期預金

できる定期性預金をいう。M2やCDは，M1のようにそのままでは交換手段には使えないので，広義の貨幣と呼ばれる。

　日本銀行は70年代の半ばから80年代の半ば頃までは，金融政策を運営するに際して，貨幣としてM2＋CDを重視してきた。しかし80年代の半ば頃から，それだけでなく，M2＋CDに郵便局の貯金や信託銀行の金銭信託や貸付信託，さらに国債などを含んだものを広義流動性として定義して，それらの市場における存在量も重視するようになった。

check point 5.1

● キーワード

貨幣	交換手段	支払い手段	決済手段	価値の尺度	価値の貯蔵手段
蔵手段	現金通貨	普通預金	当座預金	預金通貨	定期性預金
M1	M2	準通貨	譲渡性定期預金(CD)	M2＋CD	広義流動性

● 5-1節　練習問題

次の文のカッコ内を適切な言葉で埋めて文章を完成せよ。

1．M1とは，銀行以外が保有している（1）と普通預金などの満期のない（2）の合計をいう。
2．M1に定期性預金を加えたものを（3）という。

5　利子率はどのようにして決まるか

3．(3)に譲渡性定期預金を加えたものを，(4)という。
4．(4)に郵便貯金や貸付信託や国債などを含めたものを(5)という。
5．貨幣の機能には(6)，(7)および(8)の三つの機能がある。

□ 5-2　貨幣の需要 □

■取引需要

それでは，家計や企業はなぜ貨幣を保有しようとするのであろうか。貨幣需要は取引需要と資産需要とに分けて考えることができる。家計や企業は日々モノやサービスを購入しているが，この購入のためには，交換手段としての貨幣が必要である。たとえば，図1-1で企業は生産物市場でモノやサービスを売る前に，労働サービスを企業に提供した家計に対して，貨幣で賃金を支払う必要がある。このような取引の交換のために需要される貨幣を取引需要という。

取引需要は家計や企業の取引高が大きくなるにつれて増加する。一国経済全体では，家計や企業の取引は国内総生産(または，国民総生産。以下，国民総生産は省略)に比例して増加すると考えられる。したがって，経済全体の取引需要も国内総生産が増加するにつれて増加すると考えられる。

■資産需要と債券

貨幣は価値を貯蔵する機能ももっている。価値貯蔵手段としての貨幣需要を，資産需要という。しかし価値貯蔵手段としては，貨幣のほかにも，株式や債券などの金融資産が存在する。したがって家計や企業にとっては，価値の貯蔵手段として，貨幣を保有するか，それとも貨幣以外の金融資産を保有するかという，選択問題が存在する。ここでは,貨幣以外の金融資産としては債券だけが存在する経済を考えよう。他方,貨幣としては,M2＋CDという

5-2 貨幣の需要

広義の貨幣を考える。貨幣以外の金融資産として，債券だけを取り上げるのは，**債券の利子率**がマクロ経済を分析する上で重要な経済変数だからである。

債券は国や企業にとって資金を調達する手段の一つであり，国と企業が発行する債券を，それぞれ，**国債**と**社債**と呼ぶ。たとえば企業は，社債を発行して，それを個人や生命保険会社などに買ってもらうことによって貨幣という資金を調達する。社債を購入する個人や生命保険会社は投資家(前者は**個人投資家**，後者は**機関投資家**)と呼ばれる。社債を発行する企業は投資家に毎年利子を支払うことや定められた期間後に社債を一定の価格で買い戻すことなどを約束する。社債一枚あたりについて毎年支払われる利子と，発行会社が定められた期間後に社債を買い戻す価格とを，それぞれ，**クーポン**と**額面価格**(あるいは，**償還価格**)という。また，社債の発行企業が社債を買い戻すまでの期間を**満期**(あるいは，**償還期間**)という。

いま，ある企業がクーポン R 円，額面価格 P_0 円，満期 n 年の社債を発行したとしよう。この社債が投資家によって購入されるときの価格を発行価格という。発行価格は社債に対する需要と供給が一致する水準に決定される。いま，発行価格が P 円に決まったとしよう。社債の発行企業は，社債一枚あたり毎年投資家に R 円を支払い，n 年後にはそのときに社債を保有している投資家から1枚あたり P_0 円で社債を買い戻さなければならない。このとき，社債の発行企業にとっては資金調達コストである，1年あたりの利子率 i は，次のように定義される[注1]。

$$i = \frac{R + (P_0 - P)/n}{P} \tag{5-1}$$

(注1) (5-1)の債券利子率を単利利回りという。債券利子率は厳密には，複利利回りで定義されるべきである。複利利回りとは，債券の満期を n 年後とすると，次の式の右辺と左辺とが等しくなるような r と定義される。

$$P = \frac{R}{1+r} + \frac{R}{(1+r)^2} + \cdots\cdots + \frac{R}{(1+r)^n} + \frac{P_0}{(1+r)^n}$$

本書は入門書であるので，債券利子率として，複雑な複利利回りでなく，単純な単利利回りを用いることにする。

(5-1)の右辺の分子は，社債発行企業にとっての1年あたりの費用を表している。すなわち，この費用は1年あたりの利子支払であるクーポンRと1年あたりの償還差益$(P_0 - P)/n$の合計になる。償還差益とは，社債を発行した企業がn年後に社債を買い戻すときの価格(すなわち，額面価格あるいは，償還価格)と社債の現在の価格との差をいう。一般に，社債の額面価格P_0は現在の社債の価格Pよりも高いので，償還差益はプラスになる。これを社債の満期までの期間nで割ったものが，1年あたりの償還差益になる。

(5-1)の分子は，社債の投資家からみれば，社債を保有するときに得られる，1年あたりの利益を示している。したがって，(5-1)で定義された利子率は，社債発行企業からみれば，資金調達コストであるが，社債の投資家からみれば，社債の収益率である。(5-1)は次のように変形できる。

$$i = \frac{R + P_0/n}{P} - \frac{1}{n} \tag{5-2}$$

(5-2)から債券の価格Pと債券の利子率iとは逆方向に変化することがわかる。すなわち，債券の価格Pが高くなれば，(5-2)右辺の分母が大きくなるので，左辺の利子率iは低下する。逆に，債券の価格Pが低下すれば，利子率iは上昇する。この債券の価格と利子率とは逆方向に変化するという関係は，今後もしばしば登場するので，読者には記憶しておいていただきたい。

さて，家計や企業は，貨幣を広義の貨幣である，M2やCDで保有すると，債券を保有すれば得られたはずの利子を失う。したがって，広義の貨幣M2やCDは，価値貯蔵手段としては，債券の利子率が預金の利子率に比べて上昇するにつれて，魅力的なものではなくなる。

しかし，債券を保有すると，債券の価格は日々の債券需要と債券供給の相対的関係を反映して，日々変動する。そのため，債券の保有者が，交換手段としての貨幣が必要になったために，債券の満期前に，債券を売って貨幣に変えようとすると，値下がりによる損失を被る可能性がある。また，債券発

行企業が倒産したりすると，発行企業によって債券を買い戻してもらえなくなる可能性もある。したがって，企業や家計は債券の利子率が預金利子率に比べて高くなったからといって，価値貯蔵手段のすべてを債券で保有するのではなく，貨幣と債券の両方をもとうとするであろう。その場合，債券の利子率が上昇するにつれて，債券の有利さが増すので，価値貯蔵手段として，債券を保有する割合は貨幣よりも増えるであろう。

以上から，**債券の利子率が上昇すると，価値貯蔵手段として債券の有利性が増すので，貨幣に対する資産需要は減少する**，という結論が得られる。

■貨幣需要関数

上で述べたように，貨幣需要は取引需要と資産需要の合計として表される。そのうち，マクロ的な取引需要は国内総生産(または，国民総生産。以下では，国内総生産に統一する)が増えるにつれて増加するから，国内総生産の増加関数になる。他方，資産需要は債券利子率が上昇するにつれて減少するので，債券利子率の減少関数になる。

貨幣需要は**名目貨幣需要**と**実質貨幣需要**とに分けて考えることができる。両者の関係は，1-5節で説明した名目国内総生産と実質国内総生産の関係と同じである。すなわち，名目貨幣需要を物価で割ったものが実質貨幣需要である。貨幣の購買力は物価が高くなれば低下し，物価が低下すれば大きくなるので，家計や企業にとって貨幣を需要する上で重要なのは，名目貨幣量ではなく，実質貨幣量である。したがって以下では，貨幣需要というときには実質貨幣需要を指すことにする。貨幣需要を実質で考える場合には，取引需要は名目国内総生産ではなく，実質国内総生産の増加関数として表すことができる。

図 5-1 は**実質貨幣需要関数**(図では単に貨幣需要関数となっており，実質は省略されている)を示したものである。横軸には実質貨幣量 M/P がとられている。ここで M は名目貨幣量であり，P は物価である。縦軸には債券利子率 i がとられている。以下では誤解のおそれがないかぎり，債券利子率

5 利子率はどのようにして決まるか

図 5-1　貨幣需要関数

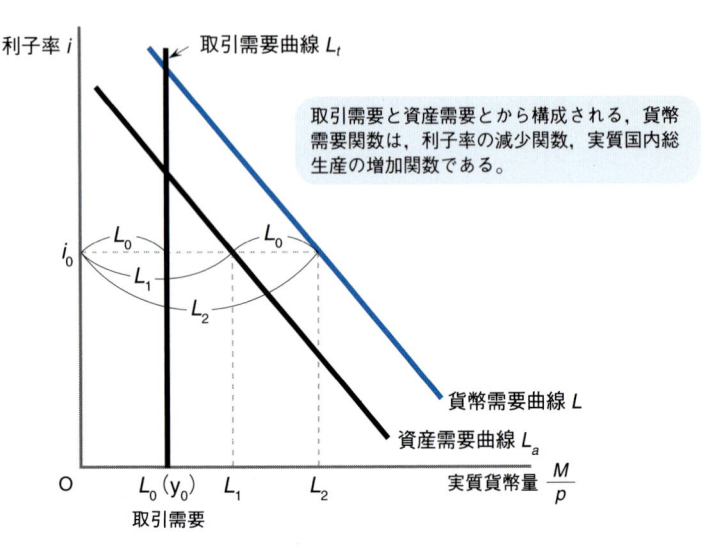

取引需要と資産需要とから構成される、貨幣需要関数は、利子率の減少関数、実質国内総生産の増加関数である。

を単に利子率と呼ぶことにする。$L_0(y_0)$ は、実質国内総生産が y_0 のときの、実質的な取引需要は L_0 であることを示している。ここで、実質的な取引需要とは、名目の取引需要を物価で除したものをいう。ただし、以下では、実質的な取引需要を単に、取引需要と呼ぶことにする。取引需要は実質国内総生産だけに依存して決まるから、実質国内総生産が y_0 であれば、利子率が変化しても、L_0 で変化しない。

他方、右下がりの L_a は実質的な資産需要(以下、単に、資産需要と呼ぶ)を示している。**資産需要曲線が右下がり**であるのは、**資産需要は利子率が低下すると増加する**からである。貨幣需要は取引需要と資産需要の合計であるから、任意の利子率の水準で、資産需要曲線を取引需要に等しい値だけ右に平行移動すると、取引需要と資産需要を合計した貨幣需要曲線 L が得られる。たとえば利子率が i_0 であれば、資産需要は L_1 になる。これに取引需要 L_0 を加えると、貨幣需要 L_2 が求められる。この L_2 が実質国内総生産が y_0 で、利子率が i_0 のときの実質貨幣需要量になる。

図5-2 実質国内総生産の変化による貨幣需要曲線のシフト

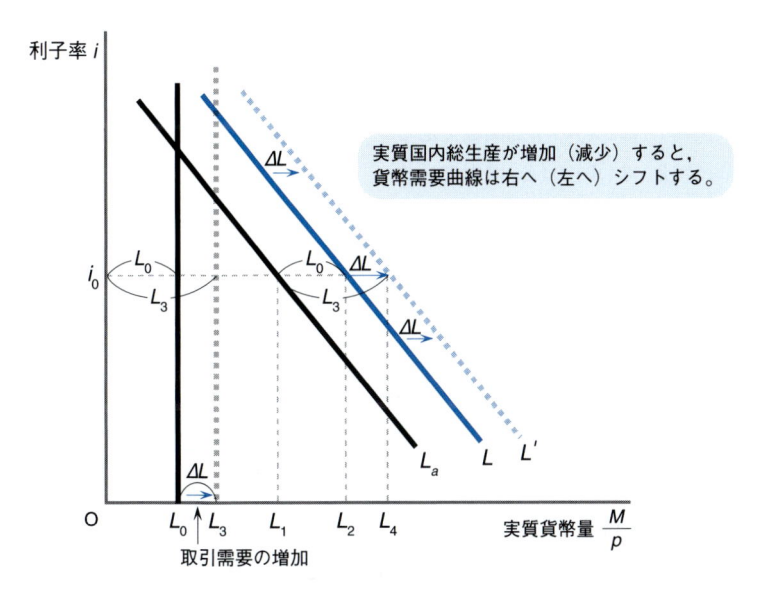

実質国内総生産が増加（減少）すると、貨幣需要曲線は右へ（左へ）シフトする。

■実質国内総生産の変化と貨幣需要曲線のシフト

次に実質国内総生産が変化すると，貨幣需要曲線がどのように変化するかを説明しておこう。図5-2で当初の貨幣需要曲線は L である。次に，実質国内総生産が増加したため取引需要が L_3 まで増加したとしよう。このときの取引需要の増加分を ΔL で示そう。この取引需要の増加によって，貨幣需要曲線 L は ΔL だけ右に平行移動して，L' になる。たとえば，利子率が i_0 であれば，貨幣需要は L_2 から L_4 に増加するが，このときの貨幣需要の増加分 $(L_4 - L_2)$ は取引需要の増加である ΔL に等しい。

以上から，**実質国内総生産が増加すると，貨幣需要曲線は右にシフトする**ことがわかる。

―――― check point 5.2

● キーワード

| 貨幣需要 | 取引需要 | 資産需要 | 債券利子率 | 実質貨幣需要関数 |

5 利子率はどのようにして決まるか

● 5-2節 練習問題

次のカッコ内を適切な言葉で埋めて，文を完成せよ。

1．貨幣需要は（1）と（2）から構成される。
2．実質的な（1）は（3）の増加関数である。
3．実質的な（2）は（4）の（5）関数である。
4．債券の利子率は債券の価格が上昇すれば，（6）し，債券の価格が低下すれば，（7）する。

5-3 貨幣の供給

■日本銀行による現金の供給

貨幣のうち現金である日本銀行券(以下，日銀券と略す)と硬貨は日本銀行によって発行される。個人や企業は現金が不足する場合に，自分の預金口座残高がプラスであれば，銀行に行って，預金を引き出す。このような個人や企業の預金の引き出しに備えて，民間の銀行はある程度の現金を保有している。この民間銀行が保有している現金は，日本銀行と民間銀行との取引を通じて，日本銀行から民間銀行に支払われたものである。

このようにして，現金は日本銀行によって発行され，民間銀行を通じて個人や企業の手元に届く。この現金はその後，個人相互や個人と企業や企業相互の間の決済手段に使用されて，人から人へ，企業から企業へと流通する。

■民間銀行による預金の供給

貨幣のうち，預金は民間銀行によって供給される。個人や企業は現金で支払いを受けた場合，その一部を現金として保有するが，大部分は銀行に預金するのが普通である。これは多額の現金を保有していると，盗難にあったり，落としたりする危険があるのに対して，預金にしておけば安全であり，振り

替えサービスを利用すれば支払い手段にも使え，かつ利子も得られるからである(ただし，預金でも当座預金には利子がつかない)。個人や企業が預金することを預金を需要するという。それに対して，銀行が個人や企業から預金を受け入れることを**預金を供給**するという。銀行が預金を供給するとは，預金という支払い手段を個人や企業に供給するという意味である。預金が支払い手段として使えるのは，銀行が預金の現金による引き出しに応じたり，預金の振り替えサービスを供給するからである。

■信用創造による預金の供給

　銀行は個人や企業から受動的に預金を受け入れることによって，預金を供給するだけではない。銀行は個人や企業に貸し出すことによっても，預金を供給する。たとえば，個人が銀行から住宅資金を借り入れる場合には，銀行は個人に預金口座を開設させ，その預金口座に住宅ローンを入金することによって，住宅資金を個人に貸し出す。この場合の預金は，銀行が個人への貸し出しによって積極的に作り出した預金である。同じように，銀行は企業に貸し出すときにも，企業の預金口座に貸出金を入金する。銀行から貸し出しを受けた個人や企業は，入金された預金を取り崩して，住宅代金やその他の支払いにあてることになる。このようにして，銀行は個人や企業に貸し出すことによって，積極的に預金を供給している。銀行が貸し出しによって預金を供給することを，**預金創造**という。また，銀行の貸し出しは**信用創造**と呼ばれる。

　銀行は貸し出しだけでなく，企業がもっている手形や国債などの金融資産(有価証券と呼ばれる)を購入することによっても，預金を供給する。すなわち，民間銀行が企業等から有価証券を購入する場合には，その購入代金を有価証券を売却した企業等の預金口座に入金する。この銀行による預金口座への入金によって，預金が供給されるわけである。これも預金創造である。

5　利子率はどのようにして決まるか

■預金創造の基礎としての日本銀行当座預金

　民間銀行は個人や企業から受動的に預金を受け入れたり，貸し出しなどによって積極的に預金を供給したりする。預金を供給する民間銀行は，預金残高の一定比率に等しい日本銀行当座預金(以下，日銀当座預金と略す)を保有することを義務づけられている。日銀当座預金とは民間銀行が日本銀行に預けている預金のことである。これはちょうど，私たちが銀行に預けている普通預金と同じ機能をもっている。たとえば，銀行が預金の引き出しに備えて現金を保有しようとするときには，日本銀行に預けている日銀当座預金を現金で引き出すのである。

　日本銀行は民間銀行が保有できる日銀当座預金の量を6-3節で述べる各種の金融政策の手段を用いて調節する。この調節こそが日本銀行の金融政策にほかならない。民間銀行は預金残高の一定比率を日銀当座預金として保有しなければならないので，日本銀行が日銀当座預金を増やせば，それだけ民間銀行が貸し出しなどを通じて供給することが可能になる預金の量も増大する。いい換えれば，民間銀行が預金の供給を増やすためには，供給された預金残高の一定割合に等しい日銀当座預金を保有していなければならないということである。逆に，日本銀行が日銀当座預金の供給量を減らすと，民間銀行が貸し出しなどによって供給することのできる預金の量は減少する。このようにして，貨幣のうち預金の量は，日本銀行の金融政策によって調整されるのである。

— check point 5.3

●キーワード

貨幣の供給　　信用創造　　預金創造　　日本銀行当座預金

● 5-3節 練習問題

次のカッコ内を適切な言葉で埋めて，文を完成せよ。

1．M1のうち現金は，(1)によって供給され，預金は(2)によって供給される。

2. 民間銀行は貸出などによって積極的に預金を供給する。これを民間銀行による（3）という。また，民間銀行による貸出は（4）と呼ばれる。
3. 民間銀行は日本銀行に預金残高の一定比率に等しい（5）を保有することを義務づけられている。（5）とは民間銀行が日本銀行に預けている（6）のことをいう。

5-4　利子率の決定 ——流動性選好の理論——

■貨幣の需要と供給による利子率の決定

　以上で，貨幣の需要と供給を説明し，債券の利子率（以下，単に利子率という）を定義したので，この節では，**利子率は貨幣の需要と供給とを等しくするように決定される**ことを説明しよう。この利子率決定理論を，**流動性選好の理論**（または，**流動性選好説**）という。

　いま，ある時点（たとえば 2005 年 4 月 1 日）をとると，ある社会に存在している貨幣と債券の量は一定であり，変化しない。ある時点に存在している貨幣と債券の量のことを，それぞれ，**貨幣残高**と**債券残高**という。このような残高のことを**ストック**(stock)と呼ぶ。

　図 5-3 は，横軸に，ある時点における貨幣の需要量と供給量をとり，縦軸に利子率をとったものである。この図における貨幣需要曲線は 5-2 節で説明したものと同じである。他方，垂直な直線 S は，ある時点において存在する実質貨幣残高を示しており，これがストックの意味での貨幣の供給量になる。すなわち，この場合の貨幣の供給とは，ある時点において存在する実質貨幣残高のことにほかならない。この実質貨幣残高は個人や企業など，いずれかの経済主体によって保有されているものである。

　それに対して，図の貨幣需要曲線は，ある時点において個人や企業などの各経済主体がそれぞれ保有しようとする貨幣の量を，社会全体について合計したものである。貨幣需要曲線によって示される，ある時点における社会全

5 利子率はどのようにして決まるか

図5-3 利子率の決定

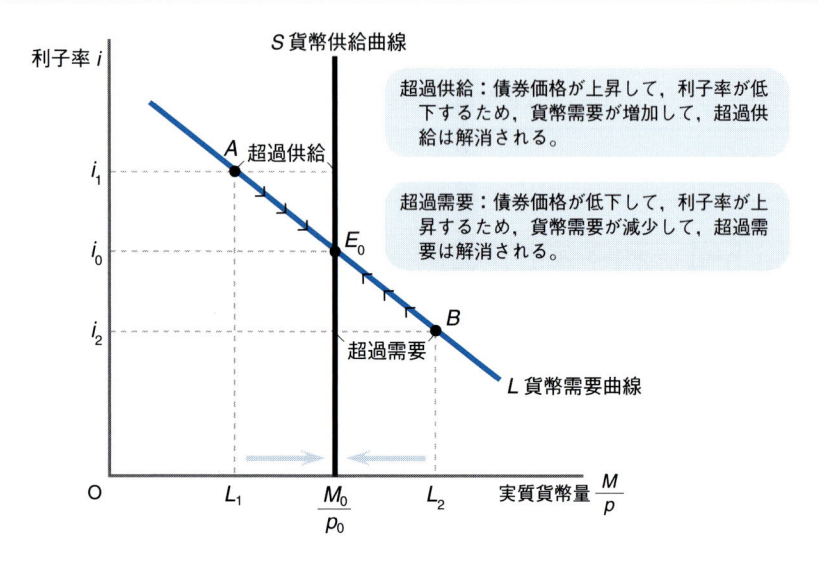

図中のラベル:
- 利子率 i
- S 貨幣供給曲線
- A 超過供給
- 超過供給：債券価格が上昇して，利子率が低下するため，貨幣需要が増加して，超過供給は解消される。
- 超過需要：債券価格が低下して，利子率が上昇するため，貨幣需要が減少して，超過需要は解消される。
- E_0
- B
- 超過需要
- L 貨幣需要曲線
- i_1, i_0, i_2
- L_1, M_0/P_0, L_2
- 実質貨幣量 M/P

体の貨幣需要量は，その時点において存在する実質貨幣残高とはかならずしも一致しない。

たとえば，ある時点において当初，利子率は i_1 であったとしよう。このとき各経済主体の貨幣需要をすべて合計すると，L_1 になる。それに対して，社会全体の貨幣供給量は M_0/P_0 であるから，この時点において存在する貨幣量 M_0/P_0 (すなわち，貨幣供給量)の方が貨幣需要量 L_1 よりも大きい。この状態を超過供給という。このことは利子率 i_1 の水準では，家計や企業の中に，当初，保有している貨幣が多すぎるため，その一部を債券に変えたいと思っている者が存在することを意味する。この経済主体は保有している貨幣の一部で，債券を購入しようとする。このような経済主体が多くなると，債券に対する需要が増えるため，債券の価格は上昇し始める。5-2節で説明したように，債券の価格が上昇すると，逆に利子率は低下する［120頁の(5-2)を参照］。利子率が低下するにつれて，社会全体の貨幣需要量は L_1 から増加し始める。このようにして，利子率と貨幣需要量は貨幣需要曲線上の A から E_0 に向かって変化する。利子率が低下して i_0 になると，貨幣需要量

と貨幣供給量 M_0/P_0 とは等しくなるので、債券の売買も終了する。債券の売買がなくなれば、債券の価格と利子率も変化しなくなる。このように、貨幣とそれ以外の金融資産(ここでは、債券)とが交換されて、貨幣の需要と供給とが等しくなるように調整される市場を**貨幣市場**という。

逆に当初の利子率が i_2 であれば、貨幣は超過需要になる。このことは、家計や企業の中に、当初もっていた以上の貨幣を需要する者が存在することを意味する。そのような経済主体は債券を売って、不足している貨幣を手に入れようとする。債券の売却が増えるので、債券の価格は低下する。債券の価格が低下すると、逆に利子率は上昇し始める。利子率が上昇すれば、貨幣需要は貨幣需要曲線上の B から E_0 に向かって減少し始める。貨幣の超過需要は利子率が i_0 まで上昇すると消滅するので、その点で債券の売買もなくなり、利子率も変化しなくなる。

以上のように、利子率は貨幣の需要と供給が等しくなる水準 i_0 に決定される。上の説明からわかるように、貨幣の超過供給や超過需要が消滅する過程では、債券が売買され、貨幣の需要と供給が等しくなると、債券の売買もなくなり、債券の利子率は i_0 の水準で変化しなくなる。債券の売買取引がなくなるのは、債券の需要と供給が等しくなるからである。この意味で、貨幣の需要と供給が一致するときには、債券の需要と供給も一致しており、**債券市場**もまた均衡していることがわかる。

■企業の取引のための資金調達とそのコスト

企業は、労働者に賃金を支払ったり、原材料や部品や機械などを購入したり、事務所や工場を建設したりするときに、貨幣で代金を支払う必要がある。企業はこのような取引のための資金を、次のような方法で調達することができる。第1に、**図5-3**を用いて説明したように、貨幣が不足している企業が債券などの金融資産をもっていれば、それを売却して貨幣を手に入れることができる。第2に、債券などの金融資産をもっていない場合には、債券や株式などを新たに発行したり、銀行などの金融機関から貨幣を借り入れたりし

5 利子率はどのようにして決まるか

て，貨幣を調達することができる。

ところで，実質国内総生産や実質国民総所得などのマクロ経済変数の変動と成長(成長については，第9章参照)に注目する場合には，設備投資が重要な役割を果たす。設備投資のための主要な資金調達手段の一つは，債券の発行である。企業が債券を発行し，それを投資家が購入するときの市場を債券発行市場という。債券発行市場では，ある期間にわたって債券が発行される。このように，時間的長さをもった概念をフロー(flow)という。したがって，債券発行市場はフローの市場である。それに対して，図 5-3 に示されているような，すでに発行された債券が取り引きされる市場を債券流通市場という。流通市場はすでに発行された債券の残高が取り引きされるので，ストックの市場である。

債券発行市場で決定される利子率は，流通市場で決定された利子率と同じ水準に決定される。かりに，流通市場の利子率の方が発行市場の利子率よりも高ければ，投資家たちは流通市場で債券を買う方が有利であるから，発行市場では債券を購入しようとはしない。発行市場で債券の買い手がいなければ，企業は債券価格を引き下げなければ，債券を発行できない。債券発行価格が低下すれば，債券の発行利子率は上昇する。しかし，投資家たちは流通市場で決定された利子率で債券を購入することに満足しているわけであるから，企業はその利子率を超えた利子率で債券を発行する必要はない。以上から，債券の発行利子率は流通市場の利子率に一致することになる。

企業が銀行から借り入れて設備投資資金を調達する場合にも，その借入利子率は流通市場で決定された債券利子率に等しくなるメカニズムが存在する。かりに，銀行からの借入利子率が流通市場で決定された債券利子率よりも高ければ，企業は銀行借入によってではなく，債券発行によって資金を調達しようとするであろう。銀行借入需要は減少するので，銀行借入利子率は低下する。他方，債券の発行が増えるため(すなわち，債券の供給量が増えるため)債券価格は低下して，その利子率は上昇する(債券価格と利子率とは逆方向に変化することに注意)。逆に，銀行借入利子率の方が債券の流通市場で

の利子率よりも低ければ，企業は債券発行ではなく，銀行から借りて資金を調達しようとするであろう。そのため，銀行借入利子率は上昇し，逆に，債券利子率は低下する。このような調整を経て，満期が同じであれば，債券の利子率と銀行の利子率とはほぼ一致した水準に落ち着く。次章以下では，このような債券利子率と銀行借入利子率との関係を考慮して，企業の資金調達手段としてはもっぱら，保有している債券の売却または債券の発行だけを考慮して，分析を進めることにする。

check point 5.4

● キーワード

流動性選好の理論　　流動性選好説　　貨幣市場　　債券市場　　債券の流通市場　　債券の発行市場

● 5-4節 練習問題

次の文が正しければ○，正しくなければ×，いずれでもなければ△を付けなさい。

1. ある経済において，金融資産としては貨幣と債券とだけが存在しているとせよ。ある債券利子率の下で，債券の売却の方が購入よりも多かった。この場合，貨幣市場には超過需要が存在する。
2. 銀行借り入れの満期と債券の満期とが同じであれば，債券利子率が銀行利子率よりも高い場合には，企業は債券の発行ではなく，銀行からの借入によって資金を調達しようとするであろう。その結果，債券利子率は低下し，銀行借入利子率は上昇する。
3. ある企業の債券の発行利子率が，同じ企業の，クーポン，額面価格，満期などについてまったく同じ債券の，流通市場における利子率よりも高ければ，投資家は発行市場でその企業の債券を買って，流通市場で売ることによって利益を得ることができる。（これは難問）

第 6 章

IS-LM 曲線による財政金融政策の分析

　第1章から第4章までは財市場(生産物市場)について説明し，第5章では貨幣市場について説明した。そこでこの章では，財市場と貨幣市場とを同時に考慮して，実質国内総生産や債券の利子率がどのように決定されるかを分析しよう。この分析で用いられる分析用具は，*IS* 曲線と *LM* 曲線である。財政政策や金融政策の効果も，*IS* 曲線と *LM* 曲線を用いることによって，財市場と貨幣市場とを同時に視野に入れながら分析することが可能になる。

6 IS-LM 曲線による財政金融政策の分析

□ 6-1　IS 曲線と LM 曲線 □

■ 貯蓄と投資の均等

　第3章では，45度線分析を用いて，実質国内総生産がどのように決定されるかを説明した。ここでは同じことを，**貯蓄**という新たな概念を導入して別の角度から説明しよう。

　いま，総需要が民間消費と民間国内総投資だけから構成される経済を考えよう。総供給(実質国内総生産)，民間消費，民間国内総投資を，それぞれ，y，C，I，とすると，総供給が総需要に等しいという，財市場の均衡条件は次のようになる。

$$y = C + I \tag{6-1}$$

ここで**民間総貯蓄 S** を，次のように定義しよう。

$$S \equiv y - C \tag{6-2}$$

　(6-2)は，民間総貯蓄とは国内総生産のうち消費されなかったものに等しいことを示している。(6-2)の右辺は(6-1)の両辺から民間消費 C を差し引けばわかるように，民間国内総投資 I に等しい。したがって，(6-2)の民間総貯蓄の定義式を用いると，(6-1)は次のように変形される。

$$S = I \tag{6-3}$$

　(6-3)は，国内総生産は民間総貯蓄と民間国内総投資とが等しくなる水準に決定されることを示している。(6-3)が(6-1)から導かれたものであることからわかるように，総供給と総需要が等しいという，財市場の均衡条件式(6-1)は，民間総貯蓄 S と民間国内総投資 I が等しい，という均衡条件式(6-3)におきかえることができる。すなわち，両者は財市場の均衡条件を，それぞれ，別の角度から示したものである。以下，誤解のおそれがないと思われるときには，民間総貯蓄と民間国内総投資とを，それぞれ，単に，貯蓄と投資と呼ぶことにする。

■貯蓄関数

ここで，民間消費は次式で示されるケインズ型の消費関数(68頁参照)であるとしよう。

$$C = a + by \tag{3-2}$$

(3-2)の右辺を(6-2)の右辺の民間消費 C に代入すると，次式が得られる。

$$S = -a + (1-b)y \tag{6-4}$$

(6-4)の右辺の$(1-b)$は**限界貯蓄性向**と呼ばれる。限界貯蓄性向とは，国内総生産 y が増加したときに，貯蓄 S がどれだけ増加するかという概念であり，1から限界消費性向 b を引いたものに等しい。限界消費性向 b は0と1の間の値をとる(3-1節参照)から，次の関係が得られる。

$$0 < 限界貯蓄性向 = \frac{\Delta S}{\Delta y} = 1 - b < 1 \tag{6-5}$$

ただし，ΔS と Δy はそれぞれ，貯蓄と国内総生産 y の増加分を示す。ここで，限界貯蓄性向 $1-b$ を s で表そう。すなわち，s を次のように定義する。

$$s \equiv 1 - b \tag{6-6}$$

s を(6-4)の右辺に代入すると，次式が得られる。

$$S = -a + sy \tag{6-7}$$

図 6-1 は(6-7)で示される貯蓄関数を，横軸に国内総生産 y を，縦軸に貯蓄 S を，それぞれとって表したものである。国内総生産が y_0 であれば貯蓄は S_0 になる。また，国内総生産 y がゼロのときにも，家計は貯蓄残高を取り崩して消費(C)にあてる。貯蓄残高を取り崩すということは貯蓄が負になることを意味する。(6-4)からわかるように，国内総生産 y がゼロであれば，貯蓄 S は $-a$ に等しくなる。

■貯蓄と投資の均等による国内総生産の決定

ここで，図 6-2 の(a)と(b)を用いて，国内総生産は(6-3)が成立するように決定されることを説明しよう。(a)の貯蓄関数は，図 6-1 と同じものである。他方，(b)の投資関数は図 4-3 の投資関数(106頁)を，縦軸と横軸を

6 IS-LM 曲線による財政金融政策の分析

図 6-1 貯蓄関数

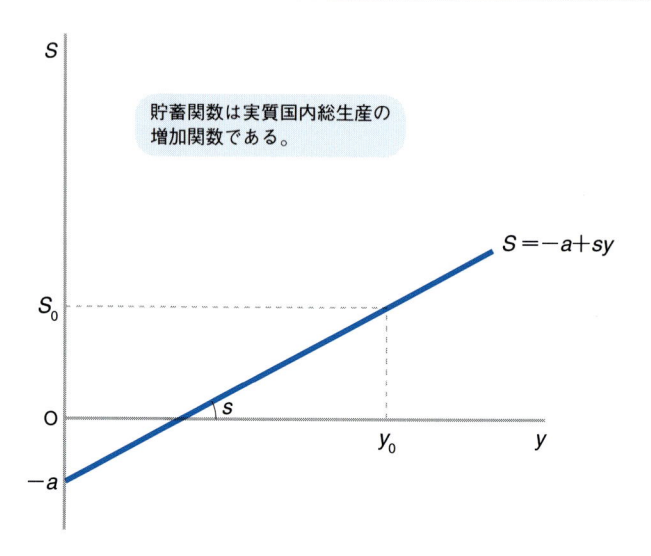

貯蓄関数は実質国内総生産の増加関数である。

$S = -a + sy$

入れ替えて，縦軸に投資を，横軸に利子率をとって示したものである。

いま，国内総生産を y_0 とすると，貯蓄関数から民間総貯蓄は S_0 になる。上で(6-1)と(6-3)について説明したように，投資 I がこの貯蓄 S_0 に等しくなるとき，総供給と総需要とは等しくなり，財市場は均衡する。いまかりに，利子率が i_0 であれば，（b）の投資関数から投資 I は貯蓄 S_0 に等しくなる。また，（a）から，このとき，国内総生産は y_0 に決定され，財市場は均衡することがわかる。

いまかりに，利子率が i_0 のとき，国内総生産が y_1 であるとしよう。この場合には次の関係が成立する。

$$S_1 > I_0 \tag{6-8}$$

(6-8)の左辺に(6-2)の右辺を代入すると，

$$y_1 - C_1 > I_0 \tag{6-9}$$

ここで，C_1 は国内総生産が y_1 のときの民間消費である。(6-9)から，

$$y_1 > C_1 + I_0 \tag{6-10}$$

(6-10)は総供給 y_1 が総需要（$C_1 + I_0$）よりも大きいことを示している。

6-1 IS 曲線と LM 曲線

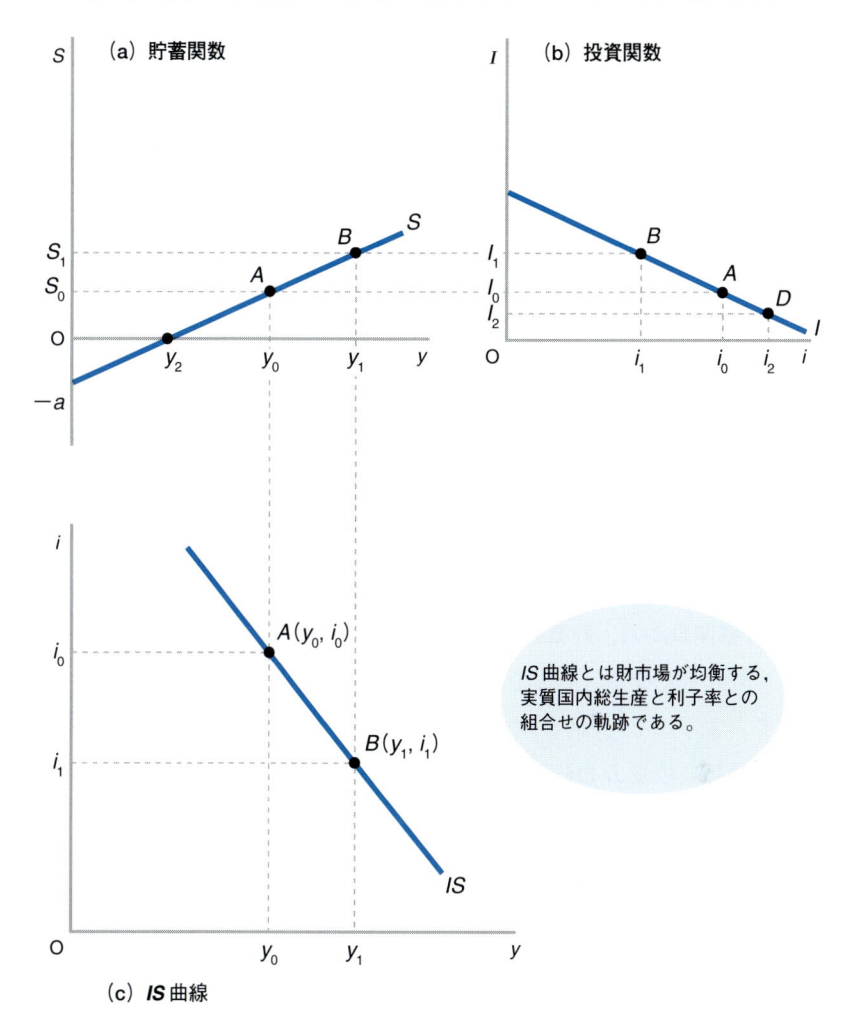

図 6-2 貯蓄＝投資による国内総生産の決定と IS 曲線の導出

(a) 貯蓄関数

(b) 投資関数

(c) IS 曲線

> IS 曲線とは財市場が均衡する，実質国内総生産と利子率との組合せの軌跡である。

すなわち，国内総生産が y_1 の水準では，財市場に超過供給が存在する。このことと，(6-10)は(6-8)から導かれたものであることとから，(6-8)が成立しているときには，財市場には超過供給が存在していることがわかる。すなわち，(6-8)と(6-10)は，ともに財市場に超過供給が存在することを示している。この場合には，計画外の在庫投資（意図せざる在庫の増加）が発生するので，企業

137

は生産を縮小する。その結果，国内総生産は減少し，y_0 に近づく。

 他方，国内総生産が y_2 である場合には，貯蓄 S はゼロになるから，それは利子率 i_0 の水準における投資 I_0 よりも小さくなる。すなわち，

$$0 = S < I_0$$

が成立している。

 この場合には，財市場には超過需要が存在するので，負の計画外在庫投資（意図せざる在庫の減少）が発生するので，企業は生産を増やそうとする。したがって，国内総生産は y_0 に向かって増加し始める。

 以上から，利子率が i_0 であれば，国内総生産は，利子率 i_0 のときの投資 I_0 に等しい貯蓄を生み出すような水準(すなわち y_0)に決定されることがわかる。

■**貯蓄・投資の均等と IS 曲線の導出**

 いま，国内総生産が y_0 から y_1 に増加するとしよう。このとき，図 6-2(a)の貯蓄関数から，貯蓄は S_1 になる。利子率が i_0 であれば，貯蓄 S_1 は投資よりも大きくなる。そこで，投資が貯蓄 S_1 に等しくなるような利子率を求めてみよう。それは(b)の投資関数から i_1 である。すなわち，利子率が i_1 であれば，投資 I_1 は貯蓄 S_1 に等しくなる。

 前項といま述べたことから，国内総生産が y_0 で利子率が i_0 である場合や，国内総生産が y_1 で利子率が i_1 である場合には，貯蓄と投資とは等しくなることがわかる。貯蓄と投資が等しければ，総供給と総需要も等しくなり，財市場は均衡する。図 6-2 の(c)は，このような，貯蓄と投資とが等しくなる国内総生産と利子率との組み合わせを示したものである。(c)の A と B は，それぞれ，(a)と(b)の A と B に対応している。すなわち，A や B の点では，貯蓄と投資は等しくなり，総供給と総需要とは一致する。このような貯蓄と投資が等しくなる，国内総生産と利子率との組み合わせを示した曲線を，IS 曲線という(I は Invenstment(投資)，S は Saving(貯蓄)の意)。IS 曲線は，A と B の関係からわかるように，右下がりの曲線になる。

■ *LM* 曲線

IS 曲線とは，財市場が均衡するような国内総生産と利子率との組み合わせを示す曲線である。それに対して，これから説明する ***LM* 曲線**とは，**貨幣の需要と供給が等しくなる，すなわち，貨幣市場が均衡するような国内総生産と利子率の組み合わせ**を示す曲線である(*L* は Liquidity Preference(貨幣に対する流動性選好)，*M* は Money Supply(貨幣供給)の意)。この曲線は次の方法によって導出される。

図 6-3 の(**a**)は国内総生産が変化すると，利子率がどのように変化するかを示したものであり，**図 5-2** と同じものである。図で，$L(y_0)$ は国内総生産が y_0 のときの貨幣需要曲線を示している。このとき貨幣供給(すなわち，ある時点における経済全体の実質貨幣残高)を M_0/P_0 とすると，利子率は i_0 に決定される。

それに対して，図の $L(y_1)$ は国内総生産が y_1 に増大したときの貨幣需要曲線を示している。国内総生産が増加すると，貨幣の取引需要が増大するため，貨幣需要曲線は右にシフトする(5-2 節参照)。この場合には，利子率が i_2 まで上昇すると，貨幣市場は均衡に達する。

以上から，$C(y_0, i_0)$ や $D(y_1, i_2)$ では，貨幣の需要と供給は等しくなるので，貨幣市場は均衡することがわかる。すでに述べたように，貨幣市場が均衡していれば，債券市場もまた均衡している。

図 6-3 の(**b**)は，(**a**)で示した，貨幣市場が均衡する，国内総生産と利子率との組み合わせの軌跡を示したものである。C や D は，それぞれ，(**a**)の C と D に対応している。y_1 は y_0 よりも大きいと仮定したから，*LM* 曲線は**右上がり**の曲線になる。

図 6-3　**LM** 曲線の導出

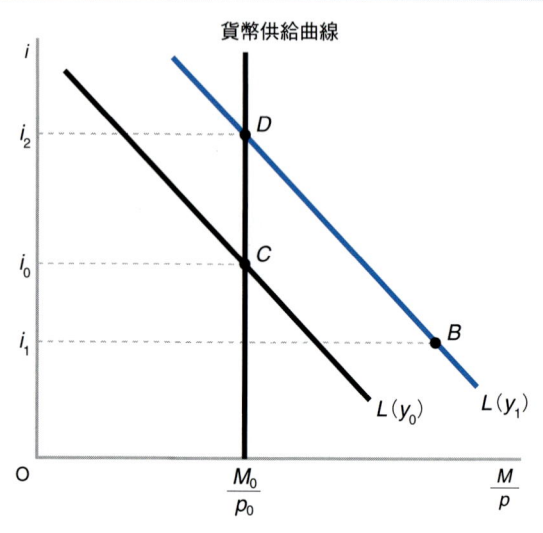

(a) 国内総生産の変化による貨幣需要曲線のシフトと利子率の変化

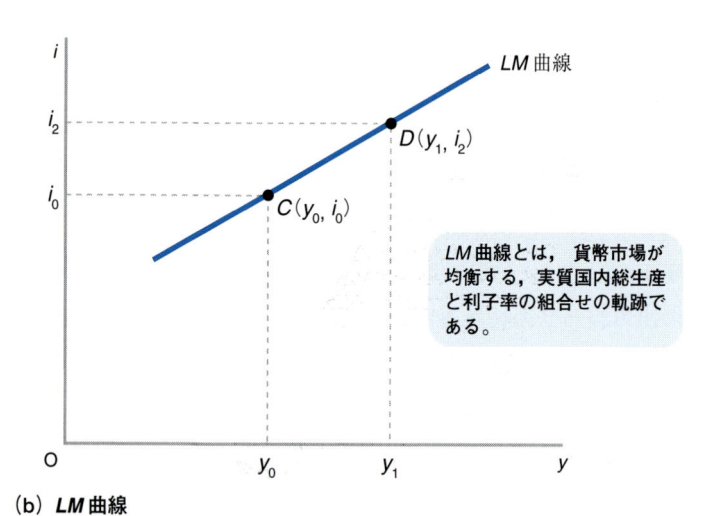

(b) **LM** 曲線

> **LM** 曲線とは，貨幣市場が均衡する，実質国内総生産と利子率の組合せの軌跡である。

6-1　*IS* 曲線と *LM* 曲線

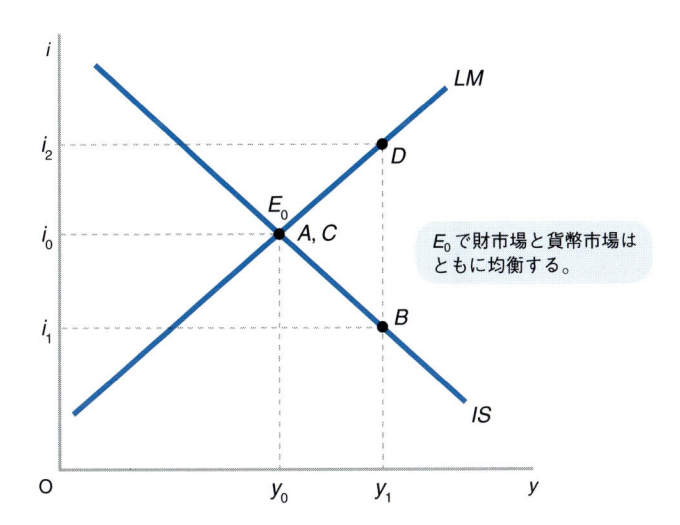

図 6-4　***IS*** 曲線と ***LM*** 曲線による国内総生産と利子率の決定

E_0 で財市場と貨幣市場はともに均衡する。

■ *IS* 曲線と *LM* 曲線による国内総生産と利子率の決定

　第 3 章の 45 度線分析と前々項の貯蓄・投資の均衡分析では，投資を与えられたものとして，国内総生産がどのように決定されるかを説明した。しかし，投資は利子率の変化と共に変化する。そこで以下では，利子率と投資とを与えられたものと前提せずに，国内総生産と利子率がどのようにして決定されるかを説明しよう。この両者の同時決定のメカニズムを明らかにするための分析手段が，上で説明した *IS* 曲線と *LM* 曲線である。

　図 6-4 は図 6-2(c) の *IS* 曲線と図 6-3(b) の *LM* 曲線を一つの図に示したものである。図の E_0 は図 6-2(c) の A と図 6-3(b) の C に対応している。それに対して，図 6-4 の B は図 6-2(c) と図 6-3(a) の点 B に，図 6-4 の D は図 6-2(b) と図 6-3(b) の点 D に，それぞれ対応している。

　国内総生産と利子率は，貯蓄と投資とが等しく（財市場の均衡），かつ貨幣の需要と供給とが等しくなる（貨幣市場の均衡），E_0 の水準に決定される。このときの国内総生産 y_0 と利子率 i_0 は，それぞれ，均衡国内総生産と均衡利子率になる。

141

それに対して B では，B が IS 曲線上にあることからわかるように，貯蓄と投資は等しいので，財市場は均衡している．図 6-4 の B（y_1 と i_1 の組み合わせ）は，図 6-3(a) の B に対応している．図 6-3(a) からわかるように，B における国内総生産 y_1 と利子率 i_1 の組み合わせでは，貨幣市場は超過需要になる．貨幣市場が超過需要の状態にあれば，貨幣が不足する経済主体は債券を売って，貨幣に変えようとする．債券売りの増加にともなって，債券価格は下がり，逆に，利子率は上昇する．

他方，図 6-4 の D（y_1 と i_2 の組み合わせ）では，D が LM 曲線上にあることからわかるように，貨幣市場は均衡している．しかし，図 6-2(b) からわかるように，利子率が i_2 のときには，投資は I_2 になるので，投資は国内総生産が y_1 のときの貯蓄 S_1 よりも小さくなってしまう．すなわち，図 6-4 の D では，投資は貯蓄よりも小さくなり，次の関係が成立する．

$$S > I \tag{6-11}$$

(6-11) は (6-8) と同じであるから，財市場には超過供給が存在する．この場合には，計画外在庫投資が発生するため，企業は生産を削減して，総供給量を減らそうとする．

以上のように，E_0 以外の点では，財市場と貨幣市場とが同時に均衡に達しないため，国内総生産か利子率のいずれか，あるいは両者が変化する．国内総生産と利子率とがともに変化しなくなり，財市場と貨幣市場とがともに均衡に達するのは，国内総生産と利子率が，それぞれ，E_0 に対応する y_0 と i_0 になったときである．

■民間国内総投資の変化と IS 曲線のシフト

ここで，利子率を一定として，民間国内総投資が変化する場合に，IS 曲線がどのように変化するかを示しておこう．いま当初の貯蓄関数と投資関数がそれぞれ図 6-5 の (a) の S と (b) の I で示されるとしよう．この場合の IS 曲線は図 6-5(c) の IS_0 になる．ここで新製品が登場し，企業はその新製品を生産するための設備に投資する計画を立てるとしよう．新製品の登場に

6-1 IS 曲線と LM 曲線

図 6-5 民間国内総投資の変化と IS 曲線シフト

(a) 貯蓄関数

(b) 投資関数

投資の期待収益率が上昇（低下）して，投資関数が右（左）にシフトすると IS 曲線も右（左）にシフトする。

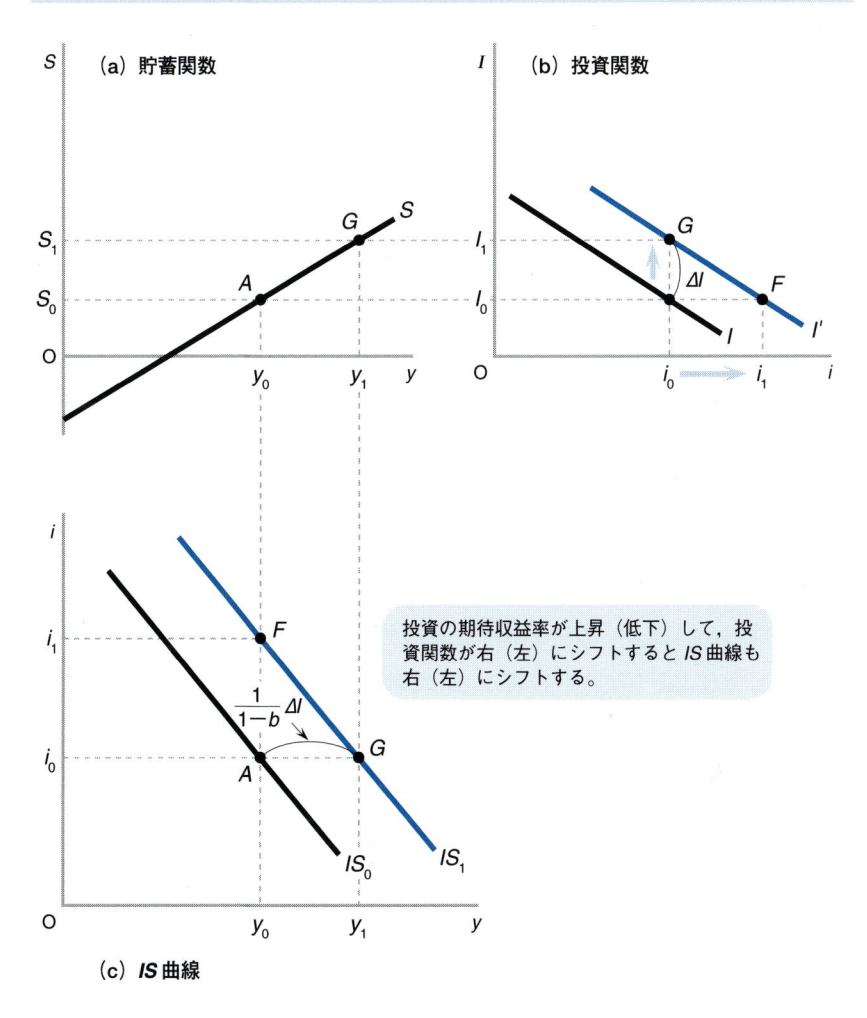

(c) IS 曲線

より投資の期待収益率が上昇するので，投資関数は(b)の I' のように上方に ΔI だけシフトする。このとき，投資が国内総生産が y_0 のときの貯蓄 S_0 に等しくなるためには，利子率は i_0 から i_1 に上昇しなければならない。すなわち，国内総生産が y_0 のときに，貯蓄と投資とが等しくなる利子率は i_1 になる。図 6-5(c)では，この y_0 と i_1 の組み合わせは，F になる。このこ

とから，(b)に示されているように，投資関数が上方にシフトすると，IS曲線は(c)の IS_0 から IS_1 へと上方にシフトすることがわかる。

IS 曲線の上方シフトは，次のように解釈することもできる。投資関数が I から I' にシフトすると，利子率が i_0 のときの投資は I_1 になる。図6-5(a)から，I_1 に等しい貯蓄は S_1 である。貯蓄 S_1 を生み出す国内総生産は，貯蓄関数(a)から y_1 である。したがって，国内総生産が y_1 で，利子率が i_0 であれば(図6-5(a)(b)の G で示される)，貯蓄と投資は等しくなる。以上から，図6-5(c)において，利子率が i_0 のときに，投資が ΔI だけ増加すると，貯蓄と投資とが等しくなる点は，A から G に移動する。このことは，IS 曲線は投資の増加によって右にシフトすることを意味する。

以上から，投資がどの利子率の水準についても増加すると，IS 曲線は上方に，あるいは右にシフトすることがわかる。

■ 投資の増加と IS-LM 分析

いま図6-5(b)において利子率を i_0 として，新製品の登場により，投資が ΔI だけ増加したとしよう。投資が ΔI だけ増加するときに，かりに利子率が i_0 で変わらなければ，国内総生産は投資乗数効果が働く結果，$[1/(1-b)]\Delta I$ だけ増加する。これにより，均衡点は図6-5(c)の A から G に移動する。この変化は，3-1節の投資乗数モデルにおける変化にほかならない。しかし，貨幣市場と債券市場を考慮すると，均衡点の移動は3-1節の単純な投資乗数モデルのケースとは違ってくる。この点を示したのが図6-6である。

図6-6は，投資関数が ΔI だけ増加したため，IS 曲線が IS_0 から IS_1 にシフトした場合の，最終的な均衡点の変化を示したものである。投資が増加するときに，かりに利子率が i_0 で変わらなければ，貯蓄と投資が等しくなる点は，E_0 から E_1 に移動する。しかし貨幣市場を考慮すると，投資乗数効果が働いて，国内総生産が増加すると，さまざまな取引も増加するため，貨幣の取引需要が増加する。図5-2(123頁)で示したように，国内総生産が増加して，貨幣の取引需要が増加すると，利子率は上昇する。この利子率の上昇

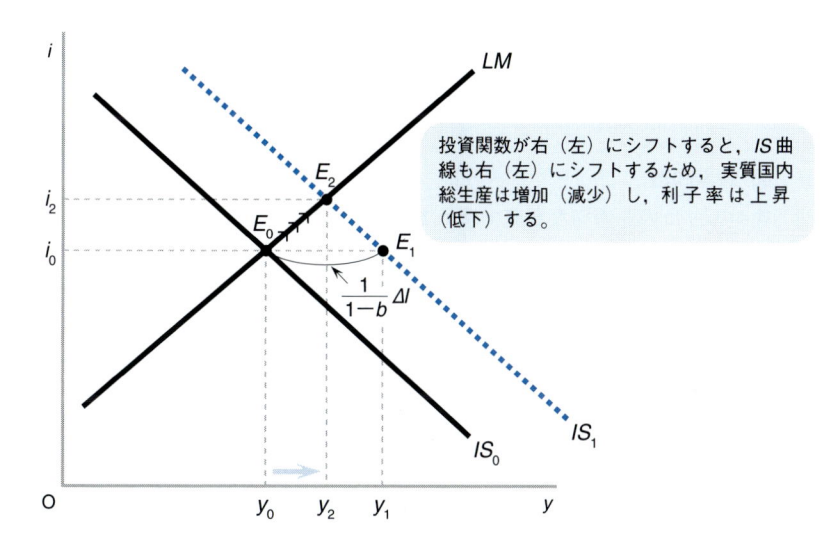

図6-6　民間国内総投資の増加と国内総生産と利子率の変化

投資関数が右（左）にシフトすると，IS曲線も右（左）にシフトするため，実質国内総生産は増加（減少）し，利子率は上昇（低下）する。

は LM 曲線上の E_0 から E_2 への移動によって示される。利子率が i_0 から i_2 に上昇する結果，財市場と貨幣市場とが同時に均衡する点は，E_1 ではなく E_2 になる。

　この E_1 から E_2 へのメカニズムは，次のとおりである。まず，企業は当初，利子率 i_0 を与えられたものとして，その利子率で債券を発行したり，銀行からの借り入れを増やしたりして，投資を $\varDelta I$ だけ増やそうと計画する。しかし，投資が徐々に増えて，投資乗数効果が働き，国内総生産が増え始めると，貨幣の取引需要が増加するため利子率が上昇する。利子率が上昇すると，企業にとっての投資採算は，当初の計画段階よりも悪化するため，実際の投資は当初の $\varDelta I$ ほどには増加しない。そのため，国内総生産も y_1 までは増加せず，y_2 の水準にとどまるのである。

6 IS-LM 曲線による財政金融政策の分析

———————————— check point 6.1

● キーワード

| 貯蓄　　民間総貯蓄　　貯蓄関数　　限界貯蓄性向　　貯蓄・投資の均等 |
| IS 曲線　　LM 曲線 |

● 6-1節 練習問題

[1] 次のカッコ内を適切な言葉で埋めて，正しい文とせよ。

1. 貯蓄の増加を国内総生産の増加で除した値を，(1)という。(1)は1から(2)を引いたものに等しい。
2. 貯蓄が投資よりも大きいときには，財市場には(3)が存在する。他方，投資が貯蓄よりも大きい場合には，財市場には(4)が存在する。
3. IS 曲線とは，(5)と貯蓄とが等しくなるような，(6)と実質国内総生産の組み合わせの軌跡を示したものであり，その曲線上では(7)は均衡している。
4. LM 曲線とは，貨幣の(8)と供給とが等しくなるような，実質国内総生産と(9)の組み合わせを示す曲線であり，その曲線上では(10)は均衡している。

[2] 図 6-7 で，A〜E の5つの点では，財市場と貨幣市場はどのような状態にあるかを，例にならって説明せよ。

〈例〉 A では，財市場は均衡しているが，貨幣市場には超過供給が存在する。理由：A は IS 曲線上にあるから，財市場は均衡している(図 6-6 参照)。他方，実質国内総生産が y_1 のときに，貨幣市場が均衡する利子率は i_0 であるのに対して，A における利子率 i_1 は i_0 より高い。利子率が均衡利子率よりも高ければ，貨幣需要は貨幣市場が均衡している場合のそれよりも少なくなるから，貨幣市場には超過供給が存在する。

図 6-7

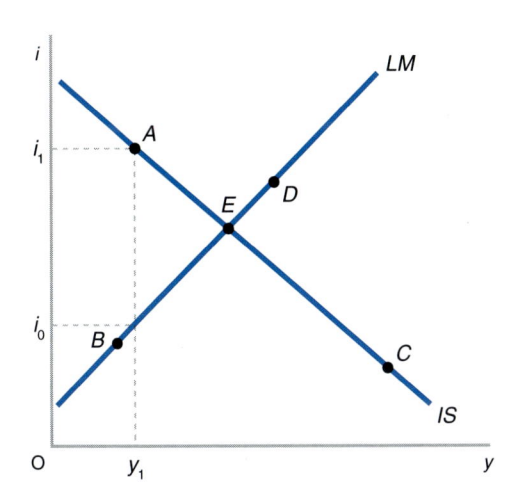

6-2　財政政策の効果

■政府部門を考慮したときの財市場の均衡条件式

6-1 節では，政府部門を考慮しなかったが，ここでは政府部門を考慮して，財政政策の効果を IS-LM 分析を用いて説明しよう．政府は税金を国民から徴収して，それを政府支出にあてる．この政府の活動を考慮すると，IS 曲線は以下のように変化する．

政府部門を考慮すると，総需要 D は次のようになる．

$$D = C + I + G \tag{6-12}$$

したがって，財市場の均衡条件式は次のようになる．

$$y = C + I + G \tag{6-13}$$

(6-13)の両辺から税金 T と民間消費 C を差し引くと，次式が得られる．

$$y - T - C = I + G - T \tag{6-14}$$

税金が課せられる場合には，民間総貯蓄 S は次のように定義される．

$$S \equiv y - T - C \tag{6-15}$$

(6-15)の右辺の$(y - T)$は税引後の可処分所得であり，それから民間消費を差し引いたものが民間総貯蓄である。(6-14)の左辺に，(6-15)の左辺を代入すると，

$$S = I + G - T \tag{6-16}$$

(6-16)は，次のように変形できる。

$$(S - I) + (T - G) = 0 \tag{6-17}$$

(6-17)左辺の$(S - I)$は，民間の貯蓄と投資の差(これを，民間貯蓄投資差または民間収支と呼ぶ)であり，$(T - G)$は税収Tから政府支出Gを差し引いたものであるから，財政収支を示している。財政収支がプラスである場合には，財政は黒字であり，マイナスである場合には，財政は赤字である。(6-17)は(6-13)から導かれたものであるから，(6-17)が事前的に成立している場合には，(6-13)も事前的に成立して，総供給と総需要は等しくなるから，財市場は均衡する。すなわち，政府部門を考慮すると，財市場の均衡条件式は(6-16)のように，「民間貯蓄投資差(民間収支)と財政収支の合計はゼロに等しい」という式に変わる。

財政収支がゼロ$(G = T)$の場合には，財市場の均衡条件式は$S = I$になり，政府部門を考慮しない場合の均衡条件式と同じものになる。しかし，財政収支がゼロでない場合には，政府部門を考慮しない場合とは違って，財市場が均衡するとき，民間総貯蓄Sと民間国内総投資Iは等しくはならない。(6-17)からわかるように，財政が黒字である場合(財政黒字 $T > G$)は，民間総貯蓄Sは民間国内総投資Iよりも小さくなる。逆に，財政が赤字の場合(財政赤字 $T < G$)には，民間総貯蓄Sは民間国内総投資Iよりも大きくなる。

財市場の均衡条件式である(6-17)は，次のようにも変形できる。

$$S + T = I + G \tag{6-18}$$

(6-18)は，政府の存在を考慮すると，「民間総貯蓄Sと税収Tの合計が，民間国内総投資Iと政府支出Gの合計に等しくなるとき，財市場は均衡す

る」ことを示している。

なお，$S+T>I+G$ と $S+T<I+G$ のときには，財市場は，それぞれ，超過供給と超過需要の状態にあるが，この点については，6-2 節練習問題 1 とその解答を参照されたい。

■ 政府部門を考慮したときの IS 曲線

(6-18) を用いて政府部門を考慮したときの IS 曲線を導こう。政府部門を考慮したときの IS 曲線とは，(6-18) の左辺の民間総貯蓄と税収の合計と，右辺の民間国内総投資と政府支出の合計とが等しくなるような，国内総生産 y と利子率 i の組み合わせを示す曲線である。

(6-18) の左辺は (6-15) から，次のように示すことができる。

$$S+T = y-C \tag{6-19}$$

ここで，民間消費は (3-11)（82 頁参照）のように，可処分所得の一次式で示されるとしよう。すなわち，

$$C = a+b(y-T) \tag{3-11}$$

(3-11) の右辺を (6-19) の右辺の C に代入し，$s=(1-b)$ とおいて整理すると，

$$S+T = -a+bT+sy \tag{6-20}$$

(6-20) の右辺を (6-18) の左辺に代入すると，財市場の均衡条件式 (6-18) は，

$$-a+bT+sy = I+G \tag{6-21}$$

(6-21) は，消費関数が (3-11) のような可処分所得の一次式で示される場合の，政府部門を考慮したときの IS 曲線を示している。

図 6-8 の (a) は税収を T_0 として，(6-21) の左辺の貯蓄と税収の合計 $(S+T_0)$ を図示したものである。他方，図 6-8 の (b) は，政府支出を G_0 として，民間国内総投資と政府支出の合計である $(I+G_0)$ を示したものである。いま，国内総生産を y_0 とすると，(a) から，貯蓄と税収の合計は A で示される。政府支出を G_0 として，投資と政府支出の合計が貯蓄 S_0 と税収 T_0 の合計に等しくなるのは，(b) から，利子率が i_0 のときであることがわ

6 IS-LM 曲線による財政金融政策の分析

図 6–8　政府部門と IS 曲線

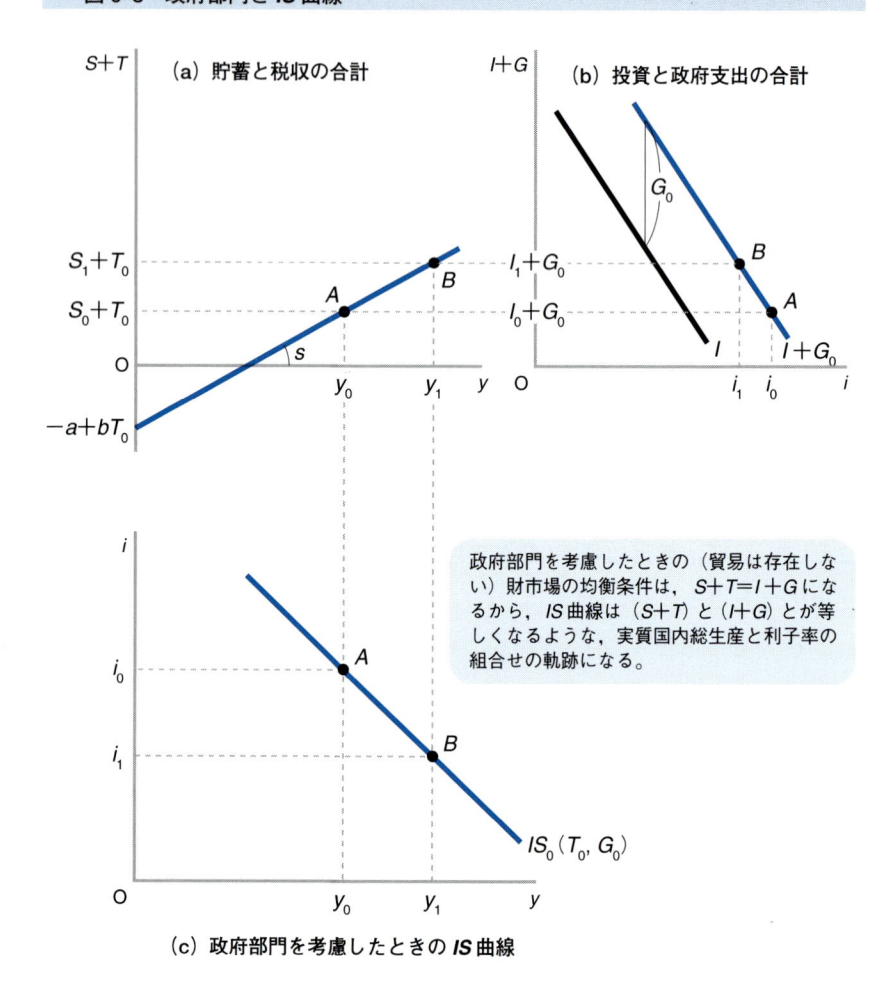

(a) 貯蓄と税収の合計

(b) 投資と政府支出の合計

> 政府部門を考慮したときの（貿易は存在しない）財市場の均衡条件は，$S+T=I+G$ になるから，IS 曲線は $(S+T)$ と $(I+G)$ とが等しくなるような，実質国内総生産と利子率の組合せの軌跡になる。

(c) 政府部門を考慮したときの IS 曲線

かる。また，国内総生産が y_1 に増加すると，貯蓄と税収の合計は(a)の B で示されるように増加する。投資と政府支出の合計がこの増加した貯蓄と税収の合計に等しくなるのは，利子率が i_1 に低下したときである。

　以上から，A や B は貯蓄と税収の合計が投資と政府支出の合計に等しくなるような，国内総生産と利子率の組み合わせであることがわかる。これらの組み合わせの下では，財市場は均衡している。そこで，横軸に y，縦軸に

i をとって，これらの組み合わせを描くと，図 6-8(c)のような，政府部門を考慮したときの IS 曲線(IS_0)が得られる。図の IS_0 の曲線の( )内の T_0 と G_0 は，それぞれ，税収を T_0，政府支出を G_0 と仮定していることを示している。

■政府支出の変化による IS 曲線のシフト

ここで，政府支出が変化したときに，IS 曲線がどのように変化するかを説明しよう。いま政府支出が ΔG だけ増加したとしよう。これによって，図 6-9(b)における投資と政府支出の合計を示す$(I + G)$曲線は$(I + G_0 + \Delta G)$曲線のように，ΔG だけ上方にシフトする。したがって，利子率が i_0 であれば，投資と政府支出の合計は(b)の A から C に移動して，$(I + G_0 + \Delta G)$ になる。貯蓄と税収の合計が$(I + G_0 + \Delta G)$に等しくなるためには，図 6-9(a)から，国内総生産は y_0 から y_2 まで増加しなければならない。このことは，投資と政府支出の合計$(I + G_0 + \Delta G)$と貯蓄と税収の合計とが等しくなる点は，図 6-9(c)に示されているように，A から C へと，右に移動することを意味する。すなわち，利子率が i_0 で変化せずに，国内総生産が y_2 まで増加すると，貯蓄は S_0 から S_2 に増加し，その結果，貯蓄と税収の合計$(S_2 + T_0)$は，投資と政府支出の合計$(I + G_0 + \Delta G)$に等しくなる。

以上から，政府支出が増加したときの IS 曲線は，図 6-9(c)のように，利子率が i_0 であれば，A から C へと右に移動する。このことから，**政府支出が増加すると，IS 曲線は右にシフトする**ことがわかる。逆に，**政府支出が減少すれば，IS 曲線は左にシフトする**。

■政府支出の変化と国内総生産の変化

3-3 節では，政府は景気の悪いときに支出を増やすことによって，国内総生産と雇用とを増やすことができることを説明した。しかし，そこでは貨幣市場を(したがって，債券市場も)考慮しなかった。そこでこの節では，貨幣

6 IS-LM 曲線による財政金融政策の分析

図6-9　政府支出の変化と **IS** 曲線のシフト

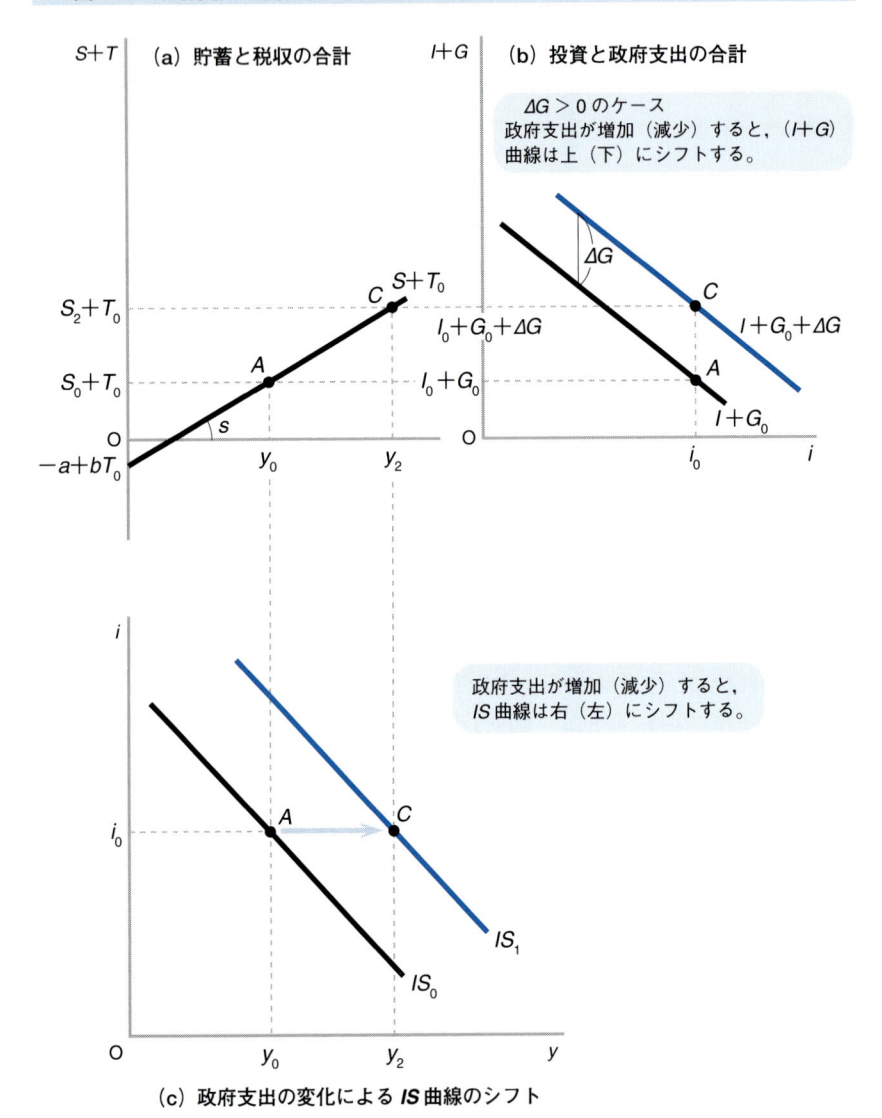

(a) 貯蓄と税収の合計

(b) 投資と政府支出の合計

$\Delta G > 0$ のケース
政府支出が増加（減少）すると、$(I+G)$ 曲線は上（下）にシフトする。

政府支出が増加（減少）すると、IS 曲線は右（左）にシフトする。

(c) 政府支出の変化による **IS** 曲線のシフト

6-2 財政政策の効果

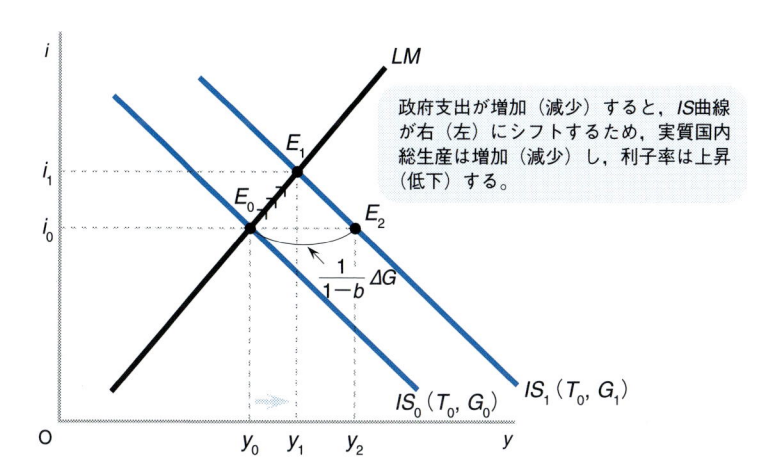

図 6-10 政府支出の変化と国内総生産の変化（政府支出増加のケース）

政府支出が増加（減少）すると、IS 曲線が右（左）にシフトするため、実質国内総生産は増加（減少）し、利子率は上昇（低下）する。

市場を考慮すると、政府支出の変化が国内総生産に及ぼす効果にどのような変化が生ずるかを説明しよう。

図 6-10 は税収を T_0 に保った上で、政府支出を G_0 から G_1 へと $\Delta G (= G_1 - G_0)$ だけ増やした場合に、国内総生産と利子率がどのように変化するかを示したものである。

当初の IS 曲線は $IS_0(T_0, G_0)$ で示される。これは税収が T_0 で、政府支出が G_0 のときの IS 曲線を示している。当初の均衡点は E_0 であり、均衡国内総生産と均衡利子率は、それぞれ、y_0 と i_0 である。いま、y_0 の水準では非自発的失業者が存在するので、政府は政府支出を増やして国内総生産と雇用の増大をはかろうとするとしよう。政府支出の増加の手段としては、不況期には、公共投資（道路建設などへの支出）が選択されることが多い。図 6-9 に即して説明したように、政府支出が増加すると、IS 曲線は右にシフトする。図 6-10 では、政府支出の増加によるシフト後の IS 曲線は、$IS_1(T_0, G_1)$ で示されている。IS 曲線の右へのシフトによって、均衡点は E_0 から E_1 へと移動する結果、均衡国内総生産と均衡利子率は、それぞれ、y_1 と i_1 に変化する。国内総生産は増加しているから、それにともなって雇用も増大す

るため,非自発的失業者は減少している。このように,政府支出の増加は不況対策として有効である。

しかし,政府支出の増加の効果は,3-3節の貨幣市場を考慮しない場合のそれよりも小さくなっている。貨幣市場を考慮しないということは,政府支出が増加して,国内総生産が増加するときに生ずる利子率の変化を無視することを意味する。かりに,利子率が i_0 で変化しなければ,図 6-10 において,均衡点は E_0 から E_2 に移動する。国内総生産の増加分 $(y_2 - y_0)$ は $[1/(1-b)]\varDelta G$ に等しい。すなわち,政府支出が増加するときに,利子率に変化がなければ,政府支出の増加 $\varDelta G$ はその乗数倍 $[1/(1-b)]$ だけの国内総生産の増加をもたらす。これは 3-3 節の政府支出乗数モデルの結論にほかならない。

しかし,貨幣市場を考慮すると,政府支出増加の効果は次のようになる。政府支出の増加につれて国内総生産が増加する過程で,取引が活発になる。そのため貨幣の取引需要が増大するため,利子率は上昇する。図 6-10 では,利子率は i_0 から i_1 へ上昇している。この利子率の上昇によって,民間国内総投資のうち,いくつかのプロジェクトは不利になるため,民間国内総投資は減少する。民間国内総投資の減少は総需要の減少にほかならないので,政府支出の増加によって引き起こされた国内総生産の増加を抑制する要因になる。

このように政府支出の増加という総需要の増加は,一方で国内総生産の増加要因となるが,他方で利子率を上昇させることによって,民間国内総投資を抑制するため,それを通じて国内総生産を減少させる効果をもつ。前者の国内総生産の増加効果と後者の減少効果とでは,前者の方が大きいため,国内総生産は増加する。しかし,民間国内総投資が減少した分だけ,国内総生産の増加はそうでない場合に比べて小さなものにとどまる。これが,政府支出の増加の効果が,利子率を一定とした場合の政府支出乗数効果よりも小さくなる理由である。

なお,政府支出が減少する場合には,IS 曲線が IS_1 から IS_0 に左にシフト

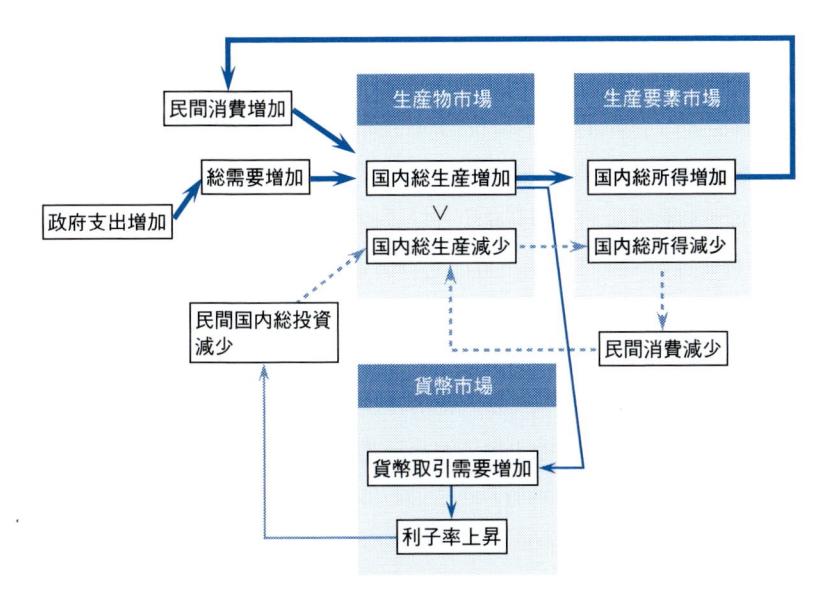

図 6-11　政府支出増加による国内総生産増加のメカニズム

（注）1）太い実線の矢印は政府支出乗数メカニズム
　　　2）破線の矢印は（負の）投資乗数メカニズム

すると考えればよい。したがって，政府支出の減少は国内総生産と雇用の減少および利子率の低下をもたらす。

■政府支出増加の効果のメカニズム

　上では，IS-LM 分析によって，政府支出が増加したときに国内総生産がどのように変化するかを説明した。ここでは，この政府支出の増加の効果のメカニズムを，図 6-11 のように図式化して説明しておこう。まず政府支出が増加すると，同じ額だけ総需要が増加する。この総需要の増加に応じて，生産物市場(財市場)で国内総生産が増加する。これによって増加した付加価値は，生産要素市場で，この生産の増加に寄与した労働やその他の生産要素の供給者に分配され，その結果，国内総所得が増加する。国内総所得が増加する

と，民間消費が増加し，それに応じて生産物市場では国内総生産が増加する。図 6-11 の太い実線の矢印で示されたメカニズムは，政府支出乗数メカニズムを表している。

他方，貨幣市場では，国内総生産の増加にともなって貨幣の取引需要が増加するため，利子率が上昇する。利子率の上昇は民間国内総投資を減少させる。この減少に応じて国内総生産が減少するが，その結果，生産要素市場で分配される国内総所得も減少する。これによって民間消費が減少するため，国内総生産がさらに減少するという，負の投資乗数メカニズムが働く。図 6-11 の点線の矢印は，負の投資乗数メカニズムを示している。

以上のように，政府支出の増加にともなって正の政府支出乗数と負の投資乗数の二つのメカニズムが働くが，前者による国内総生産の増加の方が，後者による国内総生産の減少を上回るため，差し引き，政府支出の増加は国内総生産を増加させ，雇用を増加させることによって，失業率を低下させる。

■税収の変化と IS 曲線のシフト

次に，税収の変化と IS 曲線の関係を説明しよう。図 6-12 において，当初の税収と政府支出は，それぞれ，T_0 と G_0 である。この場合には，たとえば，国内総生産が y_0 で，利子率が i_0 であれば，貯蓄と税収の合計と投資と政府支出の合計とは等しくなり，財市場は均衡する。この場合の IS 曲線は(c)の $IS_0(T_0, G_0)$ で示される。次に，政府支出を一定に保って，税収だけが T_0 から T_1 に減少したとしよう。すなわち，減税が行われたわけである。この場合には貯蓄と税収の合計を示す曲線は，縦軸の切片の値が$(-a + bT_0)$から$(-a + bT_1)$へと減少するので，(a)のように，$(S + T_0)$から$(S + T_1)$へと減税分に限界消費性向をかけた分，すなわち，$[b(T_1 - T_0)]$ だけ下方にシフトする。この下方へのシフトは，図からわかるように，右へのシフトといい換えることもできる。この下方(右)へのシフトによって，貯蓄と税収の合計$(S + T)$が，利子率が i_0 のときの投資 I_0 と政府支出 G_0 の合計$(I_0 + G_0)$に等しくなるためには，国内総生産は y_0 から y_1 へ増加し

6-2 財政政策の効果

図6-12 税収の変化とIS曲線のシフト

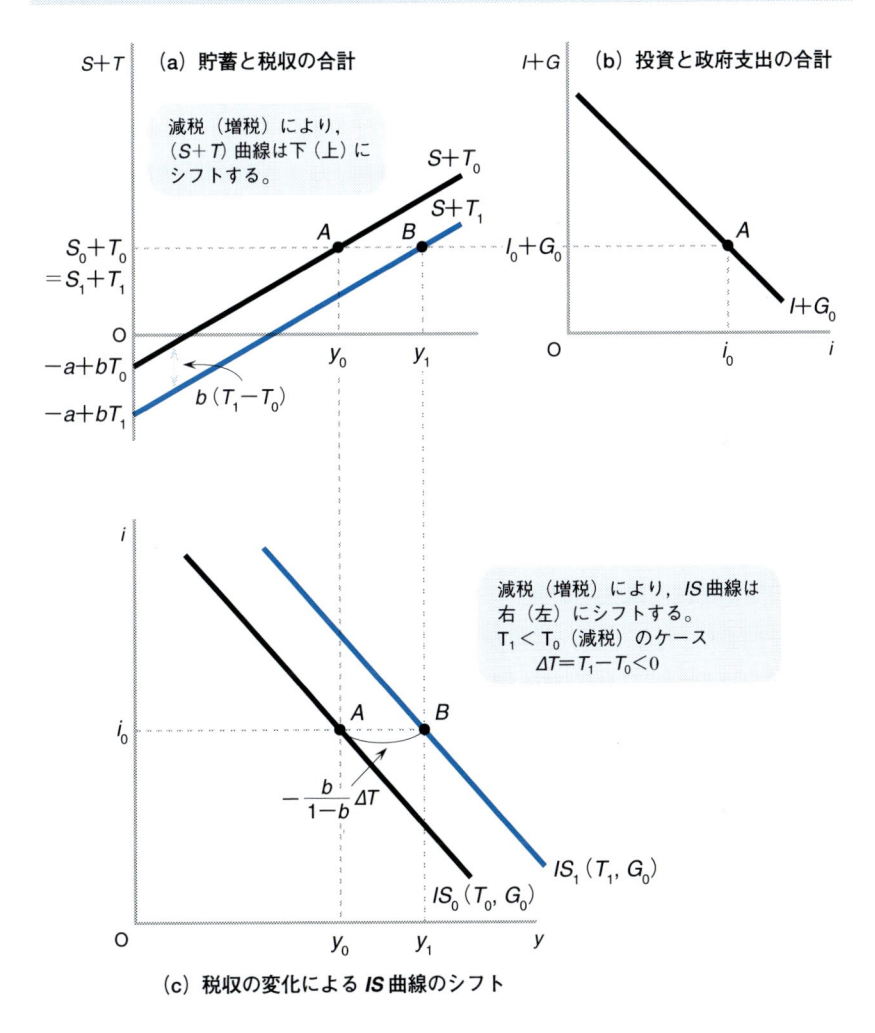

(a) 貯蓄と税収の合計

減税（増税）により，$(S+T)$曲線は下（上）にシフトする。

(b) 投資と政府支出の合計

減税（増税）により，IS曲線は右（左）にシフトする。
$T_1 < T_0$（減税）のケース
$\Delta T = T_1 - T_0 < 0$

(c) 税収の変化によるIS曲線のシフト

なければならない。y_1 に対応して貯蓄は S_1 に増加し，$(S_1 + T_1)$ と $(I_0 + G_0)$ とは等しくなる。以上から，IS 曲線は(c)の $IS_1(T_1, G_0)$ のように，右にシフトする。増税の場合には，上の説明と逆に考えれば良いので，IS 曲線は左へとシフトする。

6　IS-LM 曲線による財政金融政策の分析

図 6-13　税収の変化と国内総生産の変化（減税のケース）

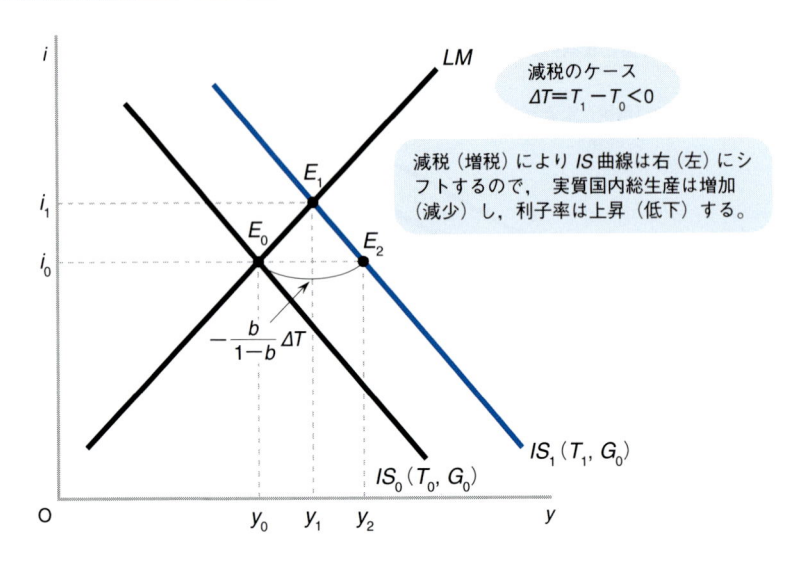

減税のケース
$\Delta T = T_1 - T_0 < 0$

減税（増税）により IS 曲線は右（左）にシフトするので，実質国内総生産は増加（減少）し，利子率は上昇（低下）する。

■税収の変化と国内総生産の変化

3-3 節で説明したように，減税が実施されたときに，利子率が i_0 で変化しなければ，租税乗数効果が働く結果，国内総生産は $[-b/(1-b)]\Delta T$ だけ増加する。ただし，$\Delta T = T_1 - T_0$（負の値をとる）である。

それでは，貨幣市場を考慮すると，税収の変化と国内総生産の関係はどうなるであろうか。図 6-13 は IS-LM 分析を用いて，減税が国内総生産に及ぼす効果を示したものである。当初の IS 曲線は $IS_0(T_0, G_0)$ で，均衡点は E_0 であり，均衡国内総生産と均衡利子率は，それぞれ，y_0 と i_0 である。ここで，図 6-10 で示したような減税が行われたとしよう。IS 曲線は IS_0 から $IS_1(T_1, G_0)$ へと右にシフトする。その結果，均衡点は E_1 に移動し，均衡国内総生産と均衡利子率は，それぞれ，y_2 と i_1 へと変化する。国内総生産は増加しているので雇用も増加しており，減税は不況対策として有効であることがわかる。

しかし，政府支出の増加のケースについて述べたことと同じように，貨幣市場を考慮した場合には，租税乗数効果は貨幣市場を考慮しない場合よりも

小さくなっている。すなわち，利子率が i_0 の水準で変化しなければ，租税乗数の大きさは，3-3節と同じように $[-b/(1-b)]\varDelta T$ になり，国内総生産は y_0 から y_1 へと増加する。しかし，国内総生産が増加して取引が活発化すると，貨幣の取引需要が増加するため，利子率は i_0 から i_1 へと上昇する。この利子率の上昇によって，民間国内総投資が減少するため，減税の乗数効果はある程度相殺されてしまい，国内総生産は y_1 までは増加せず，y_2 の水準にとどまるのである。

check point 6.2

● キーワード

民間貯蓄投資差　　民間収支　　財政収支　　財政黒字　　財政赤字

● 6-2節 練習問題

1. 次の各文のカッコ内の言葉や記号のうちから，適切なものを選んで，正しい文とせよ。

    (1) 純輸出をゼロとすると，$y > C + I + G$ のときには，$S + T(>, =, <) I + G$ が成立し，財市場は(超過供給，均衡，超過需要)の状態にある。

    (2) 純輸出をゼロとすると，$y < C + I + G$ のときには，$S + T(>, =, <) I + G$ が成立し，財市場は(超過供給，均衡，超過需要)の状態にある。

    (3) $C = 100 + 0.7(y - T)$ とすれば，限界消費性向は(0.7, 0.3, 1)である。$y = 3000$，$T = 100$ とすれば，民間総貯蓄は(2, 130, 870, 770)である。

    (4) 上の(3)で，$y = 3000$，$T = 100$ のとき，$I + G$ が(870, 770, 970)であれば，財市場は均衡する。

2. 政府支出の増加が実質国内総生産に及ぼす効果は，貨幣市場の変化を考慮する場合としない場合とでどのように異なるかを説明せよ。

3. 減税の実質国内総生産に及ぼす効果は，貨幣市場の変化を考慮する場合と考慮しない場合とでどのように異なるかを説明せよ。

6 IS-LM 曲線による財政金融政策の分析

4．政府支出の削減は実質国内総生産と利子率にどのような影響を及ぼすかを次の問にしたがって説明せよ．

(1) 政府支出が削減されると，IS 曲線はどのように変化するかを，適切な図を用いて説明せよ．
(2) 政府支出の削減が実質国内総生産と利子率に及ぼす効果を，IS 曲線と LM 曲線とを用いて説明せよ．

5．増税の効果を次の問にしたがって答えよ．

(1) 増税によって IS 曲線がどのように変化するかを適切な図を用いて説明せよ．
(2) 増税によって実質国内総生産と利子率がどのように変化するかを，IS 曲線と LM 曲線を用いて説明せよ．

6．上の3，4，5の財政政策が国内総生産に及ぼすメカニズムを，図 6-11 にならって図式化せよ．

□ 6-3　金融政策の効果 □

■金融政策の目的

　金融政策の目的としては，①物価水準の安定，②適切な雇用水準の維持，③為替レートの安定などが挙げられる．金融政策当局や経済学会では，金融政策の主たる目的は，①の物価水準の安定であるという考え方が支配的である．これが支配的であるのは，物価が安定することは貨幣の購買力が安定することであり，現金通貨の唯一の発行主体である中央銀行には，安定した貨幣の購買力を維持する責務があると考えられるからである．大きな物価の上昇が起きて貨幣価値が著しく低下すれば，人々の貨幣に対する信任が失われ，

貨幣を決済手段とする市場経済そのものの安定性が損なわれる。また，そこまでいかなくても，高い物価上昇が続く(7-2節で説明するように，物価の持続的上昇を**インフレーション**という)経済では，将来の価格に関する不確実性が高まるため，消費計画や投資計画を立てることが難しくなる。そのため，たとえば長期的にみて有意義な分野には投資されなくなり，経済成長(第9章参照)が阻害される。また，税引後の可処分所得が価格上昇にスライドして増加しない人々の生活は苦しくなる，といった所得分配上の弊害をもたらす。

しかし，金融政策の主たる目的が物価の安定であっても，第7章で説明するように物価の安定に固執すると，雇用水準を適正に保てない場合がある。そこで，この章では，物価水準を一定として，金融政策を適正な雇用水準を維持するために用いる場合について説明しよう。金融政策が物価に及ぼす影響については第7章で説明する。

■日本における金融政策の手段

① 債券・手形オペレーション

日本銀行は民間銀行に対して**資金**を貸し出している。これはちょうど，民間銀行が個人や民間の非銀行部門に貸し出すのと同じであるので，日本銀行は銀行の銀行であるといわれる。日本銀行が民間銀行に資金を貸し出すときには，借り手の銀行の**日本銀行当座預金口座**(以下，日銀当座預金と略する)に資金を入金する形をとる。これは銀行が民間の非銀行部門に資金を貸し出すときに，借り手の普通預金口座や当座預金口座に資金を入金するのと同じである。逆に，日本銀行が日本銀行貸し出しを回収するときには，借り手の民間銀行の日銀当座預金口座から資金を引き落とす。

日本銀行が用いている主たる金融政策の手段は，**債券オペレーション・手形オペレーション**である。

日本銀行は，民間銀行がもっている国債などの債券や商業手形を買い取ることによって，日銀当座預金を供給する。日本銀行が民間銀行がもっている

手形・債券を購入する場合には，その購入代金が民間銀行の日銀当座預金口座に入金される。これによって民間銀行に供給される日銀当座預金が増える。5-3 節で述べたように，民間銀行は貸し出しなどを通じて預金を供給する場合に，供給した預金残高に一定比率をかけた分だけ日銀当座預金をもっていなければならない。したがって，民間銀行の日銀当座預金が増えれば，民間銀行は貸し出しなどに**積極的**になり，それに伴って，預金供給量が増える。この日本銀行の金融政策を，**債券の買いオペレーション**（日本銀行による債券購入。**債券買いオペ**と略称される），または，**手形の買いオペレーション**（日本銀行による手形購入。**手形買いオペ**と略称される）という。

逆に，日本銀行がもっている債券や手形を民間銀行に売却する場合には，民間銀行は日銀当座預金を引き落とすことによって，その購入代金を支払うので，日銀当座預金が減少する。これによって民間銀行の貸し出しや証券投資が抑制されるため，預金供給の減少が起こる。このような日本銀行が民間銀行に債券や手形を売却する金融政策を，**債券の売りオペレーション**（日本銀行による債券の売却。**債券売りオペ**と略称される）または**手形の売りオペレーション**（日本銀行による手形の売却。**手形売りオペ**と略称される）という。

② 公定歩合と日本銀行貸出

日本銀行は銀行のうち適当と認める先に対して貸し出すことがある。この貸出は物価の安定を目的とする金融政策ではなく，**流動性の不足**に対応する金融政策である。この日本銀行の機能は，**最後の貸し手**としての機能と呼ばれる。最後の貸し手としての機能とは，なんらかの理由により，①金融市場での取引が著しく困難となって資金の偏在が解消しない場合や，②健全な銀行が流動性不足に陥った場合に，預金の決済手段機能を維持するために，必要な流動性を供給することをいう。

なお，日本銀行は手形や国債などを担保に貸し出すこともある。その際に適用される貸付利子率を**公定歩合**という。かつてはこの公定歩合による貸し出しが金融政策の主たる手段であった時代があったが，今日では例外的な場合にしか使われていない。

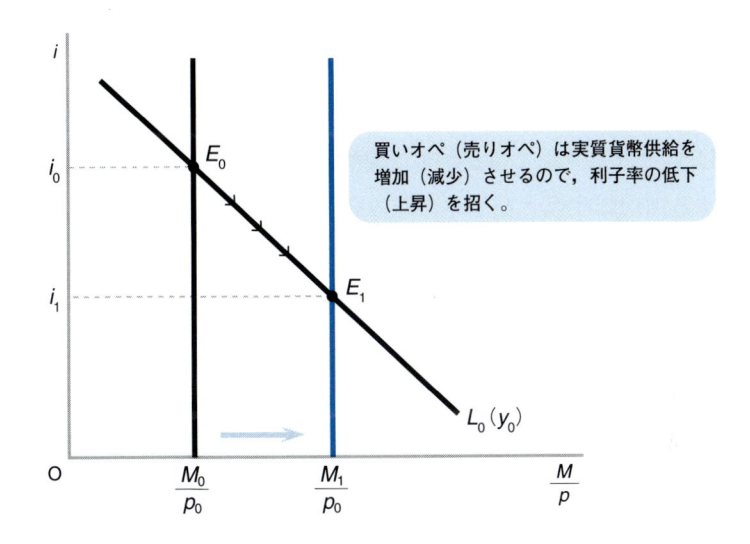

図6-14 買いオペによる貨幣供給増加の効果

買いオペ（売りオペ）は実質貨幣供給を増加（減少）させるので，利子率の低下（上昇）を招く。

■ 貨幣供給の変化と利子率

　買いオペや売りオペによって貨幣供給量は変化する。ここでは，買いオペが採用された場合に，貨幣市場にどのような変化が生ずるかを説明しよう。図 6-14 では，当初の名目貨幣供給量は M_0 であり，実質貨幣供給量は M_0/P_0 である。均衡点は E_0 であり，利子率は i_0 である。ここで，日本銀行が買いオペが実施したとしよう。いま，この金融政策によって，名目貨幣供給量が M_0 から M_1 に増加したとしよう。このとき，物価水準が P_0 で変化しなければ，実質貨幣供給量は M_1/P_0 に増加する。この増加によって，均衡点は E_0 から E_1 に移動し，利子率は i_0 から i_1 へ低下する。

　なお，上では物価水準は変化しないと仮定したが，それが変化する場合については第7章で説明する。

■貨幣供給量の変化と LM 曲線のシフト

次に，貨幣供給量が変化するときに，LM 曲線がどのようにシフトするかを説明しよう。図 6-14 で，実質貨幣供給量が M_0/P_0 から M_1/P_0 に増加すると，利子率は i_0 から i_1 に低下した。図の $L_0(y_0)$ からわかるように，国内総生産は y_0 と仮定されているから，貨幣供給量の増加によって，貨幣市場が均衡する国内総生産と利子率の組み合わせは，$E_0(y_0, i_0)$ から $E_1(y_0, i_1)$ に変化する。これを図示したものが図 6-15 である。当初の LM 曲線は E_0 を通る $LM_0(M_0/P_0)$ である。これは実質貨幣供給量が M_0/P_0 であるときの LM 曲線を示している。それに対して，実質貨幣供給量が M_1/P_0 まで増加すると，LM 曲線は $E_1(y_0, i_1)$ を通る曲線になる。これは実質貨幣供給量が増加すると，LM 曲線は LM_0 から LM_1 のように，下方にシフトすることを示している。

なお，図 6-15 からわかるように，LM 曲線は実質貨幣供給量の増加によって右にシフトすると考えることもできる。また，貨幣供給量が減少するときには，逆に考えればよい。したがって，売りオペの場合には，LM 曲線は上方(または左)へシフトする。

■貨幣供給の変化と国内総生産の変化

それでは，貨幣供給量が変化すると，国内総生産はどのように変化するであろうか。

いま図 6-16 で，当初の均衡点は E_0 であり，均衡国内総生産と均衡利子率は，それぞれ y_0 と i_0 である。この国内総生産 y_0 の水準では，非自発的失業が存在するとしよう。そこで，日本銀行が非自発的失業の減少をはかろうとして，買いオペを実施するとしよう。これによって，実質貨幣供給量は M_0/P_0 から M_1/P_0 に増加し，LM 曲線は LM_0 から LM_1 へと下方(または右)にシフトする。均衡点は E_2 に移り，均衡国内総生産と均衡利子率は，それぞれ，y_1 と i_2 に変化する。国内総生産は増加しているので，それにともなって雇用量も増加するから，非自発的失業は減少する。したがって，不

6-3 金融政策の効果

図 6-15　貨幣供給量の変化と *LM* 曲線のシフト

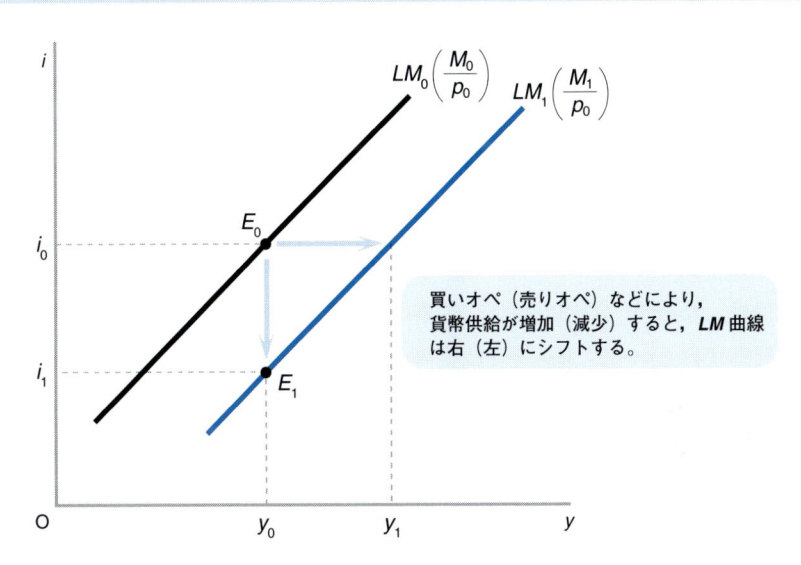

買いオペ（売りオペ）などにより，貨幣供給が増加（減少）すると，*LM* 曲線は右（左）にシフトする。

図 6-16　貨幣供給量の変化と国内総生産の変化

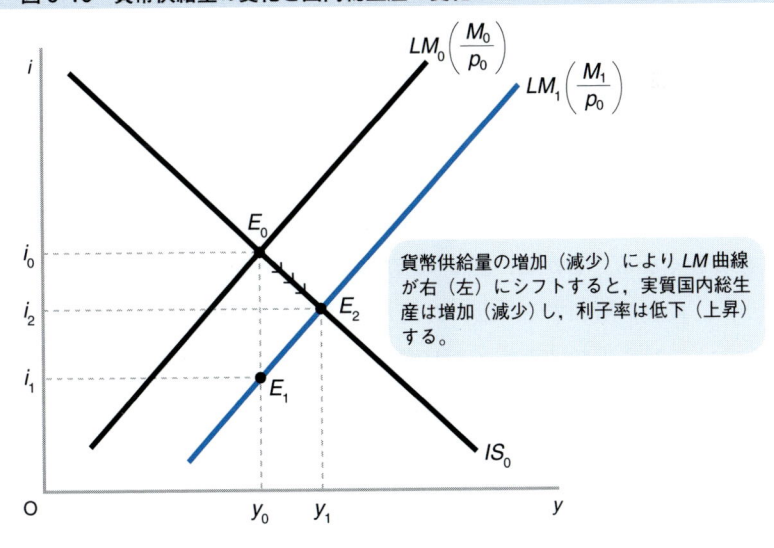

貨幣供給量の増加（減少）により *LM* 曲線が右（左）にシフトすると，実質国内総生産は増加（減少）し，利子率は低下（上昇）する。

況期において貨幣供給量を増やすような金融政策は有効であるといえる。

　貨幣供給量を増やして利子率を低下させるような金融政策を，金融緩和政策という。逆に，売りオペによって，貨幣供給量を減少させ，利子率を引き上げるような金融政策を，金融引き締め政策という。第7章で説明するように，金融引き締め政策は物価上昇を抑制する上で有効である。

■ 金融緩和政策の効果のメカニズム

　上では，IS-LM 分析によって，買いオペによる日銀貸出の増加や手形・債券買いオペといった金融緩和政策の効果を説明した。そこでここでは，同じことを，図 6-17 のように図式化して説明しよう。

　手形・債券買いオペレーションが行われると，日銀当座預金が増えるため，民間銀行は貸し出しを増やしたり，債券などの購入を増やす。これにともなって預金の供給が増えるため，貨幣市場では貨幣の供給量が増加し，それにともなって利子率が低下する。これによって投資が増加するため，生産物市場(財市場)では国内総生産が増加する。この結果，増加した付加価値は生産要素市場で各生産要素の供給者に分配され，人々の所得が増加する。これにより消費が増加するので，国内総生産はさらに増加する。以上の，投資増加以後のメカニズムは投資乗数メカニズムに他ならない。

　他方，国内総生産が増加すると，貨幣市場では貨幣の取引需要が増加するため，利子率は上昇する。取引需要の増加による利子率上昇圧力のため，貨幣供給量増加による利子率の低下は抑制される。したがって，その分投資の増加も小さくなる。しかし，図 6-16 に示されているように，利子率は低下するから，投資が増加することには変わりはない。以上から，図の太い➡で示したような投資乗数メカニズムが働いて，国内総生産が増加し，それにともなって，雇用も増加して，失業率は低下する。

図6-17　日銀貸出増加や手形・債券買いオペによる国内総生産増加のメカニズム

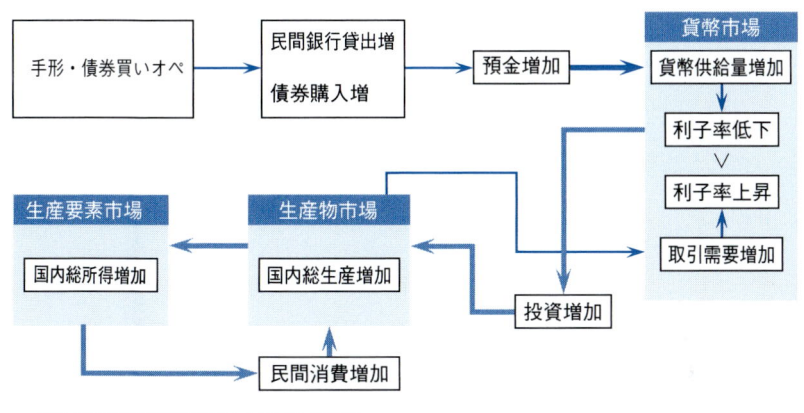

```
[手形・債券買いオペ] → [民間銀行貸出増／債券購入増] → [預金増加] → ┌─貨幣市場─────────┐
                                                                    │ 貨幣供給量増加        │
                                                                    │    ↓                │
                                                                    │ 利子率低下           │
                                                                    │    ∨                │
                                                                    │ 利子率上昇           │
                                                                    │    ↑                │
                                                                    │ 取引需要増加         │
                                                                    └───────────────┘
┌─生産要素市場─┐  ┌─生産物市場─┐                                        ↑
│ 国内総所得増加 │←│ 国内総生産増加│←──────────[投資増加]───────┘
└────┬───┘  └─────┬──┘
     │          ↑
     └→[民間消費増加]┘
```

（注）太い矢印は投資乗数メカニズムを表す

―――――――――――――――――――――――――― check point 6.3

● キーワード

物価水準の安定　　適切な雇用水準の維持　　インフレーション　　債券オペレーション　　債券買いオペ　　債券売りオペ　　手形オペレーション　手形買いオペ　　手形売りオペ　　公定歩合

● 6-3節　練習問題

1．日本銀行が債券または手形の売りオペレーションを実施すると，どのような効果が生ずるかを，次の問にしたがって答えよ．

（1）　貨幣市場の図を描き，上の金融政策の結果，実質貨幣供給量と利子率がどのように変化するかを，物価水準を一定として説明せよ．
（2）　（1）を用いて，LM曲線がどのように変化するかを説明せよ．
（3）　IS曲線とLM曲線を用いて，実質国内総生産と利子率がどのように変化するかを説明せよ．ただし，物価水準は一定とする．

2．上の1の金融政策が国内総生産に及ぼすメカニズムを図6-17にならって，図式化せよ．

第 7 章

古典派モデルと物価が変化するケインズ・モデル

　2-3節から，第6章までは，物価を一定として，どのようにして国内総生産が決定されるかを説明してきた。しかし，実際の経済では物価は一定ではなく，変動している。そこでこの章では，7-1節で，物価の変化を考慮したケインズ・モデルを説明し，その場合の財政金融政策を検討する。7-2節では，これまで明示的に考慮しなかった労働市場における賃金調整を考慮し，ケインズ・モデルと古典派モデルの基本的な相違がどの点にあるかを説明し，インフレーション（インフレ）と失業との関係を検討する。7-3節では，主要先進国の失業率とインフレ率の相違を7-2節の理論を用いて解説する。7-4節では，1930年代を最後に消滅したと思われていたデフレーション（デフレ）が，日本で1990年代半ば以降起きたことを踏まえて，デフレと失業との関係を検討する。

7　古典派モデルと物価が変化するケインズ・モデル

□ 7-1　物価が変化するケインズ・モデル□

■総需要と物価

　この節では，物価が変化する場合のケインズ・モデルを説明し，財政金融政策が，物価が変化しない場合とどのように異なるかをあきらかにする。

図7-1　物価の低下と利子率

物価が低下すると，実質貨幣供給量が増えるので，利子率は低下する。

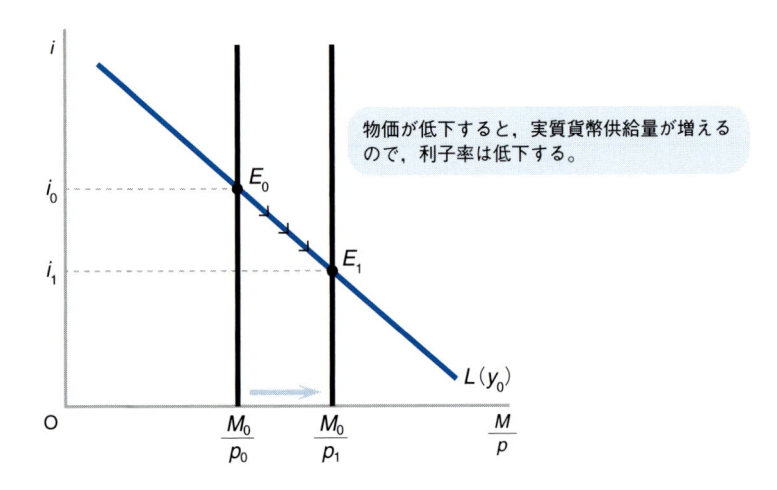

　図7-1は，物価が低下することによって生ずる，貨幣市場の変化を示したものである。当初の均衡点は E_0 である。他の事情が一定で，物価が P_0 が P_1 へ低下すると，実質貨幣供給量は分母の物価 P の値が小さくなるため，M_0/P_0 から M_0/P_1 へと増加する。これにともなって，貨幣市場の均衡点は E_0 から E_1 へと移動し，均衡利子率は i_0 から i_1 へと低下する。

　図7-2(a)は，政府支出，税収，名目貨幣供給量，物価を，それぞれ，G_0，T_0，M_0，P_0 としたときに，IS 曲線と LM 曲線の交点で財市場と貨幣市場が同時に均衡し，国内総生産と利子率が，それぞれ，y_0 と i_0 に決定されることを示したものである。さてここで，物価が何らかの理由で，P_0 から P_1

7-1 物価が変化するケインズ・モデル

図7-2 物価の変化と国内総生産

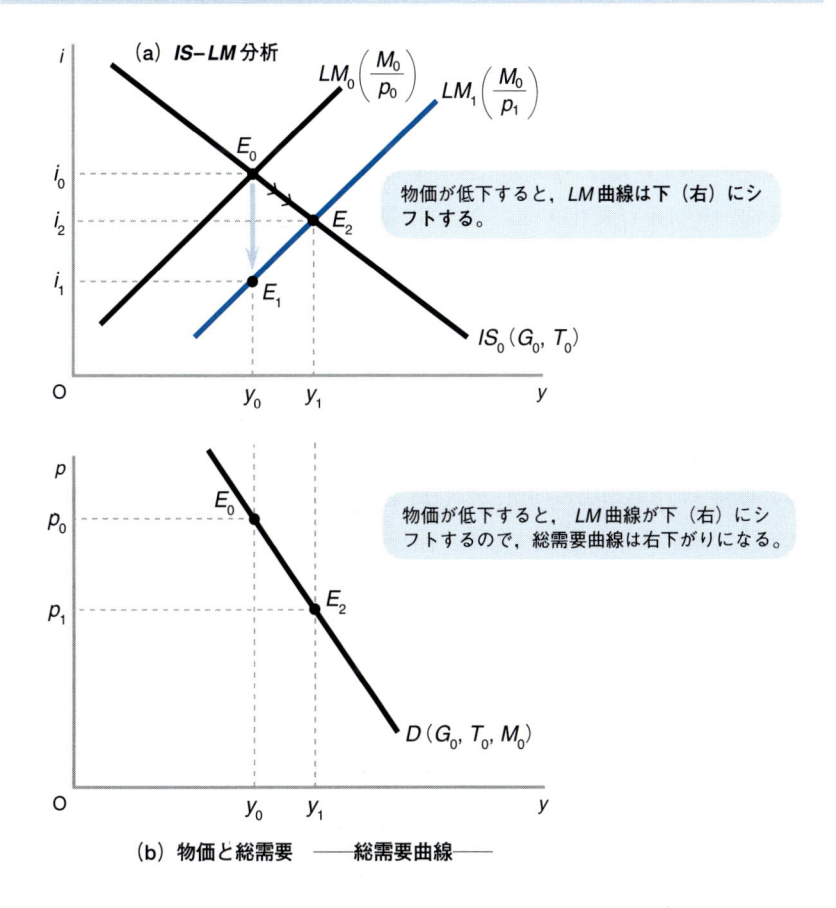

(a) IS-LM 分析

物価が低下すると，LM 曲線は下（右）にシフトする。

(b) 物価と総需要 ――総需要曲線――

物価が低下すると，LM 曲線が下（右）にシフトするので，総需要曲線は右下がりになる。

へ低下したとしよう。図 7-1 を用いて説明したように，物価が低下すると，貨幣市場が均衡する国内総生産と利子率の組み合わせは，$E_0(y_0, i_0)$ から $E_1(y_0, i_1)$ へと変化する。したがって，物価が低下すると，図 7-2(a) の LM 曲線は $E_1(y_0, i_1)$ の点を通る曲線に変化するから，LM_0 から LM_1 のように下方にシフトする。図 7-2(a) の E_1 は図 7-1 の E_1 に対応している。図からわかるように，LM 曲線の下方シフトは，右へのシフトといい換えることもできる。LM 曲線が下（右）にシフトすると，財市場と貨幣市場が共に均

171

7 古典派モデルと物価が変化するケインズ・モデル

衡する点は，E_2 に移動する。したがって，国内総生産は y_1 に増加し，利子率は i_2 に低下する。

図 7-2(a)から，財市場と貨幣市場とが同時に均衡するような，物価と国内総生産の組み合わせを求めると，図 7-2(b)のようになる。すなわち，物価が P_0 から P_1 に低下すると，財市場と貨幣市場とが共に均衡する国内総生産は y_0 から y_1 に変化する。これらの点（y_0, P_0）と（y_1, P_1）を結ぶと，曲線 D が得られる。曲線 D は作図からわかるように，政府支出，税収，名目貨幣供給量を，それぞれ，G_0，T_0，M_0 と仮定して得られたものである。

上のように，曲線 D は物価の変化につれて，IS 曲線と LM 曲線の交点がどのように変化するかを示したものである。曲線 D は IS 曲線上の点と対応しているから，その上の点では，総需要と総供給は等しくなる。したがって，曲線 D は財市場の均衡点の軌跡を表したものということができる。

しかし，次のように解釈すると，曲線 D は財市場の均衡点の軌跡を表すものではなく，総需要曲線であると考えることができる。45 度線分析で示される単純なケインズ・モデルや，IS-LM 分析で示されるケインズ・モデルにおいては，総供給は総需要の変化に応じて変化すると想定されている。すなわち，ある物価水準のもとで総需要が与えられると，総供給は物価一定のまま，その総需要に等しくなるように調整されるという想定である。したがって，図 7-2(b)の曲線 D 上で，物価が P_0 に与えられて，総需要が y_0 になると，総供給は物価一定のままその総需要 y_0 に等しくなるように調整される。同様に，物価が P_1 の場合には，総需要は y_1 になり，総供給はこの総需要 y_1 に等しくなるように調整されると考えられている。

そこでここでは，いままでとは違って，総供給は物価一定のまま，総需要に等しくなるように調整されるとはかぎらないと仮定しよう。この場合には，曲線 D は単に総需要と物価との関係を示すだけになり，総供給はかならずしも曲線 D で示される総需要とは一致しなくなる。

以上のように，総供給が物価を一定として総需要に等しくなるようにかならずしも調整されない場合には，曲線 D は総需要と物価の関係だけを表す

図 7-3　総供給と物価と賃金

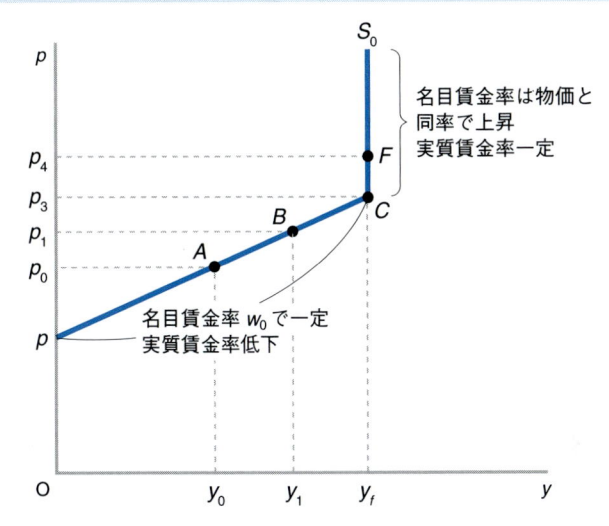

（図：縦軸 p、横軸 y。原点から右上がりの供給曲線が点 $A(y_0, p_0)$、$B(y_1, p_1)$、$C(y_f, p_3)$ を通り、y_f で垂直に立ち上がって点 $F(y_f, p_4)$、S_0 へと続く。右上がり部分には「名目賃金率 w_0 で一定、実質賃金率低下」、垂直部分には「名目賃金率は物価と同率で上昇、実質賃金率一定」と注記。）

曲線と考えることができる。そこで，この章の以下では，曲線 D を総需要曲線と考えて話を進めることにする。

■ 名目賃金率の調整を考慮した総供給と物価の関係

　上で，総需要と物価の関係を示す総需要曲線を導いたので，次に，総供給曲線について説明しよう。2-1 節で，図 2-1（45 頁）のような右上がりの総供給曲線を導いたときに，「名目賃金率を一定としている」と断っておいた。そこでここでは，労働市場における名目賃金率の調整を考慮して，総供給曲線を導こう。

　図 7-3 の総供給曲線 S は図 2-1 と同じように**右上がり**であるが，国内総生産が y_f になると，その点で，垂直になっている。総供給曲線がこのような形状になる理由は，次の通りである。

　図 7-3 の総供給曲線上の右上がりの部分では，名目賃金率は w_0 で一定であると仮定されている。この名目賃金率を物価で割ったものが**実質賃金率**である。企業は労働者を名目賃金率 w_0 で雇い，生産物 y を P で売却して利

益を得る。したがって，企業は物価 P と名目賃金率 w とを比較しながら，どれだけ労働者を雇用するかを決定するであろう。たとえば，名目賃金率が物価に比べて高ければ，企業にとって労働者を雇うことはそれだけ不利になるから，企業の雇用量は減少するであろう。この意味で，企業にとっての労働者を雇うときの実質的なコストは，名目賃金率ではなく，それを物価 P で割った実質賃金率になる。

いま，名目賃金率が w_0 で，物価が P_0 のとき，企業は全体として y_0 だけ供給しようとする。それに対して，名目賃金率が w_0 で変化せずに，物価が P_1 に上昇すると，企業にとっての労働の実質的なコストである実質賃金率は w_0/P_0 から w_0/P_1 に低下するので，企業はより多くの労働者を雇って，供給量を y_1 まで増やそうとする。さらに物価が P_3 まで上昇すると，実質賃金率が w_0/P_3 まで低下するため，総供給量は y_f まで増加する。総供給量が y_f になるとき，非自発的失業者は存在しなくなり，実質賃金率 w_0/P_3 の下で，働きたい人はすべて働いているとしよう。この状況を**完全雇用**という。ただし，完全雇用の水準でも働きたくない人は働いていないし，自分に気に入る職がないため，職探しをしている人もある。このような人は非自発的失業者ではなく，自発的に失業しているという意味で自発的失業者と呼ばれる。

図 7-3 では，物価が P_3 よりも上昇して，たとえば，P_4 になっても，総供給量は y_f で変化しない。これは次の理由による。すなわち，完全雇用が達成された後に，名目賃金率が w_0 のまま変化せずに，物価だけが上昇して，実質賃金率が低下すると，企業は総供給量をさらに増やそうとしてより多くの労働者を雇おうとする。しかし，労働市場は完全雇用の状態にあり，働きたい人はすべて働いているので，労働者たちは実質賃金率が w_0/P_3（図の C の水準における実質賃金率）よりも上昇しなければ，それ以上働こうとはしない。そのため，かりに物価が P_4 まで上昇したときに，企業がそれ以上の労働者を雇おうとすると，名目賃金率が上昇する結果，実質賃金率は図の C の時と同じ水準に調整されてしまう。F での実質賃金率が C のときのそれと同じであれば，企業はそれ以上の労働者を雇って，総供給量を y_f 以上に増

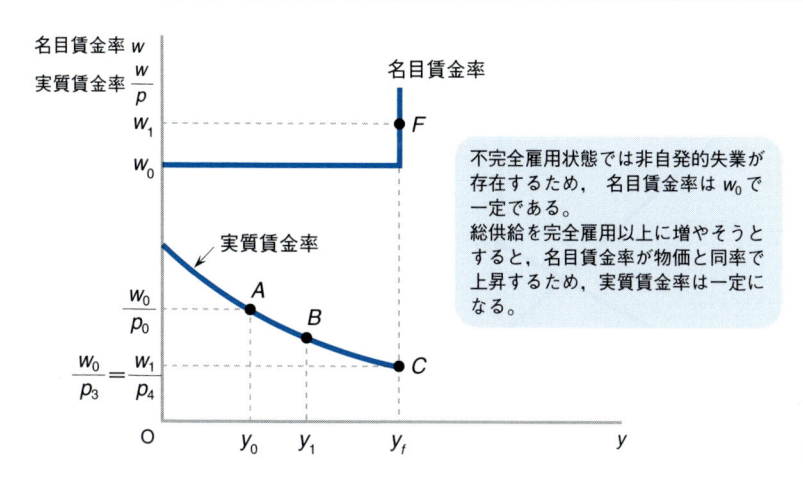

図7-4 不完全雇用と完全雇用における賃金率調整のメカニズム

不完全雇用状態では非自発的失業が存在するため、名目賃金率は w_0 で一定である。
総供給を完全雇用以上に増やそうとすると、名目賃金率が物価と同率で上昇するため、実質賃金率は一定になる。

やそうとはしない。これが総供給曲線が y_f の水準で垂直になる理由である。

以上の賃金率の調整をまとめておこう。図7-4の各点(A, B, C, F)は図7-3の各点と対応している。総供給量が y_f 以下の点である A や B の点では、非自発的失業が存在するため、名目賃金率は w_0 で一定である。したがって、実質賃金率は A から C に移動するにつれて、物価が上昇するため低下する。それに対して、企業が総供給を物価の上昇に合わせて y_f 以上に増やそうとすると、名目賃金率が物価上昇率と同じ率で上昇して、実質賃金率は一定になる。たとえば、図7-4の F は図7-3の F に対応し、物価と名目賃金率は、それぞれ、P_4 と w_1 であるが、このときの実質賃金率 w_1/P_4 は C における w_0/P_3 に等しい。

■ 総需要曲線と総供給曲線とによる国内総生産と物価の同時決定

以上で、総需要曲線と総供給曲線とを説明したので、二つの曲線を用いて、国内総生産と物価がどのように決定されるかを説明しよう。図7-5では、総需要曲線 D は、政府支出、税収、名目貨幣供給量を、それぞれ、G_0、T_0、M_0 と前提して描かれている。他方、総供給曲線 S_0 は AB の範囲では、名

7 古典派モデルと物価が変化するケインズ・モデル

図7-5 総需要曲線と総供給曲線とによる国内総生産と物価の同時決定

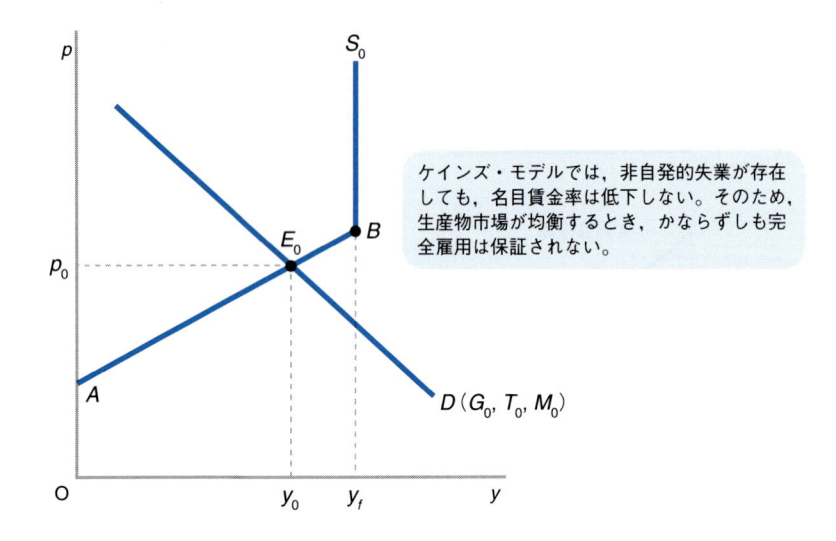

> ケインズ・モデルでは，非自発的失業が存在しても，名目賃金率は低下しない。そのため，生産物市場が均衡するとき，かならずしも完全雇用は保証されない。

目賃金率は w_0 で一定と前提されて描かれている。この場合に，総需要と総供給が等しくなるのは E_0 であるから，国内総生産は y_0，物価は P_0 に，それぞれ決定される。国内総生産 y_0 は完全雇用のときの国内総生産 y_f よりも小さい。y_0 を生産するための雇用量は，y_f を生産するための雇用量よりも少ないから，国内総生産が y_0 であれば，非自発的失業者が存在する。

図7-5 に示されるモデルでは，非自発的失業が存在する不完全雇用の状態でも，名目賃金率は w_0 で一定であり，低下しないと前提されている。このように，不完全雇用でも名目賃金率が下がらず，硬直的な点に，ケインズ・モデルの特徴が存在する。

■ 物価が変化する場合のケインズ・モデルにおける完全雇用対策

ケインズ・モデルでは，実際の経済は E_0 で示されているように，不完全雇用状態が一般的であると考えられている。ケインズ派は，このような状況を改善して，経済を完全雇用状態に近づけるためには，図7-5 の総需要曲線 D を右にシフトさせればよいと考える。そのような方法としては，政府支

7-1 物価が変化するケインズ・モデル

図7-6　政府支出の増加による雇用の増加

(a) IS–LM 分析

政府支出の増加は IS 曲線と総需要曲線を右にシフトさせるため，物価の上昇と実質国内総生産の増加を引き起こす。物価の上昇により，実質貨幣供給量が減少するため，LM 曲線は左にシフトする。

(b) 物価と国内総生産

物価上昇による LM 曲線の左シフトのため，利子率が上昇する。これによって，民間国内総投資が減少する分だけ，総需要の増加は小さくなる。そのため，政府支出の実質国内総生産増大効果は，物価一定の場合よりも小さくなる。

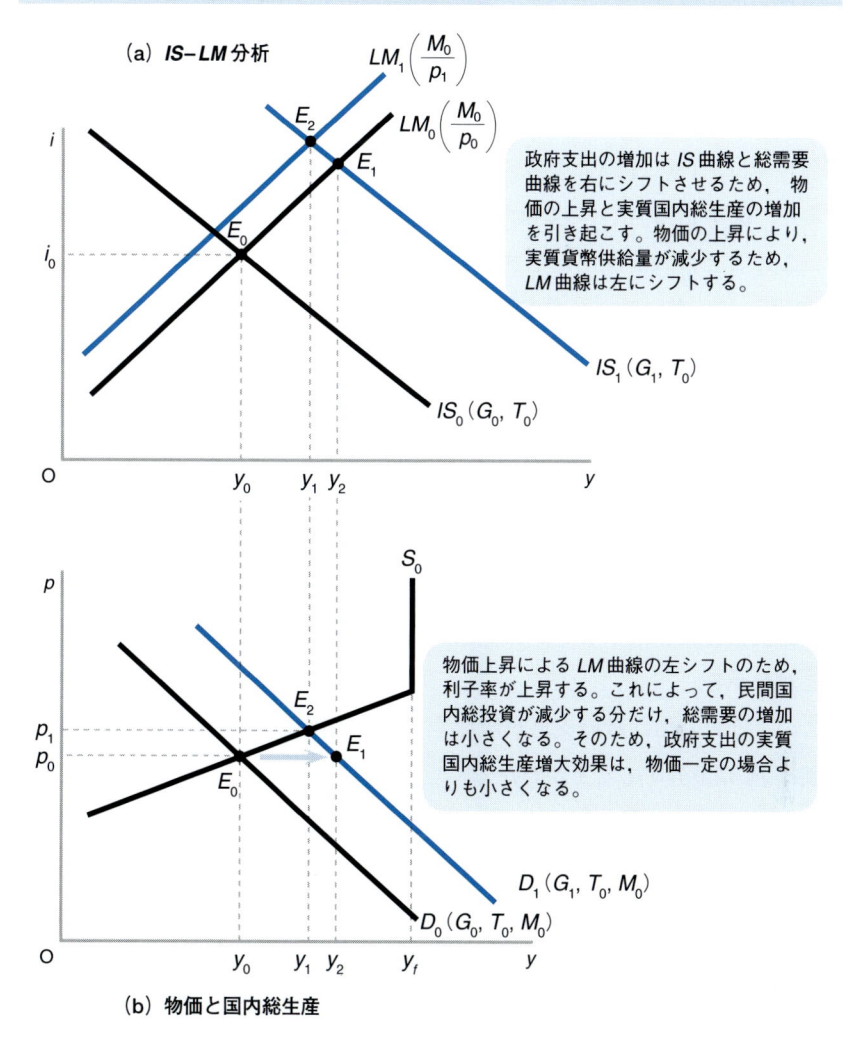

出 G の増加や税収 T の削減(減税)や名目貨幣供給量 M の増加などが考えられる。

図7-6 は政府支出を増やすことによって，雇用を増加させることができることを示したものである。図7-6 の(a)と(b)において，当初の均衡点は

177

7　古典派モデルと物価が変化するケインズ・モデル

E_0 である。ここで政府が雇用量を完全雇用に近づけるために，政府支出を増加させたとしよう。これにより（a）において，IS 曲線が IS_1 へと右にシフトするので，かりに物価が P_0 で変化しなければ，均衡点は E_1' に移動し，国内総生産は y_2 まで増加する。政府支出が増加した後の物価と総需要の組み合わせは，(y_2, P_0) になる。したがって，政府支出が G_0 から G_1 に増加すると，図 7-6（b）においては，物価 P_0 における総需要の点は E_1' に移動する。このことは政府支出が増加すると，総需要曲線は D_0 から，E_1' を通る D_1 のように，右にシフトすることを意味する。総需要曲線が右にシフトすると，総需要と総供給とが等しくなる点は E_2 になるから，物価は P_1 まで上昇する。物価が P_1 に上昇すると，名目貨幣供給量は M_0 で一定であると前提しているから，実質貨幣供給量は M_0/P_1 に減少する。これにより，（a）に示されているように，LM 曲線は LM_1 へと左にシフトする。したがって，均衡点は（a）の E_2 に移動する。このことは物価 P_1 のもとで，総需要は y_1 になることを意味する。（b）に示されているように，E_2 では，総需要と総供給は等しくなっているので，国内総生産と物価は共に均衡していることがわかる。

このようにして，政府支出が増加すると，国内総生産は y_1 まで増加し，物価は P_1 に上昇することがわかる。

政府支出が増加しないときに，物価が変化しなければ均衡点は E_1 であるから，その場合には，均衡国内総生産は y_2 になる。しかし物価が上昇するケースでは，均衡国内総生産は y_2 までは増加せず，y_1 までの増加にとどまっているから，政府支出の増加額が同じであれば，その効果は物価が変化しない場合よりも小さくなる。それは，物価が上昇すると，実質貨幣供給量が減少する（LM 曲線の左シフト）ため，利子率が上昇し，それにともなって，民間国内総投資が減少するためである。ただし，物価が上昇しても，政府支出の増加によって実質国内総生産を増やすことが可能である点には変わりはない。実質国内総生産の増加にともなって雇用量も増加するという意味で，政府支出の増加は，物価が上昇するケースでも，不況対策として依然として有効である。

7-1 物価が変化するケインズ・モデル

図 7-7 金融政策と国内総生産物と物価

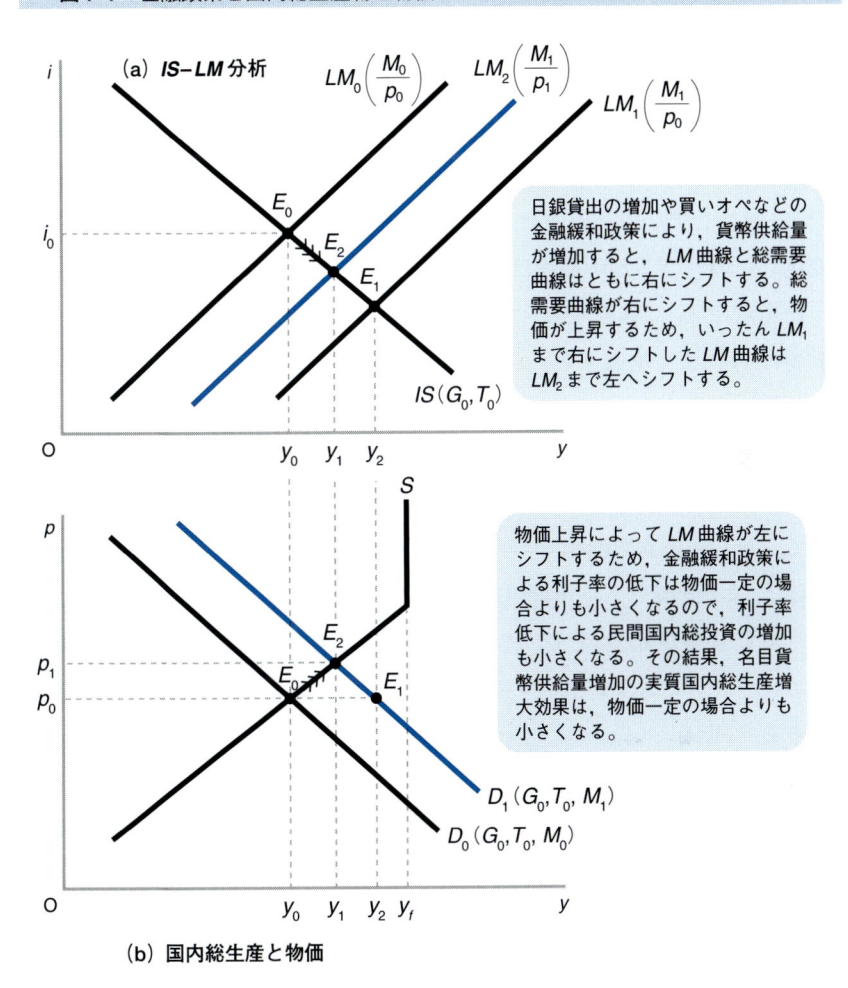

(a) $IS-LM$ 分析

日銀貸出の増加や買いオペなどの金融緩和政策により、貨幣供給量が増加すると、LM 曲線と総需要曲線はともに右にシフトする。総需要曲線が右にシフトすると、物価が上昇するため、いったん LM_1 まで右にシフトした LM 曲線は LM_2 まで左へシフトする。

物価上昇によって LM 曲線が左にシフトするため、金融緩和政策による利子率の低下は物価一定の場合よりも小さくなるので、利子率低下による民間国内総投資の増加も小さくなる。その結果、名目貨幣供給量増加の実質国内総生産増大効果は、物価一定の場合よりも小さくなる。

(b) 国内総生産と物価

■ 金融政策と物価と雇用

上では、政府支出の増加が物価と国内総生産および雇用に及ぼす効果を説明したので、ここでは金融政策が物価と国内総生産および雇用に及ぼす効果を説明しよう。

図 7-7 において、当初の均衡は E_0 であり、均衡国内総生産、均衡物価、

均衡利子率は，それぞれ，y_0，P_0，i_0 である。y_0 は完全雇用に対応する国内総生産 y_f よりも小さいので，非自発的失業が存在する。そこで日本銀行が金融緩和政策によって国内総生産と雇用の拡大をはかろうとするとしよう。この場合，日本銀行は債券や手形の買いオペレーションを実施する。これによって名目貨幣供給量が増加する。図 7-7 では，名目貨幣供給量は M_0 から M_1 へと増加している。かりにこの金融緩和政策にともなって，物価が P_0 で変化しなければ，LM 曲線は LM_1 まで右(あるいは下方)にシフトするので，均衡点は E_1 に移動する。したがって，物価が P_0 で変化しなければ，総需要は y_2 にまで増加する。したがって，総需要曲線は図 7-6(b)の E_1 を通る曲線に変化する。このことは，貨幣供給量が M_0 から M_1 に増加すると，総需要曲線は D_0 から E_1 を通る D_1 のように，右にシフトすることを意味する。

さて，新しい需要曲線 D_1 と総供給曲線 S との交点は E_2 になるから，物価は P_1 まで上昇し，均衡国内総生産は y_1 になる。この物価上昇にともなって，実質貨幣供給量は M_1/P_0 から M_1/P_1 に減少するので，LM 曲線は LM_1 から LM_2 に左にシフトする。したがって，最終的な均衡点は(a)と(b)の E_2 になる。

以上の結果を物価が一定の場合のケインズ・モデルと比較しておこう。物価が一定であれば，金融緩和政策の効果は(a)の E_0 から E_1 への移動によって表されるから，国内総生産は y_2 まで増加する。しかし，この国内総生産の増加の過程で物価が上昇する場合には，国内総生産は y_2 までは増加せず，y_1 までの増加にとどまる。すなわち，金融政策の効果は物価が上昇する場合には，上昇しない場合よりも小さくなる。

7-1 物価が変化するケインズ・モデル

———— check point 7.1

● キーワード

> 名目賃金率　実質賃金率　完全雇用　完全雇用対策

● 7-1節 練習問題

1. IS 曲線と LM 曲線とから，物価が変化する場合の総需要曲線を導け。

2. 図7-8 はケインズ・モデルにおける，総供給曲線を示している。名目賃金率と実質賃金率は，曲線上の点Aと点Bの間と，点Bと点Cの間では，それぞれ，どのように変化するかを説明せよ。

図7-8　ケインズ・モデルの総供給曲線

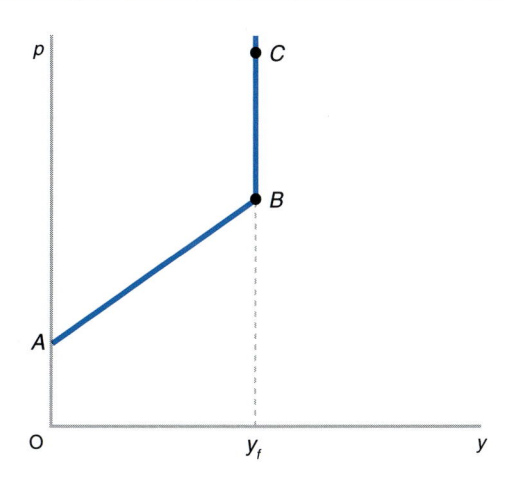

3. 当初の経済が不完全雇用状態にあるとして，①政府支出の削減，②増税，③債券売りオペレーションが，実質国内総生産に及ぼす効果を，
   （1）　物価が一定のケース
   （2）　物価が変化するケース
   について，IS 曲線，LM 曲線，総需要曲線，総供給曲線を用いて説明し，（1）と（2）とで，なぜ効果が異なるかを説明せよ。

□ 7-2 賃金の調整と古典派モデル □

■賃金の下方硬直性

　前節のケインズ・モデルでは，非自発的失業が存在するにもかかわらず，名目賃金率は下がらない。これを名目賃金の下方硬直性という。それではなぜ，名目賃金は下方に硬直的と考えられるのであろうか。

　ケインズが『一般理論』を著した1936年頃から，1970年代の初め頃までは，名目賃金の下方硬直性を説明する仮説として，相対賃金仮説と労働組合仮説とが有力であった。相対賃金仮説とは，労働者は単に自分の実質賃金率だけでなく，他の労働者の実質賃金率と比較したときの自分の実質賃金率，すなわち，相対的賃金にも強い関心をもっていると考える仮説である。労働者が大量の失業者が存在しているときにも，名目賃金率の引き下げに強く抵抗を示すのは，彼らが従来の相対賃金を可能なかぎり維持しようとするからである。いい換えれば，労働者は自分の実質賃金率だけが低下することには強く抵抗するということである。

　それに対して，名目賃金率が一定のまま，物価が上昇すれば，すべての労働者の実質賃金率が低下するから，各労働者の相対賃金は変化しない。相対賃金仮説は，労働者たちは非自発的失業が存在している不完全雇用の状態では，自分の実質賃金率だけが低下することには強く抵抗するが，相対賃金が変化しないまま，すべての労働者の実質賃金率が低下することは，やむをえないとして受け入れる，と考えるのである。

　他方，労働組合説とは労働組合の力が強いため，組合の要求を受け入れて支払われる賃金は，労働市場の需要と供給を一致させるような賃金水準よりも高く設定されるという考え方である。しかし，実際の各国の労働組合の組織率はそれほど高くないので，労働組合が労働市場の需要と供給の相対的関係を無視して，名目賃金率を決定できるという考え方に対しては疑問が投げ

かけられている。

■賃金の下方硬直性に対するニュー・ケインジアンの考え方

1970年代の半ばころから，ニュー・ケインジアンと呼ばれる人たちによって賃金の下方硬直性を合理的に説明するいくつかの仮説が提示されるようになった。それらのうち代表的なものに，暗黙の契約仮説，効率賃金仮説，インサイダー・アウトサイダー仮説がある。

まず，暗黙の契約仮説から説明しよう。労働者は企業に比べて貯蓄も少なく，労働所得以外に所得をもたないことが多いため，賃金が安定していることを強く望む。それに対して企業は，多くの資産を蓄積し，事業を多角化して経営にともなう危険を分散できるため，短期的に利潤が減少しても，ただちに経営難に陥る可能性は小さい。そのため，危険を負担することに対しては，企業の方が労働者よりも積極的である。このように，労働者と企業とで危険に対する態度が異なる場合には，景気による賃金の変動幅を少なくするような契約が企業と労働者との間で結ばれる可能性がある。しかしこの契約は文書にはっきり書かれるものではなく，労働者と企業とが暗黙のうちに了解している雇用慣行ともいうべきものである。景気による賃金の変動幅を小さくするという契約をはっきりと文書で交わすと，労働者はいつでも安定的な賃金が得られると確信するようになるため，企業からみて十分な努力をしなくなる可能性があるからである。

以上のような暗黙の契約が結ばれているならば，景気が良くなっても悪くなっても，ほぼ同じ賃金が払われることになるから，名目賃金率は契約期間の間ほとんど変化しなくなる。実際にも，アメリカの企業では，2年とか3年間の契約が結ばれ，その間名目賃金率はほとんど変化しないケースが少なくない。

次に，効率賃金仮説とは，企業はすでに雇用している労働者(これを内部労働者という)に対して，外部の労働市場(これを，外部労働市場という)における実質賃金率よりも高い賃金を支払うことによって，労働者の労働意欲

を引き出すことができ，かえって労働生産性を引き上げることができるという考え方である。この場合には，企業の外部に大量の失業者が存在し，外部労働市場の賃金が低下しているからといって，内部労働者の賃金を外部労働市場の水準に合わせて引き下げると，内部労働者の労働意欲が阻害されて生産性が低下する結果，かえって企業の利潤は減少してしまう。

また，失業している人で賃金が低くても働こうとする人は，能力が低いためにほかで採用される可能性の小さい人である可能性がある。したがって，内部労働者を低い賃金でも働こうとする失業者でおきかえると，労働生産性の低下により，企業の利潤はかえって減少してしまう可能性もある。

このような効率賃金仮説が現実に妥当すれば，多くの非自発的失業者が企業の外部に存在していても，企業がすでに雇っている内部労働者の賃金を引き下げたり，彼らを非自発的失業者とおきかえたりする可能性は小さくなる。そうであれば，非自発的失業者が存在していても，賃金は下がらないことになる。

インサイダー・アウトサイダー仮説も企業内部労働者の行動に力点をおく点では効率賃金仮説と類似しているが，この仮説ではとくに労働組合の存在が重要と考えられている。企業は新たに人を雇って，彼らをその会社に適切な労働者に育てるためには，採用費用や教育訓練費用を負担しなければならない。企業が内部労働者(これをインサイダーという)を外部労働者(これをアウトサイダーという)でおきかえる場合には，これらの費用がかかるため，内部労働者は賃金交渉において独占的な力を発揮できる可能性がある。また，低賃金でも働きたいという外部労働者を内部労働者とおきかえようとすると，内部労働者は企業に対して非協力的な態度をとるため，労使紛争などが発生し，企業にとってもこの労働者のおきかえは不利益になる。この結果，非自発的失業者が大量に存在しているにもかかわらず，内部労働者の賃金が高止まりするという事態が発生する。

図7-9 賃金の調整と国内総生産

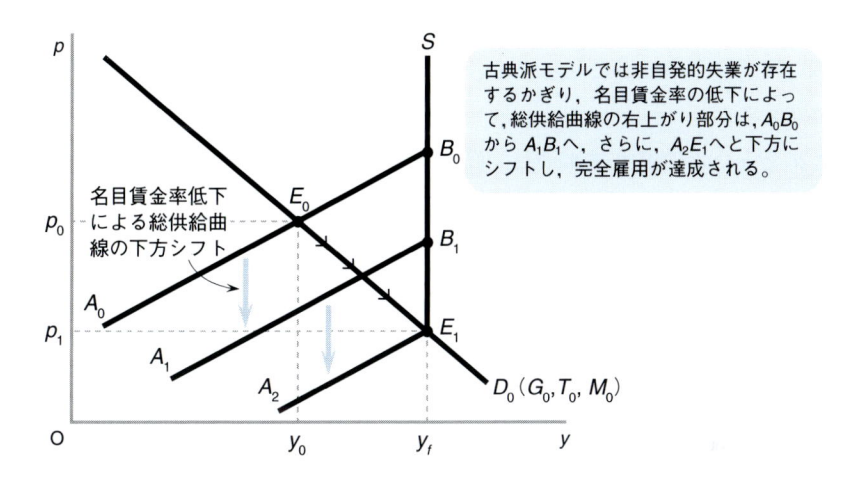

古典派モデルでは非発的失業が存在するかぎり、名目賃金率の低下によって、総供給曲線の右上がり部分は、$A_0 B_0$から$A_1 B_1$へ、さらに、$A_2 E_1$へと下方にシフトし、完全雇用が達成される。

■古典派モデルにおける賃金の調整と完全雇用の成立

ケインジアンやニュー・ケインジアンに対して、**古典派**は非自発的失業が存在するかぎり、賃金は低下すると考える。このような賃金の低下が起こる場合には、非自発的失業はなくなり、国内総生産は完全雇用に対応する水準で均衡に達することになる。そこでこのメカニズムを図を用いて説明しよう。

図7-9で、当初の均衡点はE_0であり、実質国内総生産は完全雇用水準よりも小さいため、非自発的失業者が存在している。

曲線ABSは総供給曲線であり、AとBの間では名目賃金率は一定と想定されている。古典派は非自発的失業が存在するかぎり、労働者間での職を求める競争が働いて、名目賃金率は低下すると考える。物価を一定として、名目賃金率が低下すれば、企業にとって実質的な労働費用(実質賃金率)が低下するため、企業は以前よりもより低い価格でモノやサービスを供給しようとする。このことは、名目賃金率が低下すると、総供給曲線のうち右上がりの部分が下方(または、右)にシフトすることを意味する。このような下方シフトは、名目賃金率が低下して、総供給曲線の右上がりの部分が$A_2 E_1$になるまで続く。この総供給曲線の下方へのシフトによって、均衡点はE_0か

ら E_1 に移動する。このとき物価は P_1 まで低下し，実質国内総生産は y_f まで増加するので，完全雇用が達成される。完全雇用が達成されれば，それ以上低い実質賃金率で働こうとするものはいなくなるので，名目賃金率の低下も終了する。

このように古典派モデルでは，経済が E_0 にあって，非自発的失業が存在するのは一時的であり，非自発的失業が存在するかぎり，賃金の低下が起こり，やがて完全雇用が達成されることになる。なお，上の調整では，労働市場では名目賃金率の低下が起こるが，その過程で物価も下落しているから，名目賃金率を物価で割った実質賃金率の調整も起こっている。

このように，賃金と物価の調整によって完全雇用が達成されるならば，財政政策や金融政策によって総需要曲線を右にシフトさせて完全雇用を達成するような政策は，不必要になる。これが古典派モデルの帰結である。

■ケインズ・モデルと古典派モデルの相違点

ここで，ケインズ・モデルと古典派モデルの基本的な相違点について図7-10を用いて説明しておこう。まずケインズ・モデルでは，総需要が決まると，それに応じて国内総生産が決まる。この国内総生産の大きさに応じて労働需要が決まるが，それが労働供給よりも小さければ，労働市場は不完全雇用の状態になり，そのときの実質賃金率で働きたいと思っているにもかかわらず，就職できない非自発的失業者が存在することになる。ケインズ・モデルでは，市場経済にはこの非自発的失業をなくすようなメカニズムは存在しない。したがって，非自発的失業をなくすためには，財政金融政策によって総需要を増やす必要がある。これによって総需要が増えれば，それに応じて国内総生産が増加し，国内総生産が増加すれば労働需要も増加して，完全雇用を達成することができる。

他方，古典派モデルでは，労働市場が不完全雇用の状態にあれば，非自発的失業者はより低い賃金でも働こうとするため，名目賃金率が低下する。これによって実質賃金率が低下するため，企業の労働需要は増加する。名目賃

図7-10 ケインズ・モデルと古典派モデルの相違点

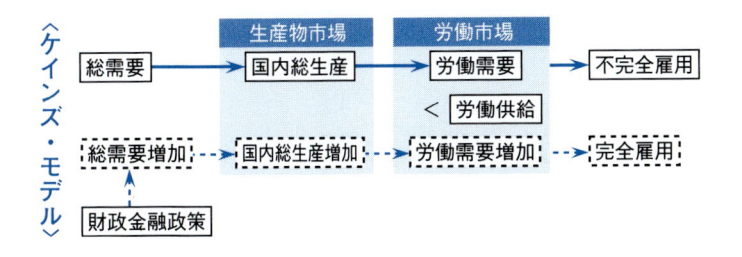

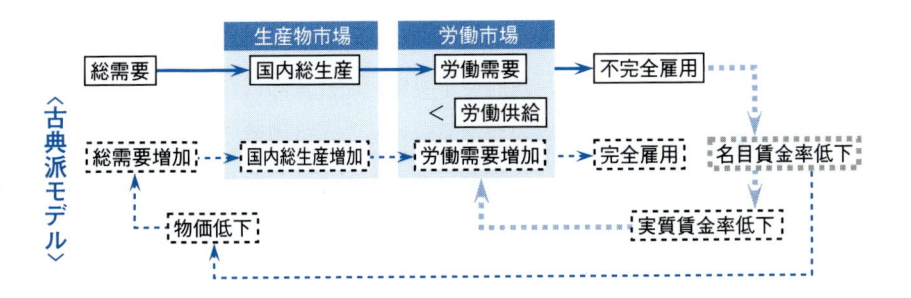

〈ケインズ・モデル〉

総需要 → 生産物市場：国内総生産 → 労働市場：労働需要 < 労働供給 → 不完全雇用

総需要増加 --→ 国内総生産増加 --→ 労働需要増加 --→ 完全雇用

財政金融政策

〈古典派モデル〉

総需要 → 生産物市場：国内総生産 → 労働市場：労働需要 < 労働供給 → 不完全雇用 --→ 名目賃金率低下

総需要増加 --→ 国内総生産増加 --→ 労働需要増加 --→ 完全雇用 ← 実質賃金率低下

物価低下

金率の低下は，同時に，総供給曲線の下方シフトによる物価の低下をもたらすため，総需要の増加(総需要曲線が右下がりであるため，図7-2参照，171頁)を引き起こす。これに応じて国内総生産が増加し，これもまた労働需要を増加させる。このようにして，非自発的失業が存在するかぎり賃金率と物価の調整が起こり，最終的には，財政金融政策の助けを借りずに完全雇用が達成される。

以上のように，非自発的失業が存在するかぎり，名目賃金率と実質賃金率の低下という賃金の調整が起こるか否かが，ケインズ・モデルと古典派モデルの基本的な相違点である。

■自然失業率仮説と金融政策

主要先進国は，1930年代の大量の失業をともなった不況が第2次世界大戦の原因になったことから，戦後は完全雇用の達成を経済政策の第一の目的

7 古典派モデルと物価が変化するケインズ・モデル

▶表7-1　主要国のインフレ率（期間平均，％）

	1968-73年	1973-79年	1981-89年	1990-2004年
日　　本	7.0	10.0	1.9	0.6
アメリカ	5.0	8.5	4.7	2.9
ド イ ツ	4.6	4.7	2.6	2.1
フランス	6.1	10.7	6.7	1.9
イギリス	7.5	15.6	6.3	3.3

（注）　インフレ率は消費者物価の対前年比。
（資料）　OECD，Economic Outlook.

とするようになった。しかし，政府や中央銀行が，実際に存在する失業が自発的失業なのか非自発的失業なのかを見分けることは困難である。そのため，戦後，政府や中央銀行は実際に失業が存在するかぎり，それを減らそうとして，拡張的な財政政策や緩和的な金融政策をとる傾向が強まった。このような傾向が強まる中，1960年代後半から70年代のなかばにかけて，主要先進国で持続的な物価上昇が続き，その上昇率も強まる傾向が生じた（表7-1参照）。この持続的な物価の上昇をインフレーション（以下では，単にインフレと略す）というが，マネタリスト（貨幣重視主義者）と呼ばれる人々は，インフレをもたらしたものは，拡張的な財政政策や緩和的な金融政策のせいであるとして，ケインズ経済学を厳しく批判するようになった。このマネタリストの考え方をマネタリズム（貨幣重視主義）という。そこでここでは，マネタリズムによって主張された自然失業率仮説について説明しておこう。マネタリズムによる自然失業率仮説とは，以下に示すように，古典派の労働市場に関する考え方に，期待（予想）の要素を導入したものである。

　図7-11で，当初，経済は E_0 にあり，物価水準は P_0 で，実質国内総生産は完全雇用の水準である y_f であるとしよう。しかし，政府や中央銀行はそのとき完全雇用が達成されているとは考えず，より雇用を増やすために金融緩和政策を採用したとしよう。金融緩和政策により名目貨幣供給量が M_0 から M_1 に増加すると，総需要曲線は D_0 から D_1 へと右にシフトする。古典

7-2 賃金の調整と古典派モデル

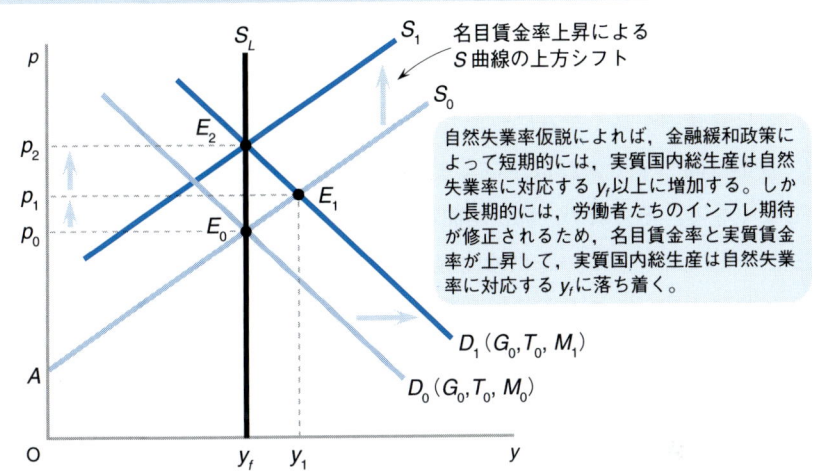

図7-11 自然失業率仮説と金融政策

名目賃金率上昇によるS曲線の上方シフト

自然失業率仮説によれば、金融緩和政策によって短期的には、実質国内総生産は自然失業率に対応するy_f以上に増加する。しかし長期的には、労働者たちのインフレ期待が修正されるため、名目賃金率と実質賃金率が上昇して、実質国内総生産は自然失業率に対応するy_fに落ち着く。

派モデルやケインズ・モデルでは、完全雇用が達成されている場合に、総需要が増大して財市場に超過供給が生ずると、物価が上昇するとともに、名目賃金率も物価と同じように上昇する。そのため、均衡点はただちにE_2に移動すると考えられている。すなわち、総供給曲線はAE_0E_2のような形状をしていると考えられているわけである。この場合には、金融緩和政策をとっても実質国内総生産はy_fで変化せず、物価がP_0からP_2へと上昇するだけである。しかし、実際には金融緩和政策によって実質国内総生産はy_1のように増大し、物価はP_2にまでは上昇しないケースがみられる。この状況をマネタリズムは期待(または予想)の要素を導入して次のように説明する。

名目貨幣供給量が増加して、総需要が増加すると、企業は総需要の増加に応じて総供給を増やそうとする。この過程で名目賃金率と物価とが上昇し始めるが、労働者たちは物価が上昇し始めていることを十分認識せず、名目賃金率がw_0から少しでも上昇すると、実質賃金率が上昇したと考えて、より長時間働こうとしたり、新たに職に就こうとするものが出てくる。そのため、雇用量と実質国内総生産はともに増加し、均衡点はE_1に移動する。しかし、やがて労働者たちは物価が上昇し(図では、P_0からP_1に上昇している)、イ

ンフレが起こっていることに気付く。労働者たちは将来もインフレが続くであろうと期待（あるいは予想）を修正して、名目賃金率をそれまで以上に引き上げて、実質賃金率を当初の E_0 のときの水準に維持しようとするようになる。名目賃金率が高くなるにつれて、企業にとっての労働費用は増加するため、企業は同じ y であれば、いままでよりも高い価格でないと供給しようとしなくなる。そのため、総供給曲線は S_0 から S_1 のように上方（または左）にシフトしていく。この総供給曲線のシフトは、総供給曲線が S_1 になったときに終了する。このとき総需要曲線 D_1 と総供給曲線 S_1 との交点は E_2 になり、実質国内総生産は完全雇用水準に戻っている。この状態では、E_0 のときと同じ労働者が同じ時間だけ働いている。E_0 のときと比べて、物価と名目賃金率は同率で上昇しているため、実質賃金率も E_0 のときと同じになる。いい換えれば、E_2 における実質賃金率が E_0 のときと同じであるからこそ、企業は E_0 のときと同じ y_f を生産しようとするわけである。完全雇用水準にもどると、名目賃金率の上昇も止まるため、労働市場も均衡に達する。このように考えると、E_1 のような状況は短期的なものであり、長期的にみれば、賃金の調整により、実質国内総生産は y_f の水準で均衡することになる。したがって、長期的には総供給曲線は y_f の水準で垂直な S_L のような直線で示される。それに対して、右上がりの S_0 や S_1 は、名目賃金率の調整が不十分な期間という意味で、**短期的な総供給曲線**である。

以上から、y_f のときに存在する失業を削減しようとするような金融緩和政策が、短期的には成功するが、長期的には、物価を P_0 から P_2 に引き上げる、つまり、インフレを引き起こすだけであって、実質国内総生産と雇用には何らの影響も与えないことになる。

マネタリズムは、完全雇用においても存在する失業者の、働く意欲のある人々に対する割合を、**自然失業率**と呼んだので、以上のモデルを自然失業率仮説という。自然失業率とは貨幣供給量の大きさといった貨幣的要因によってではなく、最低賃金法や税制や社会保障、労働市場に関する情報伝達システムといった制度的な要因によって決まってくる失業率という意味である。

このような制度的な要因によって決定される失業率は，金融政策のような貨幣的な政策によっては短期的にはともかく，長期的には引き下げることのできない失業率である。したがって，マネタリズムは金融政策によって雇用の安定をはかることは有効ではなく，単にインフレ率(物価上昇率)を引き上げるだけであると主張する。このことはまた，インフレ率を抑制して，物価の安定をはかるためには，貨幣供給量を削減するような金融引締政策が有効であることを意味する。最近の経済学界において，中央銀行の役割を雇用の安定ではなく，物価の安定とする考え方が支配的になっているのは，このようなマネタリズムの影響が少なくない。

■インフレ(率)と失業(率)のトレード・オフ ──フィリップス曲線──

図 7-11 で，貨幣供給が増加するとき，名目賃金率に変化がなければ，均衡点は E_0 から E_1 へ移動する。このことは，インフレを許容すれば，貨幣供給を増やすことによって，実質国内総生産を増やし，失業率を引き下げることができることを意味する。この場合，図 7-11 からわかるように，貨幣供給の増加率が高ければ，それだけインフレ率も高くなるが，実質国内総生産の増加率も大きくなるため，失業率の低下も大きくなる。つまり，高いインフレ率を許容すれば，失業率をより大きく引き下げることができるわけである。この関係を示したものが図 7-12 の F 曲線である。F 曲線はインフレ率が高くなるにつれて，失業率が低下することを示している。逆にいえば，失業率をより大きく引き下げるためには，インフレ率をより高く引き上げなければならないということである。F 曲線は，イギリスにおいてこの曲線の存在をはじめてデータによって示した経済学者の名をとって，フィリップス曲線と呼ばれる。フィリップス曲線は，失業率が低下すれば，インフレ率は高まることを意味しており，このとき，インフレ率と失業率の間にはトレード・オフの関係があるという。

賃金率の調整に関して，ケインズ・モデルが現実的であれば，貨幣供給の増加率を適当に選ぶことによって，たとえば，図 7-12 の π_0 のインフレ率を

7　古典派モデルと物価が変化するケインズ・モデル

図7-12　フィリップス曲線——インフレ率と失業率のトレード・オフ——

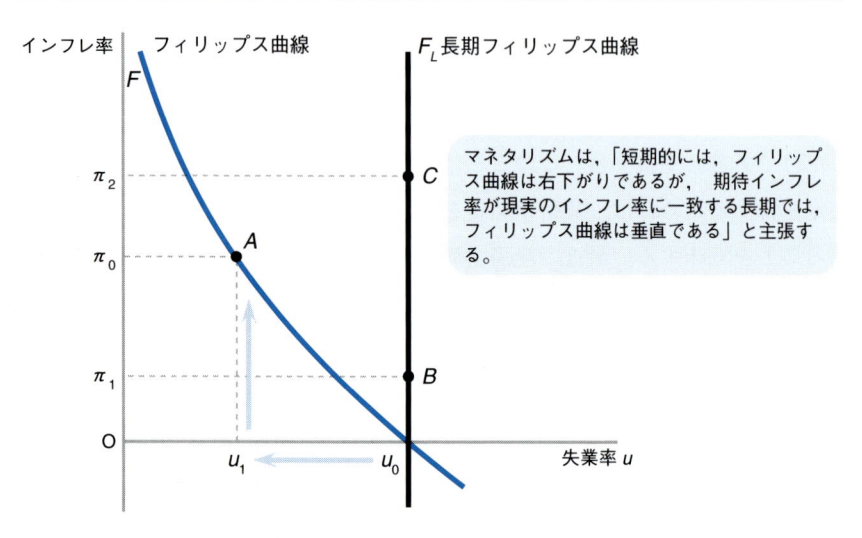

マネタリズムは，「短期的には，フィリップス曲線は右下がりであるが，期待インフレ率が現実のインフレ率に一致する長期では，フィリップス曲線は垂直である」と主張する。

我慢すれば，失業率を u_0 から u_1 に引き下げることができる。それに対して，マネタリズムは次のように主張する。すなわち，名目賃金率が一定のまま，インフレ率が π_0 になれば，実質賃金率は低下してしまうので，労働者たちは今後も π_0 のようなインフレが続くと期待を修正して，賃金交渉に臨み，名目賃金率を引き上げることによって，インフレによって低下した実質賃金率をもとの水準まで戻そうとする。実質賃金率がもとの水準に戻れば，企業はいったん増やした雇用を再びもとの水準まで減らそうとする。その結果，長期均衡では，期待インフレ率と現実のインフレ率とは一致し（両者が一致しないかぎり，期待の修正が起こり，均衡しない），名目賃金率はインフレ率と同じ率で上昇して，実質賃金率は一定になり，失業率も一定になる。そのため，フィリップス曲線は図の F_L のように，自然失業率 u_0 の水準で垂直になる。この垂直線は長期フィリップス曲線と呼ばれるが，インフレ率がこの曲線上のどの点になるかは，貨幣供給の増加率に依存して決まる。貨幣供給増加率が低ければ，経済は点 B のような状態になり，インフレ率は π_1 のように低くなるが，貨幣供給増加率が高ければ，経済は点 C のような状

態になり，インフレ率は π_2 のように高くなる。

　以上から，ケインズ・モデルが現実的で，曲線 F のように，フィリップス曲線が長期的にも右下がりであれば，インフレを我慢すれば，失業率を引き下げることができる。それに対して，マネタリズムによって修正された古典派モデルが現実的であれば，フィリップス曲線は長期では自然失業率 u_0 の水準で垂直になってしまうため，貨幣供給量の増加率を高めるような金融緩和政策をとっても，長期的には，失業率を引き下げることはできず，高いインフレを招くだけに終わってしまう。

check point 7.2

● キーワード

賃金の下方硬直性　　相対賃金仮説　　労働組合仮説　　ニュー・ケインジアン　　暗黙の契約仮説　　効率賃金仮説　　インサイダー・アウトサイダー仮説　　マネタリズム（貨幣重視主義）　　マネタリスト（貨幣重視主義者）　　フィリップス曲線　　インフレと失業のトレード・オフ　　自然失業率仮説　　短期的な総供給曲線

● 7-2節 練習問題

1．次の語句を400字以内で説明しなさい。

（1）　相対賃金仮説　　　　　　（2）　労働組合仮説
（3）　暗黙の契約仮説　　　　　（4）　効率賃金仮説
（5）　インサイダー・アウトサイダー仮説

2．当初，非自発的失業が存在するとして，その後に起こりうる調整について，（1）ケインズ・モデルと（2）古典派モデルとでは，どのような違いがあるかを，総供給曲線と総需要曲線を用いて説明せよ。

3．自然失業率仮説によれば，金融緩和政策は一時的に雇用を増やす効果があっても，長期的には雇用を増やす効果はなく，単に物価を上昇させるだけであるという。このことを総供給曲線と総需要曲線とを用いて説明せよ。

7-3 主要先進国の失業率とインフレ率

■主要先進国のインフレ率と失業率の推移

　それでは，実際には，ケインズ・モデルと古典派モデルのいずれが現実のマクロ経済の動きをよりよく説明するであろうか。この点については，多くの実証研究があるが，いまだに，決着はついていないといえよう。ここでは，厳密な実証研究の結果を紹介し，その結果を検討する余裕はないので，それにかえて，先進主要国のインフレ率と失業率を比較することによって，各国のマクロ経済の大まかな傾向を比較しておこう。

　各国の中央銀行は 70 年代半ば以降，貨幣供給増加率を抑制する方向で金融政策を運営するようになった。その結果，表 7-1 (188 頁) に示されているように，1981 年～2004 年のインフレ率は，1968 年～79 年よりも低下した。とくに，1990 年から 2004 年にかけてのインフレ率の低下は際立っている。それでは，こうしてインフレ率が低下する過程で，失業率はどのように変化したであろうか。

　図 7-13 は，70 年代以降の主要国の失業率を示したものである。この図から，日本とアメリカとヨーロッパ諸国とでは，失業率の動きが異なっていることがわかる。

　日本では，1990 年代前半まで，失業率は他の主要国に比べて著しく低く，1～3％程度であった。他方，アメリカでは，失業率は趨勢的に低下傾向を示しながら，景気循環とともに変動している。80 年代初めに 9.7％に達した失業率は，80 年代後半から 2004 年にかけては 5～6％前後で景気の良し悪しを反映して循環的に変動している。

　それに対してヨーロッパ諸国では，93 年以降のイギリスを除いて，失業率は趨勢的に上昇する傾向がみられ，70 年代後半以降，その上昇率は加速し，90 年代後半以降は 8～9％で高止まりしている。

7-3 主要先進国の失業率とインフレ率

図7-13 主要国の失業率の推移

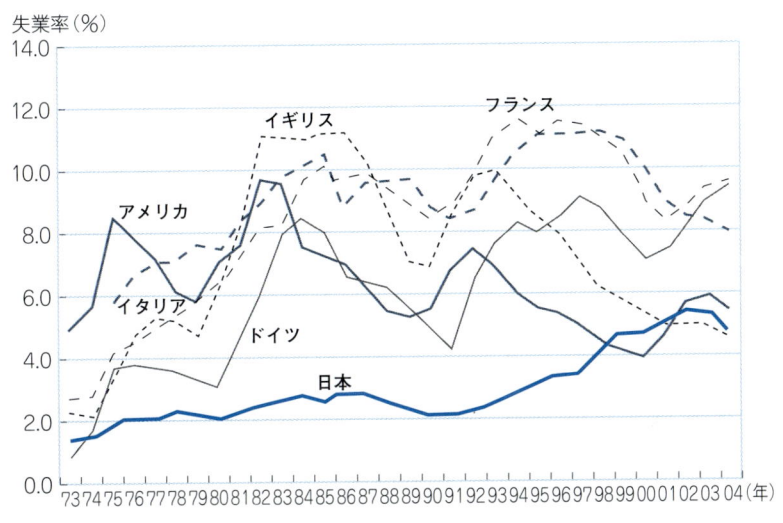

（資料） OECD, Economic Outlook.

　日本の失業率が90年代前半まで，欧米主要国に比べて著しく低かった理由としては，次のような点が指摘される。第1に，日本ではほかの国に比べて，名目賃金率が景気や企業業績を反映して伸縮的に変化するため，実質賃金率も労働市場の需給を反映して伸縮的に変化するという点が挙げられる。

　日本の賃金率が伸縮的である理由としては，第1に，日本の企業が終身雇用制の下に，一般の従業員の中から経営陣が選ばれるというように，従業員と企業とが一体的であり，労使関係がほかの諸国に比べてきわめて友好的である点が挙げられる。このため，従業員は企業業績を上回るような賃金を要求することによって，企業の長期的存続が危うくなるようなことはしない。第2に，日本にはボーナス制度が存在し，景気や企業業績に応じて賃金率を調整する上で重要な役割を担っている。

　以上の理由から，90年代前半までの日本の賃金率の調整については，古典派モデルの現実妥当性が高かった。しかし，90年代後半以降はその妥当性が薄れてきている。この点については，7-4節で説明する。

7　古典派モデルと物価が変化するケインズ・モデル

　それでは，90年代半ば以降のイギリスを除き，ヨーロッパ諸国の失業率が高いのはなぜであろうか。最近の研究によると，ヨーロッパ諸国で，次々に導入された労働市場政策や社会政策の措置や慣行が，経済の適応力を弱め，時には社会に適応しようとする意思までをも弱めた結果，失業率の上昇を招いたといわれる。たとえば，企業は社会政策支出の資金として，雇用の際に社会保障税を負担する。この社会保障税は実質賃金の一部である。したがって，実際に支払われる賃金が企業の社会保障税負担分だけ低下しなければ，企業の労働需要は減少し，失業は増加するであろう。ヨーロッパの企業は概してこの社会保障負担が大きい。

　しかし，名目賃金率が企業の社会保障税分だけ低下すれば，社会保障税は企業の雇用に対して中立的になる。したがって，ヨーロッパ諸国では概して，名目賃金率が下方に硬直的で，社会保障税分だけ低下しないために，実質賃金率が労働市場を均衡させる水準よりも高くなってしまうことが，失業率の上昇を招いていることになる。この意味で，ヨーロッパ諸国においては，ニュー・ケインジアンが主張するような賃金の下方硬直性が失業率を上昇させた要因の一つといえるであろう。

　しかし，ヨーロッパ諸国の失業率が高い理由としては，賃金の下方硬直性だけではなく，自然失業率を高めていると思われる制度や慣行の存在が挙げられる。第1は最低賃金制である。最低賃金制とは企業にとってそれ以下の賃金では雇ってはならないという法律である。ヨーロッパ諸国では，この制度が低賃金でも働きたいと考える若年労働者や未熟年労働者の雇用を奪っているといわれる。

　第2に，企業にとって厳しい雇用保護法の存在が挙げられる。この法律は，従業員を解雇するために要する費用を引き上げることによって，企業に解雇を思いとどまらせることを目的としている。しかし企業は解雇が難しければ，新規に雇用しようとする意欲を失う。その結果，一方で，長期失業率が高くなり，他方で，企業が自社の労働力を弾力的に調整しようとするため，臨時雇いなどの「非正規」従業員の雇用が増加している。

第3に，団体交渉による労働協約が本来の交渉当事者以外の企業や地域にまで適用される，という法的または行政的規定が広く実施されている。このため，ある団体で労働者たちが獲得した強い権利がほかの企業やほかの地域にも適用される。これは，一方で，内部労働者の権利を守るように作用するが，他方では，企業の雇用意欲を阻害する要因になる。

第4に，戦後一貫して，失業保険給付が失業者に有利に改善されてきた点が挙げられる。高い失業保険金は失業者が職に就く意欲を失わせ，失業期間の長期化をもたらす要因になる。

以上のように，ヨーロッパ諸国の失業率が高い原因としては，法制度や慣行のために自然失業率が高いことと，賃金率が労働市場の需要と供給を反映して伸縮的に変化しないことの2点が考えられる。前者の失業率上昇要因は古典派モデルが強調するものであるのに対して，後者はケインズ・モデルが強調するものである。

ドイツ・フランス・イタリアなどのヨーロッパ諸国の失業率が高止まりする中で，93年以降，イギリスの失業率は着実に低下した。93年に10％だった失業率は，2004年には半分以下の4.6％まで低下している。こうした低下をもたらした要因は，安定的な経済成長の下での非自発的失業の減少と，労働供給面での制度的な改革等による自然失業率の低下である。労働供給面での変化の第一は，労働組合の組織率の低下や労働法の改正によって，労働者の賃金交渉力が弱体化したことである。その他の労働供給側の要因としては，雇用保険の受給資格の厳格化，社会保障税の引き下げ，失業者に対する職業訓練などが挙げられる。

次に，ヨーロッパ諸国とは対照的に，アメリカでは，労働者を保護する労働市場政策や社会政策はそれほど広範には実施されてこなかった。そのため，未熟練労働者は社会政策による支援に頼ることができず，低賃金の職に就くしかなかった。90年代に入ってアメリカの失業率は低下したが，その一因として，90年代に入って多くの低賃金職が生まれたことが挙げられる。

他方，ヨーロッパでは，最低賃金制や雇用保護規定により，アメリカのよ

うな低賃金職は社会的に認められていないため，未熟練労働者は社会政策による支援を受けつつ，失業という道を選ばざるを得なかった。以上のアメリカとヨーロッパの相違は，社会的な制度・慣行の相違が自然失業率の相違をもたらすという意味で，古典派モデルの現実妥当性を示しているといえよう。

■主要国のフィリップス曲線

図 7-14-1～図 7-14-4 は，主要国のフィリップス曲線を示したものである。図 7-14-1 は，日本については，1973 年から 2004 年にかけて，右下がりのフィリップス曲線が存在したことを示している。これによると，日本では，インフレ率を 4 ％程度まで高めると，失業率を 2 ％台前半まで引き下げることが可能である。図 7-14-4 (201 頁) は，イギリスでも，1975 年から 92 年にかけて，右下がりのフィリップス曲線が存在し，インフレ率を引き上げれば，失業率を引き下げることが可能であったことを示している。

次に，アメリカ(図 7-14-2)とドイツ(図 7-14-3)については，はっきりした右下がりのフィリップス曲線は観察されない。アメリカでは，フィリップス曲線はインフレ率が高まるにつれて右上方にシフトしている。これはインフレ率が高くなるにつれて，さらに一層インフレ率を引き上げなければ，失業率を低下させることできないことを示している。それに対して，90 年代半ば以降，インフレ率が 2 ～ 3 ％で安定するにつれて，失業率も 5 ％程度で安定している。この 5 ％前後がアメリカの自然失業率であると推測される。

一方，ドイツは 90 年代以降，自然失業率が 73 年～80 年よりも倍以上上昇しているようである。その要因としては，90 年の東西ドイツの統合により，旧東ドイツからの労働人口が急増し，旧西ドイツの手厚い労働保護により旧東ドイツの労働者の中で自然失業者になる者が増えたことが挙げられるであろう。東西統一後のドイツでは，インフレ率は平均 1.3 ％と低く，99 年と 2000 年には 0.6 ％まで低下した。こうした低すぎるインフレ率が名目賃金の下方硬直性とあいまって，失業率を自然失業率以上に引き上げた要因であると考えられる。

7-3 主要先進国の失業率とインフレ率

図7-14-1 日本のフィリップス曲線（1973-2004年）

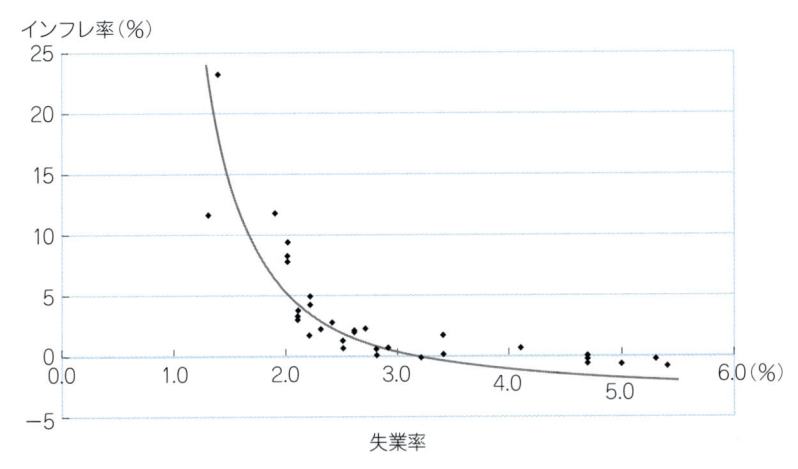

（資料） OECD, Economic Outlook.

図7-14-2 アメリカのフィリップス曲線（1960-2004年）

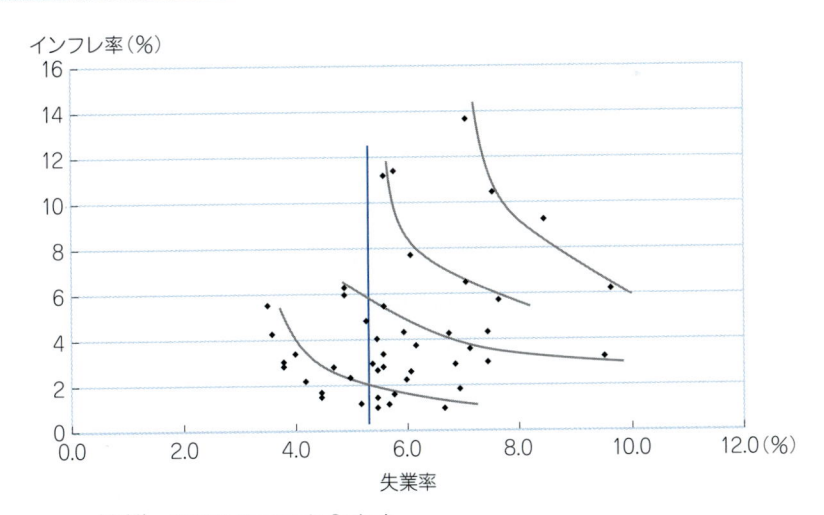

（資料） OECD, Economic Outlook.

199

7 古典派モデルと物価が変化するケインズ・モデル

図7 14-3　ドイツのフィリップス曲線（1973-2004年）

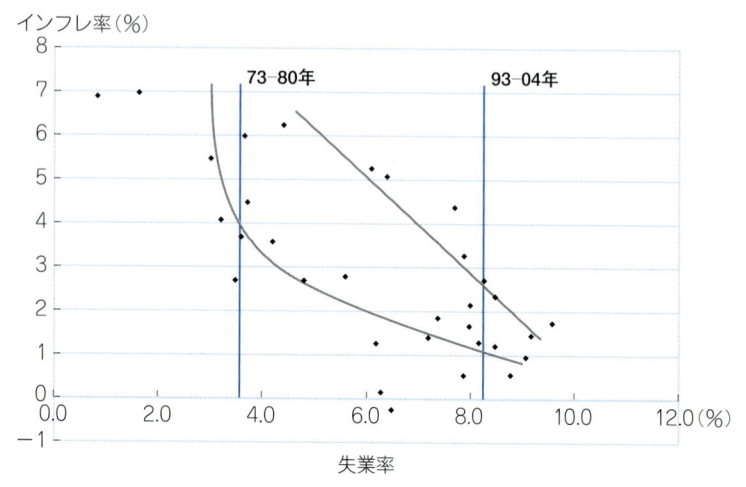

（資料）　OECD, Economic Outlook.

　上で，イギリスでは1975年〜92年にかけて右下がりのフィリップス曲線が観察されると述べたが，1994年〜2004年にかけては，右下がりのフィリップス曲線は観察されない（図7-14-4の94-04年）。図7-15は，1994年〜2004年にかけてのイギリスの実質成長率とインフレ率および失業率の推移を示したものである。この期間，失業率は一貫して低下しているのに対して，インフレ率は2〜3％の範囲で安定的に推移し，実質成長率も2〜4％の範囲で比較的安定的に推移している。すなわち，この期間，イギリスでは，右下がりのフィリップス曲線の関係は消滅し，2〜3％の安定したインフレの下で，失業率が着実に低下してきたのである。このインフレ率が2〜3％で安定すると，失業率が低下することは，アメリカの90年代半ば〜2004年にかけても当てはまる。

　そこで，この2〜3％程度の安定的なインフレと失業率および成長率の関係について，次節で，日本のデフレを検討した後で，考えてみよう。

7-3　主要先進国の失業率とインフレ率

図7-14-4　イギリスのフィリップス曲線

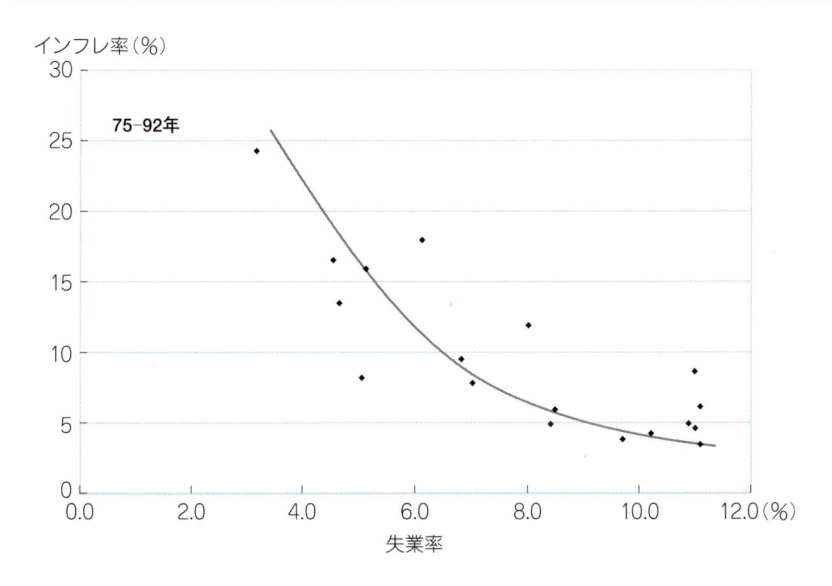

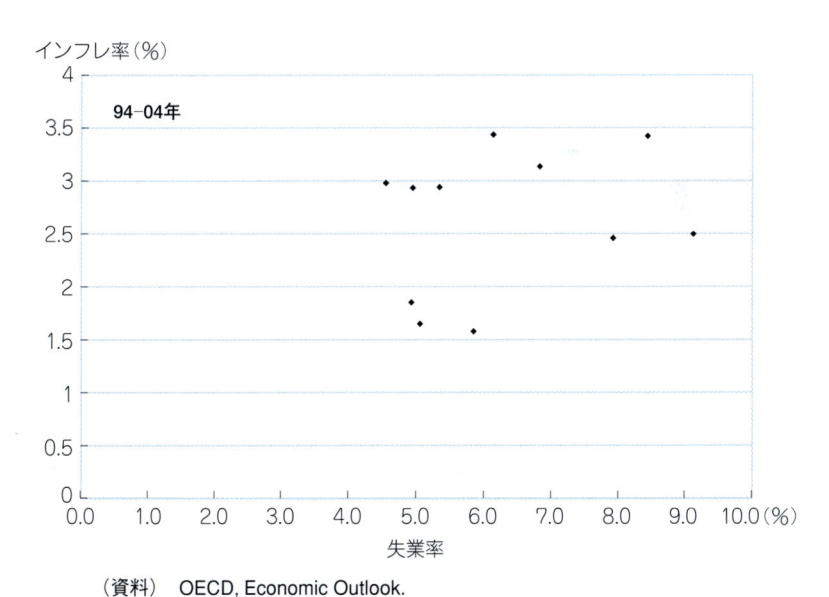

インフレ率（％）

75-92年

失業率

インフレ率（％）

94-04年

失業率

（資料）　OECD, Economic Outlook.

7 古典派モデルと物価が変化するケインズ・モデル

図7-15 イギリスのマクロ経済変数の推移（1993–2004年）

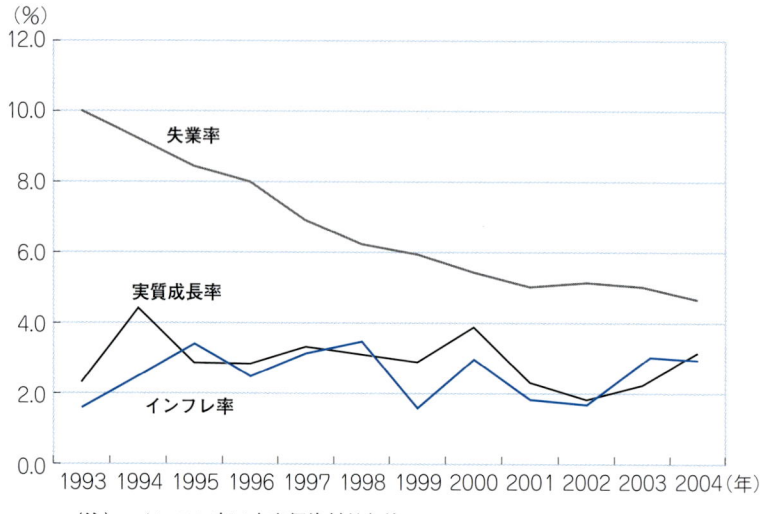

（注） インフレ率は小売価格対前年比。
（資料） OECD, Economic Outlook.

— check point 7.3

● キーワード

社会保障税　最低賃金制　雇用保護法　団体交渉による労働協約
失業保険

● 7-3節 練習問題

1. 80年代から2000年代のはじめに，日本をはじめとする先進主要国におけるインフレ率が60年代から70年代の終わりよりも低下したのはなぜか。

2. 1980年代まで日本の失業率が欧米主要先進国に比べて著しく低かった理由として考えられるものをあげよ。

3. ヨーロッパ諸国の失業率は日本や米国よりも高くなる傾向がみられるが，その理由として考えられるものをあげよ。

☐ 7-4 デフレーションと失業 ☐

■90年代半ばからの日本のデフレと失業率の上昇

　上では，インフレと失業の関係を調べたが，日本では，1998年から2005年9月（本書第2版執筆時点）まで，消費者物価が持続的に低下するというデフレーション（以下，デフレと略す）が起きた（図7-16）。国内総生産(GDP)の価格を示すGDPデフレーターでみると，デフレはすでに94年第4四半期に始まっている。

　日本の失業率は90年頃までは2％台で低かったが，93年から上昇し始め，95年には3％台になった。失業率はそれ以後も上昇し続け，GDPデフレーターだけでなく，消費者物価で見てもデフレになった98年以降は，その上昇のスピードは加速し，2001年半ば以降は5％台になった。90年代の初めまで，日本は欧米に比べて失業率が極めて低いという意味で，雇用の優等生といわれたが，デフレになるに連れて，もはや雇用の優等生ではなくなってしまったのである。

■失業率はなぜ上昇したのか

　それでは，なぜ失業率は90年代半ば以降，大幅に上昇したのであろうか。その理由としては，以下が考えられる。

　第1は，7-3節で，日本では，名目賃金率は比較的伸縮的であると述べたが，インフレ率が低下し，デフレになるにつれて，日本でも，企業業績の悪化と失業率の上昇にもかかわらず，正社員の名目賃金率が下方に硬直的になったことが挙げられる。デフレで，物価が下がるときに，名目賃金率が物価ほどには下がらなければ，企業にとっての雇用費用である実質賃金率は上昇する。その結果，労働市場は超過供給になり，失業率は上昇する。

　第2は，デフレ下の名目利子率の下方硬直性である。4-2節では，投資は

7 古典派モデルと物価が変化するケインズ・モデル

図7-16 日本のデフレと失業

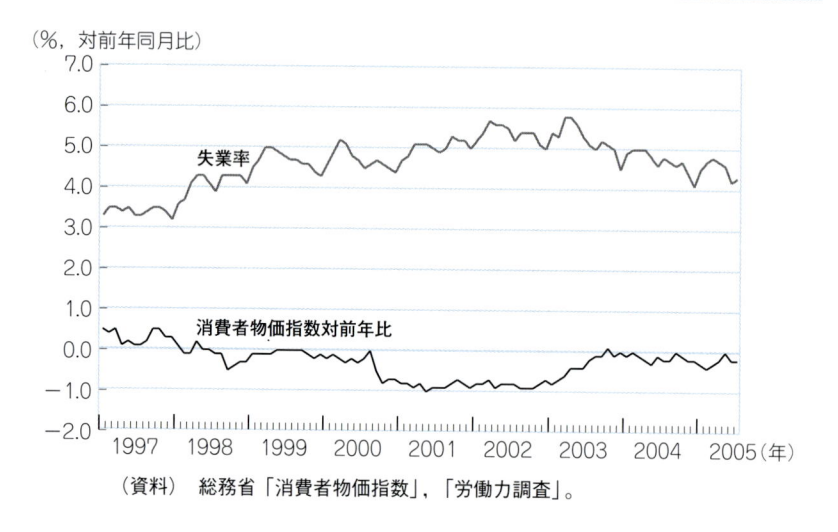

（資料） 総務省「消費者物価指数」,「労働力調査」。

利子率の減少関数であると述べたが，将来，物価が変化すると予想される場合には，投資は予想実質利子率の減少関数であると考えられる。予想実質利子率とは名目利子率から予想インフレ率を引いたものである。これを式で示すと，次のようになる。

$$予想実質利子率 = 名目利子率 - 予想インフレ率 \qquad (7\text{-}1)$$

デフレが定着すると，人々は将来もデフレが続くと予想するようになる。デフレはインフレ率がマイナスであることを意味するから，デフレが予想されるときには，(7-1)の右辺の予想インフレ率はマイナスになる。(7-1)から，名目利子率が変わらなければ，予想インフレ率がプラスからマイナスに変化すると，予想実質利子率は上昇することがわかる。投資の期待収益率(100ページ参照)が変化せずに，予想実質利子率だけが上昇すれば，投資は減少するであろう。たとえば，投資の期待収益率と名目利子率が一定で，予想インフレ率だけがプラスからマイナスに変化したとしよう。予想インフレ率がマイナスになって，将来，消費者物価が低下し続けると予想される状況では，企業は自社製品の価格も低下し続けると予想するであろう。この場合には，

7-4 デフレーションと失業

設備を拡張して生産能力を高めても，生産能力が高まった頃には，自社製品価格が低下しているため，投資を有利にするほどの利益は得られない。そのため，投資は減少すると考えられる。

予想インフレ率がマイナスになっても，同時に，名目利子率が十分下がれば，予想実質利子率は上昇しないから，投資も減少しないであろう。しかし，デフレになるにつれて，名目利子率は下がりにくくなる。日本では，1999年2月から2000年8月までのゼロ金利政策や2001年3月以降の量的緩和政策と呼ばれる金融緩和政策の下で，2005年9月(本書第2版執筆時点)まで，短期名目利子率(満期が1年以下の貸し出しや債券の利子率)はほぼゼロまで低下した。

しかし，名目利子率はゼロ以下にはならない。仮に，お金を貸したときに，名目利子率がゼロ以下，すなわちマイナスであれば，貸し手は借り手に利子を支払わなければならない。その場合には，お金を貸さずに，現金(現金の名目利子率はゼロである)でもっていたほうが有利である。したがって，ゼロ以下の名目利子率でお金を貸す人はいないから，名目利子率はゼロを下限として，下方硬直的になる。

投資の中でも，設備投資(設備投資は在庫投資よりも国内総生産に大きな影響を及ぼす)に影響する予想実質利子率は，短期ではなく，長期(満期が1年を超える貸し出しや債券)の予想実質利子率(長期予想実質利子率)である。それは，設備は10年とか30年というように，耐用年数が長く，長期にわたって企業利益に寄与する資本だからである。長期名目利子率は現在から将来にかけて予想される毎年の短期名目利子率の平均値に等しくなる傾向がある。したがって，長期にわたって，名目短期利子率が低水準にとどまると予想されない限り，長期名目利子率の低下には限度がある。そのため，デフレ下で，金融緩和政策により，短期名目利子率がほぼゼロまで下がっても，長期名目利子率はある水準以下には下がりにくくなる。

金融を緩和しても，長期名目利子率がある水準以下には下がらなくなる状況を，「流動性のワナ」という。ここに，流動性とはマネーのことを指して

205

いる。つまり，「流動性のワナ」とは，金融緩和政策によりマネーサプライを増やしても，企業や家計が増えたマネー(すなわち，流動性)をそのまま保有してしまい，そのマネーで債券などの利子付き金融資産を買おうとしないため，名目利子率が下がらないという意味である。

(5-2)式(120ページ)の債券利子率の定義からわかるように，人々が増えたマネーで債券を買おうとしなければ，(5-2)の右辺の分母である債券価格 P は変化しない。債券価格が変化しなければ，左辺の債券の名目利子率は低下せず一定のままである。このようにして，経済が「流動性のワナ」に陥ると，長期名目利子率は下がらなくなる。(7-1)の予想実質利子率を長期予想実質利子率に，名目利子率を長期名目利子率に，それぞれ置き換えれば分かるように，長期名目利子率が下がらなくなるときに，デフレが生じた結果，予想インフレ率がマイナスになれば，長期予想実質利子率は上昇する。そのため，投資が減少すると，国内総生産と雇用も減少し，失業率は上昇する。

以上のメカニズムを通じて，図 7-16 のように，消費者物価の対前年同月比がマイナス(すなわち，デフレ)になるにつれて，失業率は 4％後半から 5％前半まで上昇したと考えられる。

■バランス・シートの悪化による投資の減少

90年代半ば以降，失業率が大幅に上昇した第3の要因は，資産価格の長期下落による企業のバランス・シートの大幅な悪化と，バランス・シートの悪化を原因とする投資の減少である。このバランス・シート(資産と債務の構成を表す貸借対照表)と投資の関係は，これまで説明してきた古典派モデルやケインズ・モデルでは考慮されていない国内総生産と雇用の決定要因である。

日本では，1980年代半ば以降に，株価と地価の高騰が起きた。この資産価格の高騰はバブルと呼ばれるが，バブルは90年代に入って崩壊し，株価と地価はともに暴落した。その後，日本経済はデフレに陥ったため，財・サービス価格の低下により企業の名目売上高は減少し，それに伴って足元の企

業の名目利益が減少しただけでなく，将来の名目利益の減少も予想されるようになった。株価は将来の企業の名目利益を反映するから，企業の名目利益の減少が予想されれば，株価は下落する。

デフレが続けば，将来の名目地代も低下すると予想されるようになる。地価は将来の名目地代を反映するから，名目地代の低下が予想されれば，地価も下落する。そのため，バブル崩壊後も，長期にわたって，株価も地価も下落が続いた。これを資産デフレという。この資産デフレのため，企業が所有している土地と株式の価値が大きく減少し，その結果，企業の資産価値も大きく減少した。

一方，日本の非製造業は 80 年代後半に，地価が大きく上昇したため，土地を担保に借り入れ(借り入れを負債または債務という)を急拡大させた。負債の名目価値は貸し手が債権放棄(借金の棒引きのこと)でもしてくれない限り，デフレ下でも変化しない。資産デフレで，企業の名目資産価値が減少する一方，企業の名目負債価値は変わらなかったから，企業の名目資産価値から名目負債価値を差し引いた名目純資産価値は大きく減少した。これを企業のバランス・シートの悪化という。以下では，煩雑さを避けるために，誤解の恐れがない限り，名目負債価値などの「名目」は省略する。

純資産価値の大きな借り手に対しては，貸し手は借り手の土地などの資産を担保にとって貸し出せば，借り手が借金を返済できなくなっても，担保に取った土地を売って貸出金を回収できる。一方，価値の高い土地などの担保をもっていない純資産価値の小さな企業に対しては，貸し手は債務不履行(借り手が借金を返済できなくなること)のリスクが大きいため，貸し出しに慎重になる。したがって，純資産価値の小さな企業は設備投資のための資金を借りることが難しくなる。そのため，資産デフレで純資産価値の小さな企業が増えるにつれて，投資は減少した。

また，純資産価値が小さい企業が借金を増やせば，借金を返せなくなったときの倒産のリスクが高まる。そのため，純資産価値が小さい企業は新たに借金して投資するよりも，売り上げ収入を優先的に既存の借金の返済に回し，

投資には使わなくなる。

　以上のようにして，デフレが原因で起きた資産デフレによる企業のバランス・シートの悪化は，投資の減少をもたらした。投資が減少すれば，国内総生産も雇用も減少するから，失業率は上昇する。これが，消費者物価の下落と失業率の上昇という関係をもたらした第3の要因である。

■ 穏やかなインフレと経済成長

　7-3節で，イギリスやアメリカでは，1993年頃からインフレ率が2～3％で安定するにつれて，失業率が着実に低下してきたことを述べた。図7-17は，1993年～2004年にかけての，各国の平均インフレ率と平均実質成長率の組合せを示したものである。第1グループは，平均インフレ率は1.7％～2.5％の範囲に，平均実質成長率は2.9％～3.8％の範囲に，それぞれ収まっている。これらの国は穏やかなインフレの下で高い成長率を達成してきた国である。第1グループのうちでアメリカを除く国は，この期間に，金融政策としてインフレ目標政策を採用してきた。インフレ目標値は国ごとに異なるが，1％～3％の間に設定されている。インフレ目標政策は中期的(1年半から2年程度の間)にインフレ率を目標の範囲に収めようとする政策であるが，短期的には，外的なショック(石油ショックなど)によって生産量が落ち込むことを防ぐために，実際のインフレ率がこの目標の範囲を超えることを許容する。このようなインフレ目標政策は伸縮的インフレ目標政策と呼ばれる。

　一方，アメリカでは，インフレ目標政策は採用されなかったが，アラン・グリーンスパン米国連邦準備制度理事会議長(1987年8月に就任)の下での金融政策は，インフレ率を2.5％前後に安定させるものであり，1993年～2004年にかけての平均インフレ率は2.5％である。

　第1グループは2％前後の安定的なインフレの下で，他の主要国に比べて高い成長を達成してきた。これらの国は，1970年代の終わりから規制緩和や国営企業の民営化などの構造改革を進めてきた。イギリスのサッチャー改

7-4 デフレーションと失業

図7-17 インフレ率と実質成長率（1993-2004年平均）

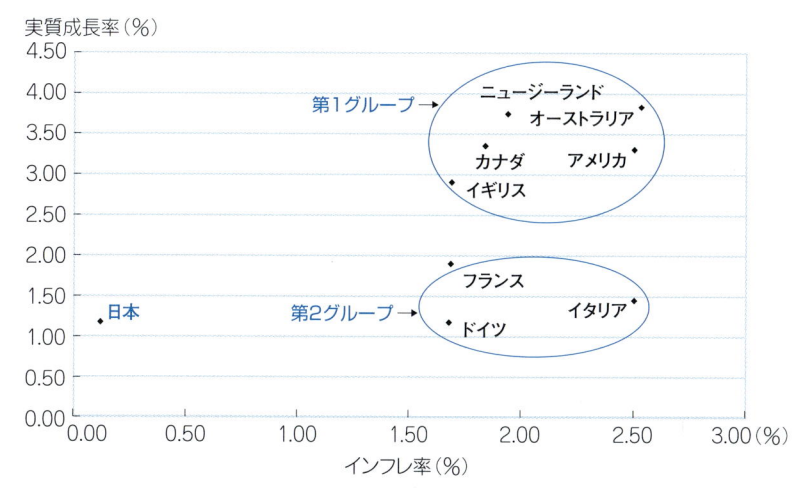

（注） イギリスのインフレ率はharmonized index of consumer prices（HICP）で，図7-15の小売価格指数で計ったインフレ率よりも低くなる傾向がある。
（資料） OECD, Economic Outlook.

革，アメリカのレーガン改革(レーガノミックスと呼ばれた)，オーストラリアのミクロ経済改革などが代表的である。しかし，これらの構造改革によって潜在的な成長率は上昇したものの，インフレが高くかつ安定しなかったため，実際の成長率はほとんど上昇しなかった。ところが，1993年頃からインフレ目標政策を採用したり，アメリカのようにインフレ率を2.5％前後に安定させる政策に転じたところ，それまでの構造改革の成果が実り，実際の成長率はどの国も80年代よりも上昇し，失業率も年々着実に低下した。

他方，第2グループの三つの国はEUの代表的な国である。これらの国のインフレ率はほぼ第1グループと同じであるが，成長率は第1グループよりも低い。第2グループの成長率が第1グループよりも低いのは，7-3節で述べたように，労働市場が硬直的なため，労働生産性が低いためであると考えられる。

209

7 古典派モデルと物価が変化するケインズ・モデル

　最後に，日本であるが，90年代の始めから資産デフレに陥り，その後は一般物価の持続的下落というデフレに陥ったため，失業率は上昇し，1993年〜2004年の平均成長率は1.2％にとどまった。80年代の成長率が約4％であったから，ほぼ93年以降80年代の四分の一に低下したわけである。日本でも，80年代の始めから規制緩和や国営企業の民営化などの構造改革が進んだが，資産デフレとデフレの下では，こうした構造改革による生産性の向上を**実際の成長率の上昇**に結びつけることはできなかったのである。

　以上の90年以降の主要国の経験は，規制緩和や国営企業の民営化などの構造改革によって潜在的な成長率を高める政策は重要であるが，インフレ率が2〜3％程度で安定することが，そうした潜在成長率の上昇を実際の成長率に結びつけるために有効であることを示している。

■ ま と め

　マクロ経済学には大きく分けて，ケインズ・モデルと古典派モデルとがある。1970年代以降最近まで，二つのモデルについてはそれぞれ精緻化が試みられてきた。

　ケインズ・モデルの精緻化としては，7-1節で触れたようなニュー・ケインジアンによる，経済主体の合理的な行動から賃金の下方硬直性や財・サービスの価格の硬直性を説明しようとする試みがある。それに対して，マネタリズムは古典派モデルに期待（または，予想）の役割を導入して，拡張を試みている。マネタリズムによれば，財政金融政策は短期的には実質国内総生産や雇用といった実物面に影響を与えるが，長期的には実物面に対して中立的であり，物価，名目賃金率，名目利子率といった名目的な変数に影響を与えるだけである。

　その後，マネタリズムの期待の役割を重視する考え方は，**合理的期待形成仮説**を生み出した。この仮説によると，経済主体は財政政策や金融政策の影響を合理的に予想するため，予想された財政金融政策は短期的にも実物的な変数（実質国内総生産や雇用）に影響を及ぼさないという。さらに，この延長

7-4 デフレーションと失業

線上に，景気循環は総需要の変動によってではなく，技術進歩といった総供給面での変化によって引き起こされるという**実物的景気循環理論**(リアル・ビジネスサイクル仮説)が生まれている。これも伸縮的な価格調整による市場均衡の達成と合理的期待形成を前提としており，古典派モデルの拡張であり，**新古典派モデル**と呼ばれている。

以上からわかるように，マクロ経済学の考え方を分ける基本的な点は，われわれの経済において，**価格，とくに名目賃金や名目利子率が需要と供給を反映して伸縮的に変化するかどうか**という点である。価格は需要と供給を完全に調整するように伸縮的には変化しないと考える立場がケインズ・モデル(ニュー・ケインジアンを含む)であり，伸縮的であると考える立場が古典派モデルや新古典派モデルである。現在の経済学界でいずれが支配的かは断定できないが，**短期的にはケインズ・モデルが妥当するが，長期的には新古典派モデルが妥当する**と考える経済学者が多いといってよいであろう。

ここで短期的とは，何らかの変化が生じたときに賃金などの価格の調整が終了する以前の状況をいい，長期とはある変化がおこったときに，賃金などの価格を含めてすべての調整が終了するような期間をいう。短期や長期が，現実にどのくらいの期間であるかは，各国経済ごとに，また，同じ国でも時期によって異なる。賃金やその他の価格の調整が緩慢な経済においては，短期といってもかなり長い期間になる。したがって，そのような経済では，雇用の安定のために財政金融政策の重要度が増すといえるであろう。

戦後のマクロ経済学の主要問題はインフレと失業であったが，1990年代半ばから2005年(本書第2版執筆時点)にかけて，すでに過去のものになったと思われていたデフレが，日本で起き，成長率の低下と失業率の上昇という経済停滞が10年以上にもわたって続いた。この日本の長期にわたるデフレと経済停滞の経験は，価格の下方硬直性に注目するケインズ・モデルやそのモデルの修正・拡張版であるニュー・ケインジアン・モデルの現実妥当性を支持する現象と考えられる。

また，1993年〜2004年にかけての各国の金融政策の経験は，インフレ率

7 古典派モデルと物価が変化するケインズ・モデル

を2～3％程度の範囲に中期的に収めるインフレ目標政策は，安定的な成長と失業率の引き下げに有効であることを示している。

———— check point 7.4

● キーワード

> デフレーション（デフレ）　流動性のワナ　予想実質利子率　資産デフレ　バランス・シート　インフレ目標政策（インフレ・ターゲット）　合理的期待形成仮説　実質的景気循環理論（リアル・ビジネスサイクル仮説）　新古典派モデル

● 7-4節 練習問題

1．日本の失業率が1990年代半ば以降大幅に上昇した理由を述べよ。

2．インフレ目標政策とはどんな政策か。その政策を採用した国を挙げ，その政策採用後のインフレ率と成長率の関係について述べよ。

第 8 章

経常収支は
どのようにして決まるか

　第7章では，貿易の存在を無視して，物価が変化する場合のケインズ・モデルを説明し，古典派モデルと比較した。この章では，貿易の存在を考慮して，貿易収支や経常収支はどのような要因によって変化するかを説明しよう。

8 経常収支はどのようにして決まるか

8-1　為替レートと輸出・輸入

■為替レートとは

　この節では，輸出と輸入は為替レートの変化によってどのように変化するかを説明する。**為替レート**とは異なる国の通貨の交換比率をいう。たとえば，1ドルが120円であることは，日本円で1ドルを購入するためには120円が必要であることを意味する。これは，1ドルの価値を日本円で測ったものにほかならない。外国通貨の価値を日本円で測った比率を，**邦貨建て為替レート**，あるいは，**円建て為替レート**という。それに対して，1円の価値を米国ドル通貨で表すこともできる。1ドルが120円であれば，1円をドルで測った価値は，1ドルを120円で割ることによって求められ，約0.0083ドルになる。すなわち，1ドルが120円であれば，1円は約0.0083ドルになる。このように日本円の価値を外国通貨で測った比率を，**外貨建て為替レート**という。上の例では，外国通貨は米国ドルであったから，米国ドル建ての為替レートということになる。

　為替レートは戦後しばらくの間固定されていたが(これを**固定為替相場制**という)，70年代の初め以降，多くの国で変動相場制が採用されるようになった。**変動為替相場制**とは，為替レートが各国通貨の需要と供給の関係に応じて，日々変動する制度をいう。たとえば，円建ての円・ドルレートが1ドル120円から1ドル100円に変化したとしよう。これは日本円で測った1ドルの価値が，120円から100円に低下することであるので，ドルが円に対して安くなったことを意味する。そこでこの変化を**ドル安**という。1ドルが100円であれば，1円は0.01ドルになる。したがって，1ドルが120円から100円になれば，1円は0.0083ドルから0.01ドルへと高くなる。円のドルで測った価値が高くなることを，**円高**という。したがって，ドル安は円からみれば円高になる。

図 8-1 輸出と為替レート

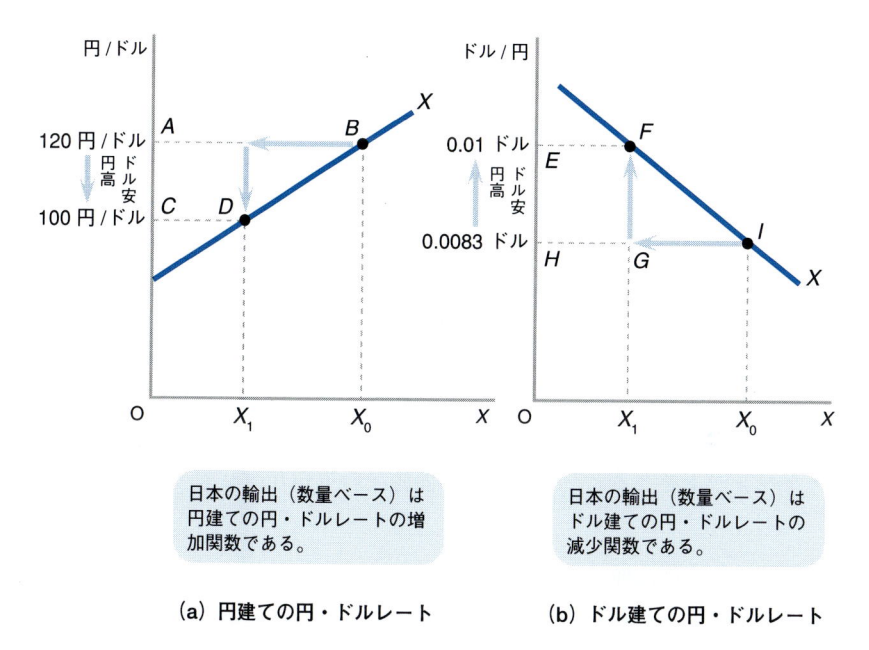

(a) 円建ての円・ドルレート

日本の輸出（数量ベース）は円建ての円・ドルレートの増加関数である。

(b) ドル建ての円・ドルレート

日本の輸出（数量ベース）はドル建ての円・ドルレートの減少関数である。

■為替レートと輸出

　円高になると，輸出は減少し，輸入は増加するといわれる。そのため，円高は日本の輸出産業や輸入競争産業(輸入品と競合する財・サービスを生産している産業のこと)にとっては不利であるといわれる。そこでここでは，円・ドルレートと日本の輸出との関係を説明しよう。

　図 8-1(a)は横軸に輸出量を，縦軸に円・ドルレート，すなわち，円で表したドルの価値を示したものである。図の X 曲線は輸出曲線を表している。いま 1 ドルが 120 円である場合には，日本の輸出量が X_0 であるとしよう。それに対して，1 ドルが 100 円に低下すると(すなわちドル安・円高になると)，日本からの輸出量は X_1 に減少する。

　それでは，なぜドル安・円高になると日本からの輸出量は減ると考えられるのであろうか。1 ドルが 120 円であれば，アメリカは日本から 1 ドルで 120 円に相当するものを買うことができる。それに対して，1 ドルが 100 円

に低下すると，アメリカは日本から1ドルで100円に相当するものしか買えなくなる。120円と100円では，買える量は100円の方が少ない。これが，縦軸に円建ての円・ドルレートをとった場合に，日本の輸出曲線が右上がりになる理由である。

他方，図8-1(b)は縦軸にドル建ての円・ドルレートをとり，横軸に輸出量をとったものである。1ドルが120円であることは，1円が0.0083ドルであることを意味する。(a)から，1ドル120円のときの輸出量はX_0であるから，(b)で1円が0.0083ドルの場合には，輸出量はX_0（1円が120円の場合の輸出量）になる。他方，1ドルが100円の場合には，1円は0.01ドルになるから，そのときの(b)における輸出量は，(a)からわかるように，X_1（1ドルが100円の場合の輸出量）になる。以上から，縦軸にドル建ての円・ドルレートをとると，日本の輸出曲線は右下がりになる。

■ **為替レートと輸出額**

上では，円・ドルレートが変化するときの日本からの輸出量の変化を説明したが，それでは金額で表示された輸出額は，円・ドルレートの変化によってどのように変化するであろうか。この点をまずはじめに，円建ての輸出額から調べてみよう。

1ドルが120円の場合には，円建ての輸出額は$120 \times X_0$円である。他方，1ドルが100円の場合には，円建ての輸出額は$100 \times X_1$円である。X_1はX_0よりも小さいから，円高・ドル安になると，円建ての輸出額は減少することがわかる。このことを図8-1(a)に即して述べると，1ドルが120円の場合の円建ての輸出額は，$120 \times X_0$円であるから，図の面積ABX_0Oに等しい。それに対して，1ドルが100円の場合には，円建ての輸出額は同じ図の面積CDX_1Oで示される。後者は前者よりも小さいから，円高・ドル安によって，円建ての輸出額は減少する。

次に，ドル建ての輸出額を調べてみよう。1ドルが120円，すなわち，1円が0.0083ドルの場合には，ドル建て輸出額は$0.0083 \times X_0$ドルになる。

これは図 8-1(b)の図の面積でいえば，面積 HIX_0O で示される。他方，1ドルが 100 円，すなわち，1円が 0.01 ドルになった場合(円高・ドル安)には，ドル建ての輸出額は $0.01 \times X_1$ ドルになる。これを図の面積で表すと，EFX_1O になる。円高・ドル安になると，日本からの輸出量は X_0 から X_1 に減少するが，円高前のドル建ての輸出額(面積 HIX_0O)と円高後のドル建ての輸出額(面積 EFX_1O)のいずれが大きいかは，この図だけでは判断できない。

以上から，円高になると，円建ての輸出額は減少するが，ドル建ての輸出額が減少するかどうかは，以上の条件だけでは判断できない。ドル建ての輸出額が減少するかどうかわからないのは，ドル建て輸出額が減少するかどうかは，1円のドル価格が 0.0083 ドルから 0.01 ドルに上昇するときに，輸出量がどれだけ減少するかに依存するからである。円高によって輸出量が大きく減少すれば，ドル建て輸出額は減少するが，輸出量の減少が小さければ，逆に，円高・ドル安によってドル建て輸出額はかえって増加する。

■輸入と為替レート

次に，輸入が為替レートによってどのように変化するかを，日本について考えてみよう。図 8-2(a)は，縦軸に円建ての円・ドルレートを，横軸に輸入量をとったものである。いま，1ドルが 120 円のときの日本の輸入量を IM_0 としよう。次に 1 ドルが 100 円(ドル安・円高)になったとしよう。日本にとっては，今までは 1 ドルのものを買うために，120 円支払わなければならなかったのに対して，円高・ドル安後には，100 円で 1 ドルのものが買えることになる。日本にとっては，輸入品を買うときの費用は減少するわけであるから，日本の輸入量は増加するであろう。図 8-2 では，輸入量は IM_1 まで増加している。したがって，円建ての円・ドルレートを縦軸にとると，日本の輸入曲線は図の(a)のように右下がりになる。

それに対して，図 8-2(b)は縦軸にドル建ての円・ドルレートをとり，横軸に，日本の輸入量をとったものである。1 ドル 120 円は 1 円 0.0083 ドル

8 経常収支はどのようにして決まるか

図 8-2　輸入と為替レート

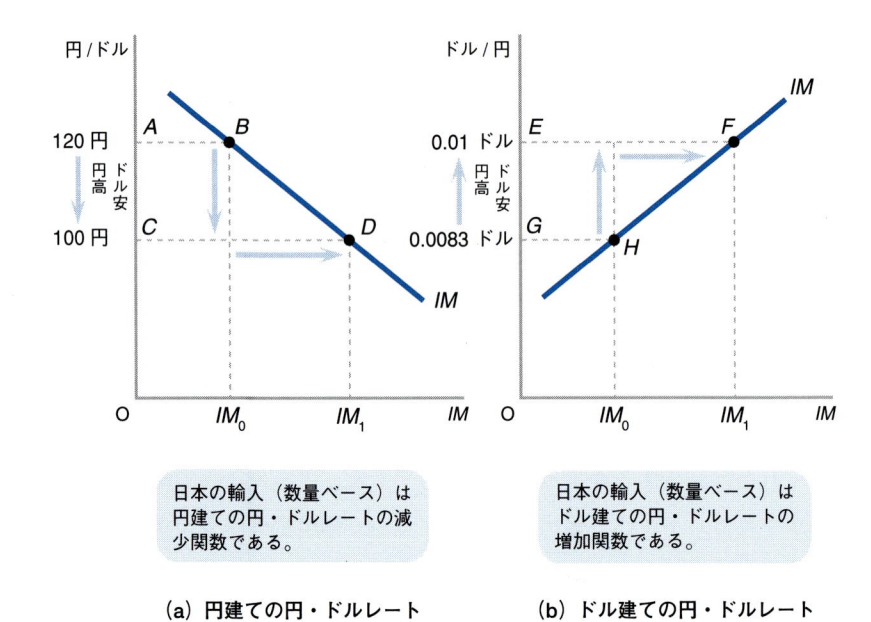

(a) 円建ての円・ドルレート

(b) ドル建ての円・ドルレート

日本の輸入（数量ベース）は円建ての円・ドルレートの減少関数である。

日本の輸入（数量ベース）はドル建ての円・ドルレートの増加関数である。

に対応し，1ドル100円は1円0.01ドルに対応するから，縦軸にドル建ての円・ドルレートをとった場合には，日本の輸入曲線は(b)のように右上がりになる。

■為替レートと輸入額

　上から，円高・ドル安になると，日本の輸入量は増加することがわかった。それでは，金額で表示した輸入額はどのように変化するであろうか。まず，円建ての輸入額から調べてみよう。円建ての輸入額は1ドルが120円の場合には $120 \times IM_0$ 円であるから，図 8-2(a)でいえば，面積 $ABIM_0O$ で示される。それに対して，1ドルが100円に低下すると，円建ての輸入額は $100 \times IM_1$ 円になるから，面積では $CDIM_1O$ になる。二つの面積のいずれが大きいかは，以上の条件だけではわからない。円高・ドル安によって日本の円建ての輸入額が増加するかどうかは，円高になる割合に対して，輸入量

がどれだけ増加するかに依存する。輸入量の増加が大きければ，円建ての輸入額は増加するが，円高になった割には輸入量の増加が小さければ，円建ての輸入額は減少する可能性がある。

次に，ドル建ての輸入額を調べてみよう。図 8-2(b)からわかるように，円高・ドル安前のドル建て輸入額は図の面積 $GHIM_0O$ であるのに対して，円高・ドル安後のドル建て輸入額は，面積 $EFIM_1O$ になるから，ドル建て輸入額は円高・ドル安によって増加することがわかる。

■円高の国内総生産に及ぼす効果

これまで説明してきた，マクロ経済学における純輸出 NX は，物価変化の影響を除外した実質純輸出であるから，数量ベースの純輸出である。前項で示したように，円高・ドル安になると，日本の輸出量 X は減少し，日本の輸入量 IM は増加するから，前者から後者を引いた日本の純輸出 NX は減少する。3-4 節で説明したように，純輸出 NX が減少すると，ケインズ・モデルでは，総需要が減少するため実質国内総生産は減少する。したがって，雇用にも悪影響がおよび，非自発的失業が増える。1985 年や 1990 年代はじめに日本が不況に陥った一因としては，当時，急速に円高・ドル安になったことが挙げられる。

しかし，古典派モデルが想定するように，賃金などの価格が長期的には，需要と供給を反映して伸縮的に変化すれば，円高の効果は次のように修正される。

図 8-3 は円高の短期と長期の効果を示したものである。図 8-3(b)の S_L は長期の総供給曲線を示し，S_0 と S_1 は短期の総供給曲線を示す。他方，$D_0(e_0)$ は円・ドルレートが 1 ドル e_0 円である場合の総需要曲線を示している。

いま，当初の均衡点を E_0 とすると，実質国内総生産は完全雇用に対応する y_f であり，均衡物価は P_0 である。次に，円・ドルレートが 1 ドル e_1 円に低下して，円高・ドル安になったとしよう。すなわち，$e_1 < e_0$ である。

8 経常収支はどのようにして決まるか

図 8-3 円高の短期と長期の効果

(a) **IS–LM 曲線**

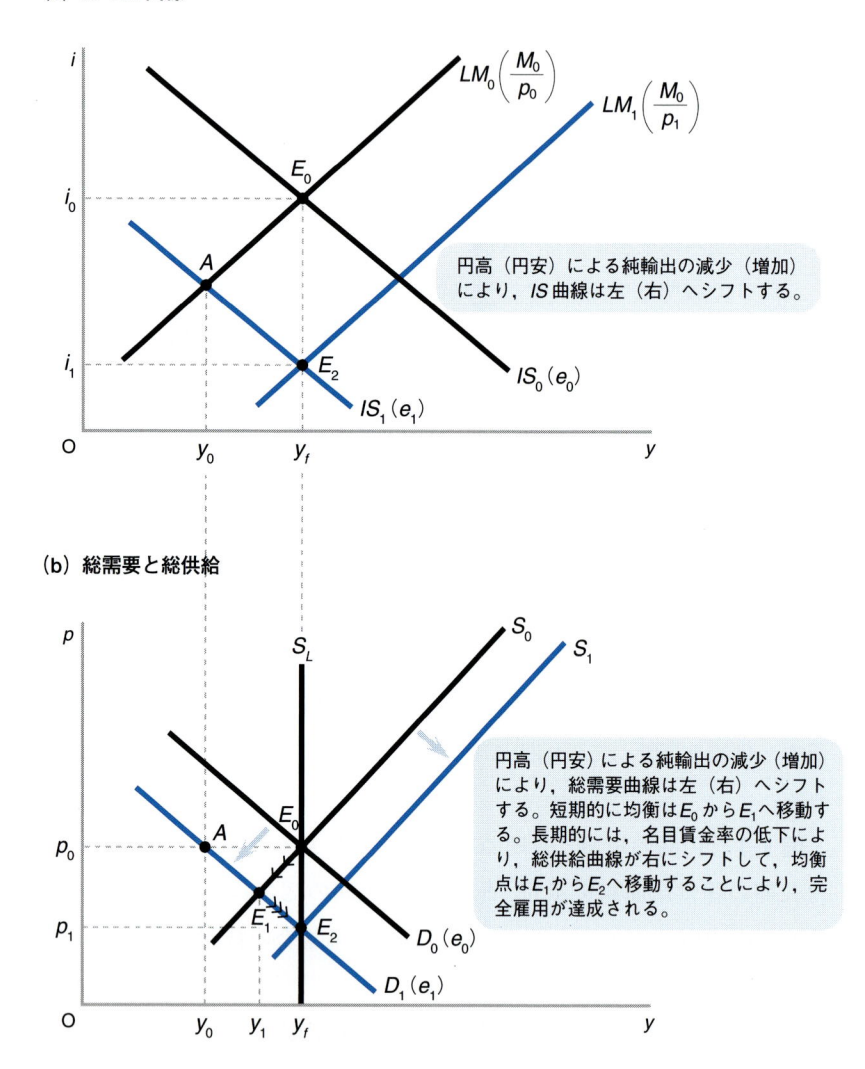

円高（円安）による純輸出の減少（増加）により、IS 曲線は左（右）へシフトする。

(b) **総需要と総供給**

円高（円安）による純輸出の減少（増加）により、総需要曲線は左（右）へシフトする。短期的に均衡は E_0 から E_1 へ移動する。長期的には、名目賃金率の低下により、総供給曲線が右にシフトして、均衡点は E_1 から E_2 へ移動することにより、完全雇用が達成される。

8-1 為替レートと輸出・輸入

たとえば，e_0を1ドル120円，e_1を1ドル100円と考えれば，理解しやすいであろう。上で述べたように，円高は日本の純輸出（数量ベース）を減少させるので，政府支出が減少したときと同じように（図6-10，153頁参照），IS曲線は左にシフトする。物価水準がP_0で変化しなければ，総需要は減少するから，総需要曲線は左にシフトして，D_1のように$A(y_0, P_0)$を通る曲線になる。このとき，名目賃金率が変化しなければ，総供給は図8-3（b）の総供給曲線S_0に沿ってE_0からE_1に向かって減少し，y_1になる。これが前項で述べた，円高の短期的な効果である。実質国内総生産は減少しているので，雇用量も減少し，失業率は上昇する。これが円高不況の局面である。

しかし，非自発的失業が存在するかぎり，名目賃金率が低下するという，古典派モデルのメカニズムが働けば，企業にとっての実質的な労働費用（実質賃金率）は減少するから，総供給曲線はS_0からS_1のように右（下方）にシフトする。それにつれて，均衡点は総需要曲線D_1の上をE_1からE_2に向かって移動する。この結果，物価がP_1まで下がると共に，実質国内総生産は当初の完全雇用の水準に復帰する。これが円高が起きたときの古典派モデルによる長期的な変化である。

以上のように，円高は，短期的には円高不況をもたらすが，古典派モデルが想定するように物価と賃金の調整が十分であれば，実質国内総生産は完全雇用水準にもどり，物価だけが低下するという変化が残る[注1]。

（注1） 以上の円高の効果に関する結論は，当初に起きた円高がそのままの状態で続くことを前提にしている。しかし，円・ドルレートは日本とアメリカの利子率の差（金利差）の影響を受ける。この点を考慮すると，当初に起きた円高は修正されて，円・ドルレートは円高になる前の水準に戻るため，均衡点も当初のE_0に戻る。しかし，この日米金利差による円・ドルレートの調整を考慮したモデルについては，入門段階を超えるので，この点を理解したい読者は，巻末に示した中級の教科書によって補ってほしい。

8 経常収支はどのようにして決まるか

―――――――――――――――――――――――――――――――― check point 8.1
●キーワード

| 為替レート　　邦貨建て為替レート　　円建て為替レート　　外貨建て為替 |
| レート　　円・ドルレート　　固定為替相場制　　変動為替相場制　　ドル |
| 安　　円高　　円安　　ドル高　　円高不況 |

● 8-1節 練習問題

1. 次の文のカッコ内を適切な言葉または数値で埋めて，正しい文とせよ．

   ① 1ドルが150円であれば，1円は（1）ドル（小数点第5位を4捨5入せよ）になる．前者を（2）建て為替レートといい，後者を（3）建て為替レートという．
   ② 1ドル150円が，1ドル100円になれば，（4）高・（5）安になったという．
   ③ 円高・ドル安になれば，一般に，輸出数量は（6）し，輸入数量は（7）する．このときドル建ての（8）は増加するが，ドル建て（9）が増加するか，減少するかは一義的には決まらない．

2. 「円高不況」といわれる現象が生ずることがあるが，そのメカニズムを物価が変化する場合の総需要曲線と総供給曲線とを用いて説明せよ．

3. 「円高不況は短期的現象であり，長期的現象ではない」という主張を2と同じ図を用いて説明せよ．

□ 8-2　純輸出とアブソープション（内需）□

　新聞などでは，**純輸出**という言葉はほとんど使われず，**経常収支**や**貿易収支**といった言葉が使われている．したがって，読者も経常収支や貿易収支の方が純輸出よりもなじみの深い言葉であろう．また，日米経済摩擦などで問題になるのも，日本の経常収支や貿易収支の黒字の大きさである．そこで，

8-2 純輸出とアブソープション(内需)

▶表8-1　日本の経常収支等の推移

(単位：100億円)

年	経常収支	貿易・サービス収支	貿易収支	サービス収支	所得収支	経常移転収支
1995	1039	646	1234	−539	416	−73
2000	1288	743	1237	−494	651	−106
01	1065	321	840	−519	840	−96
02	1414	647	1155	−508	827	−60
03	1577	836	1198	−362	828	−87
04	1862	1020	1390	−371	927	−85

(資料)　財務省『国際収支状況』

　純輸出と経常収支等の関係を説明し，その後に，経常収支がどのように決定されるかを説明しよう。

　経常収支などをその一部とする国際収支表は，その統一様式である国際通貨基金(IMF)方式が改正されたことにともない，日本でも1996年1月から変更になった。ここでは変更後の国際収支表に即して，純輸出と経常収支等の関係を説明しよう。表8-1は，2000年から2004年までの，日本の経常収支とその内訳を示したものである。**経常収支は，貿易・サービス収支と所得収支および経常移転収支の合計**である。2004年の経常収支は18兆6200億円の黒字で，同年の名目GDPの3.7％である。貿易・サービス収支は**表1-2**の純輸出と同じものである。すなわち，貿易・サービス収支とは，日本についていえば，**日本のモノとサービスの輸出から日本のモノとサービスの輸入を差し引いたもの**をいう。2004年の貿易・サービス収支(純輸出)は10兆2000億円の黒字(表1-2の純輸出よりも6000億円だけ多くなっているのは，それぞれの元のデータが異なるためである)であり，これは同年の名目GDPの2％に相当する。貿易・サービス収支のうち，貿易収支はモノの輸出と輸入の差であり，サービス収支はサービスの輸出と輸入の差である。このうち，たとえばサービスの輸出と輸入とは何かはわかりにくいかもしれないので，説明しておこう。

　日本人が外国の航空会社の飛行機に乗ったり，外国で飲食したりするとき

の支出は，サービス収支における日本の輸入にカウントされる。それに対して，外国の旅行者が日本に来て飲食したりすれば，日本のサービス輸出になる。あるいは，日本人が外国に存在する金融機関に手数料等を支払えば，サービスの輸入になり，外国人が日本国内に存在する金融機関に手数料等を支払えば，サービスの輸出になる。日本のサービス収支の赤字は年々増加しつつあるが，これは趨勢的な円高を利用した海外旅行が年々増えているためである。

次に，所得収支とは，次のような資産などからの所得の受け取りと支払いの差をいう。たとえば，日本人がアメリカに存在する企業の株式をもっており，その企業から配当を受け取れば，所得収支上の受け取りになり，逆に，外国人が日本に存在する企業から配当を受け取れば，所得収支上の支払いになる。この受け取りから支払いを差し引いたものが所得収支である。これからわかるように，所得収支とは国民経済計算における海外からの純要素所得のことである。日本の所得収支の黒字は日本が保有する海外資産の増加を反映して，年々増加している。

最後に経常移転収支とは，食料，医療品等の消費財に関する外国に対する無償の資金援助などをいう。これらの受け取りから支払いを差し引いたものが経常移転収支である。

経常収支のうち，所得収支は過去に蓄積した海外純資産からの所得の変動を反映しており，経常移転収支は海外に対する援助政策を反映して変動する。したがって，毎年のマクロ経済活動と密接に関係があるものは，経常収支のうちの貿易・サービス収支である。表8-1からもわかるように，経常収支の動きはほぼ貿易・サービス収支，すなわち，純輸出の動きとほぼ同じ方向に変化している。そこで以下では，経常収支は純輸出とほぼ同じ方向に変化すると考えて，純輸出決定のメカニズムを考えることを通じて，経常収支決定のメカニズムを考えることにしよう。

図8-4 円高のJカーブ効果

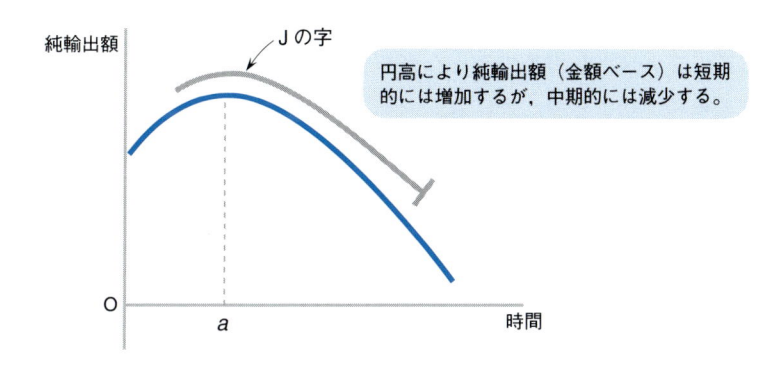

Jの字

円高により純輸出額（金額ベース）は短期的には増加するが，中期的には減少する。

■ 純輸出（経常収支）の短期的変動とJカーブ効果

　円高になると，短期的には数量的にみると，純輸出は減少する。しかし，このとき，金額ベースでみて純輸出が減少するかどうかはわからない。これをまずドル建てでみてみよう。前節で説明したように，円高になると，ドル建て輸入額は増加するが，ドル建て輸出額が減少するかどうかはわからない。したがって，円高によってドル建て純輸出額は増加することがありうる。

　次に，円建ての純輸出額については，次のようになる。円高により円建ての輸出額は減少するが，円建て輸入額は増加するかどうかはわからない。したがって，円高によって円建ての純輸出額が増加するかどうかも一義的に決まらない。日米経済摩擦などでアメリカが問題にするのは，円高にもかかわらず，日本のドル建て純輸出額が増加する点である。アメリカは日本の市場が外国に対して閉鎖的であるために，円高になってもドル建て純輸出額が減少しないのだ，としばしば主張してきた。

　円高によって金額ベースの経常収支や純輸出（貿易・サービス収支）が増加することを **Jカーブ効果** という。**図8-4** は円高のJカーブ効果を示したものである。この図は横軸に時間をとり，縦軸にドル建て純輸出額をとったものである。時間a点までは，円高・ドル安によってドル建て純輸出額は増加している。経験的にみると，このような円高によるドル建て純輸出額の増加

は1年から2年程度続くことが知られている。しかし，より長い時間をとると，円高によってドル建て純輸出額も次第に減少していく。その状況を図に書くとアルファベットのJのような形をしているので，これを為替レートの変化のJカーブ効果と呼んでいる。

しかし，円高によって数量ベースの純輸出が減少するのは，中期的な現象である。すべての調整が終了する長期では，以下に示すように，数量ベースの純輸出は変化しない。

■長期的な純輸出(経常収支)の決定

すでに示したように，図 8-3 で，賃金や利子率やその他の価格が需要と供給に応じて伸縮的に変化すれば(長期的には，古典派モデルが妥当するケース)，円高によって純輸出(数量ベースの純輸出)が減少して，均衡点が E_1 に移動するのは，短期的な現象であり，長期的には，価格と賃金と利子率の調整により，均衡点は E_2 に移動し，実質国内総生産も完全雇用水準に復帰する。

いま，実質国内総生産が完全雇用に対応する y_f (添字 f は完全雇用を示す)である場合の，政府支出と税収を，それぞれ，G_f と T_f としよう。単純なケインズ型の消費関数が成立するとすれば，このときの消費を C_f とすると，それは次のように示される。

$$C_f = a + b(y_f - T_f) \tag{8-1}$$

また，民間国内総投資は長期的には，図 8-3(a)で，均衡利子率が i_1 のときの水準になる。そこで，長期的にみて完全雇用が達成されているときの民間国内総投資を I_f で示すと，長期的には，次の関係が成立する。

$$y_f = C_f + I_f + G_f + NX \tag{8-2}$$

(8-2)から，長期的には純輸出は次のように示されることがわかる。

$$NX = y_f - (C_f + I_f + G_f) \tag{8-3}$$

すでに述べたように，NX は物価の変化による影響を排除した実質純輸出であるから，数量ベースの純輸出である。(8-3)の右辺の $(C_f + I_f + G_f)$

8-2 純輸出とアブソープション(内需)

はアブソープション(absorption：アブソープションとは吸収のこと)または内需と呼ばれる。それに対して，純輸出は純外需とも呼ばれる。(8-3)は，「長期的には，純輸出は完全雇用状態における実質国内総生産から，同じく完全雇用状態におけるアブソープションを差し引いたものに等しいこと」を示している。このように「長期的には，純輸出(したがって，経常収支も)は，実質国内総生産とアブソープション(内需)の差に等しくなる」という考え方を，アブソープション・アプローチという。

アブソープション・アプローチによれば，純輸出は短期的には，為替レートの影響を受けるが，すべての調整が終了する長期的では影響を受けなくなり，完全雇用水準の実質国内総生産とアブソープションの差によって決定される(注2)。

■ 日本とアメリカのアブソープション(内需)と純輸出

表8-2 は，日本とアメリカについて，各内需と純輸出の対GDP比の推移を示したものである。日本の純輸出の対GDP比は1970年〜80年平均の0.7％から，1982年〜95年平均の2.1％に，1.4ポイント上昇した。両期間の間に，民間消費の対GDP比は2.7ポイント上昇した。(8-3)から，他の事情を一定として，民間消費の対GDP比が上昇すれば，純輸出黒字の対GDP比は低下することがわかる。したがって，民間消費の対GDP比の上昇は，純輸出黒字の対GDP比の低下要因であった。他方，民間国内総投資と政府支出の対GDP比は，それぞれ，2.7ポイントと1.5ポイント低下し

(注2) 正確には，「純輸出は短期的には**名目為替レート**の影響を受けるが，長期的には影響を受けず，完全雇用水準の実質国内総生産とアブソープションの差によって決定される」というべきである。ここで，名目為替レートとは1ドル100円のように通常使われている為替レートのことである。それに対して，名目為替レートを各国の物価で調整したものを実質為替レートという。純輸出は名目為替レートではなく，実質為替レートの影響を受ける。しかし長期的には，実質為替レート自体が，「純輸出が完全雇用水準における実質国内総生産とアブソープションの差に一致するように」決定される。その結果，長期では，純輸出は実質為替レートの影響を受けなくなる。入門段階ではこの点を詳しく説明できないので，巻末に紹介されている中級の教科書によって補ってほしい。

▶表 8-2　米国と日本の各内需項目と純輸出の対GDP比の推移（％）

日　本

	民間消費	民間投資	政府支出	純輸出
1970—81	56.1	24.8	18.4	0.7
1982—95	58.8	22.1	16.9	2.1

米　国

	民間消費	民間投資	政府支出	純輸出
1970—81	65.4	13.9	21.9	−1.2
1982—95	67.4	14.1	20.1	−1.6

（注）民間投資は民間国内総投資のことである。
（資料）経済企画庁『国民経済計算年報』Economic Report of the President, 1997.

ており，純輸出黒字の拡大要因であった。

　それに対してアメリカでは，純輸出の対 GDP 比は 1970 年〜81 年の − 1.2％から 82 年〜95 年の − 1.6％へと 0.4 ポイント低下した。すなわち，純輸出の赤字の対 GDP 比はこの期間に上昇したわけである。両期間の間に，民間消費と民間国内総投資の対 GDP 比は，それぞれ，2 ポイントと 0.2 ポイント上昇しており，純輸出赤字の対 GDP 比の上昇要因となった。それに対して，政府支出の対 GDP 比は 1.8 ポイント低下しており，純輸出赤字の対 GDP を低下させた要因であった。以上からわかるように，両期間において，アメリカの純輸出赤字の対 GDP 比を上昇させた主たる要因は，アメリカの民間消費の対 GDP 比の上昇であり，アメリカの輸出業者が批判したように，日本が規制などによってアメリカからの輸入を抑制したためではない。

■貯蓄・投資(IS)バランス・アプローチ

ここで，(8-2)の両辺から税収 T_f と民間消費 C_f を差し引くと，次式が得られる。なお，以下では，完全雇用を示す添字 f は省略する。

$$y - T - C = I_p + G - T + NX \tag{8-4}$$

ここで，I_p は民間国内総投資を表す。(8-4)の左辺は定義的に民間総貯蓄に等しいので，これを S_p で示し，整理すると，

$$NX = (S_p - I_p) + (T - G) \tag{8-5}$$

(8-5)は，財市場の均衡条件式であり，長期的には，純輸出は民間収支，すなわち，民間貯蓄投資差 $(S_p - I_p)$ と財政収支 $(T - G)$ の合計に一致することを示している(注3)。

ここで，政府支出 G を政府消費 C_g と政府総投資 I_g(政府社会資本形成ともいう)とに分けると，

$$G = C_g + I_g \tag{8-6}$$

(8-6)の右辺を(8-5)の G に代入すると，次式が得られる。

$$T - G = (T - C_g) - I_g \tag{8-7}$$

(8-7)の右辺の $(T - C_g)$ は税収から政府消費を差し引いたものであり，政府総貯蓄と定義される。そこで，政府総貯蓄を S_g で示すと，次のようになる。

(注3) (8-5)は(8-4)で y を y_f と特定化せずに，(8-4)から導かれたことからわかるように，政府と貿易の存在を考慮したときの財市場の均衡条件式である。財市場の均衡条件式は，政府と貿易の存在を考慮するかどうかに依存して変化するので，ここで整理しておくと，次のようになる。
① 政府も貿易も存在しないとき，
$y = C + I_P$，あるいは，$S_P = I_P$
② 政府は存在するが，貿易は存在しないとき，
$y = C + I_P + G$，あるいは，$S_P + T = I_P + G$，
あるいは，$(S_P - I_P) + (T - G) = 0$
③ 政府と貿易が存在するとき，
$y = C + I_P + G + NX$，あるいは，$S_P + T + IM = I_P + G + X$，
あるいは，$(S_P - I_P) + (T - G) = NX$

8 経常収支はどのようにして決まるか

$$S_g = T - C_g \tag{8-8}$$

(8-7)と(8-8)から，

$$T - G = S_g - I_g \tag{8-9}$$

(8-9)は財政収支は政府総貯蓄から政府総投資を差し引いたものであることを示している。(8-9)の右辺を(8-5)の右辺の$(T-G)$に代入すると，

$$NX = (S_p - I_p) + (S_g - I_g) = (S_p + S_g) - (I_p + I_g) \tag{8-10}$$

ここで，以下の二つの式のように，民間総貯蓄と政府総貯蓄の合計と，民間国内総投資と政府総投資の合計とを，それぞれ，国民総貯蓄Sと国内総投資Iと定義しよう。

$$S = S_p + S_g \tag{8-11}$$

$$I = I_p + I_g \tag{8-12}$$

(8-11)と(8-12)の左辺を(8-10)の右辺に代入すると，

$$NX = S - I \tag{8-13}$$

(8-13)から，「長期的には，純輸出は国民総貯蓄Sと国内総投資Iの差に一致する」ことがわかる。ここで長期的とは，ある変化が起きてから，完全雇用が成立するまでの期間のことをいう。この考え方を経常収支(厳密には純輸出)の貯蓄・投資(IS)バランス・アプローチという。(8-13)からわかるように，長期的にみて，国民総貯蓄が国内総投資よりも大きい国(貯蓄超過という)の経常収支は黒字になり，逆に，国内総投資が国民総貯蓄よりも大きい国(投資超過という)の経常収支は赤字になる。日本は1970年から2004年まで，経常収支は石油ショックが起きた1973～75年と79年～80年を除いて，黒字であった。それに対して，アメリカは1982年から2004年まで，一貫して投資超過であり，経常収支は赤字であった。

なお，貯蓄・投資アプローチは，(8-13)がアブソープション・アプローチの(8-3)から導かれたものであることからわかるように，アブソープション・アプローチと同じことを別の角度からみたものである。

8-2 純輸出とアブソープション(内需)

———————————— check point 8.2

● キーワード

| 純輸出　　経常収支　　貿易・サービス収支　　所得収支　　経常移転収支 Jカーブ効果　　アブソープション　　内需　　純外需　　アブソープション・アプローチ　　貯蓄・投資バランス・アプローチ　　ISバランス・アプローチ |

● 8-2節 練習問題

1. 次の各式のカッコ内を 8-2 節で用いられた記号で埋めて，正しい式とせよ。ただし，完全雇用を示す添字 f は省略してよい。

$y = (1) + (2) + (3) + (4)$
$(4) = y - \{(1) + (2) + (3)\}$
アブソープション = 内需 = $(5) + (6) + (7)$
$(4) = 【(8) - (6)】 + 【T - (7)】$
$T - (7) = T - C_g - (9)$
$S_g = (10) - (11)$
$T - G = (12) - (9)$
$NX = (S_p - I_p) + 【(12) - (9)】$
$NX = (13) - (14)$

2. 次の文のカッコ内のうち，一つを選んで正しい文とせよ。

(1) 長期的にみて，内需が実質国内総生産を上回る経済の経常収支は，(赤字・ゼロ・黒字)になる。

(2) 長期的にみて，国民総貯蓄が国内総投資を上回る経済の経常収支は，(赤字・ゼロ・黒字)になる。

第 9 章

経済はどのようにして成長するか

　第2章から第8章までは完全雇用における総供給を一定として，古典派モデルとケインズ・モデルとを説明してきた。この章では，完全雇用における総供給量がどのような要因によって増加するかという，経済成長の問題を扱う。9-1節では，どのような要因によって経済が成長するかを説明し，9-2節では9-1節の経済成長の理論を応用して，日本や主要先進国およびアジアについて，経済成長の源泉の計測例を示す。

9 経済はどのようにして成長するか

□ 9-1 経済成長の源泉 □

■豊かな国と貧しい国

　世界には少数の物質的に豊かな国がある一方，多数の物質的に貧しい国が存在する。図 9-1 は，2003 年の年平均為替レートを基準として，一人あたり名目国内総生産の国際比較を示したものである。2003 年現在，日本の一人あたり名目国内総生産は，アメリカのほぼ 9 割，中国の約 36 倍にも達している。しかし，現実の為替レートは各国の貨幣の購買力の比率には一致していない。

　それに対して，二国間の一般物価水準の比率を基準に計算した，二国間の貨幣の交換レートを，購買力平価という。実際の物質的な豊かさの国際比較としては，購買力平価を基準に一人あたり名目国内総生産を比較する方が適切である。図 9-2 は購買力平価を基準に一人あたり名目国内総生産を国際比較したものである。購買力平価で計算すると，アメリカの一人あたり名目国内総生産の方が日本よりも約 34％ほど大きい。購買力平価で測ると，日本の一人あたり名目国内総生産が実際の為替レートで測ったそれよりも小さくなるのは，実際の為替レートが購買力平価よりも割高に評価されているためである。

　購買力平価ベースでみた日本の一人あたり国内総生産は，2004 年現在でアメリカの約 75％であるが，114 年前の 1890 年は，アメリカの 27％程度にすぎなかった。このことから，日本がこの 114 年でいかに急速にアメリカに追いついたかがわかる。これを可能にしたものは，アメリカに比べてかなり高かった，日本の明治以来の高度経済成長であった。そこで以下では，経済成長をもたらす要因を検討しよう。

9-1 経済成長の源泉

図9-1　一人あたり名目GDPの国際比較

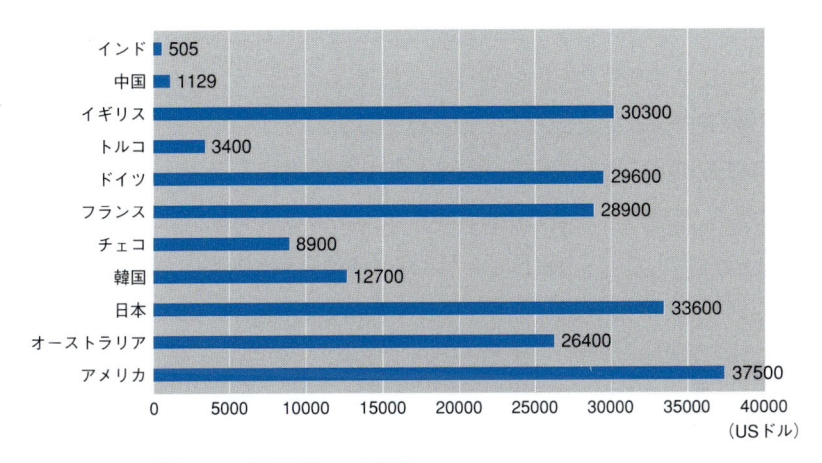

国	US ドル
インド	505
中国	1129
イギリス	30300
トルコ	3400
ドイツ	29600
フランス	28900
チェコ	8900
韓国	12700
日本	33600
オーストラリア	26400
アメリカ	37500

(注)　2003年の為替レート基準。
(資料)　OECD, National Accounts of OECD 2005.
　　　　IMF, International Financial Statistics, Aug 2005.

図9-2　購買力平価でみた一人あたり名目GDPの国際比較（2003年）

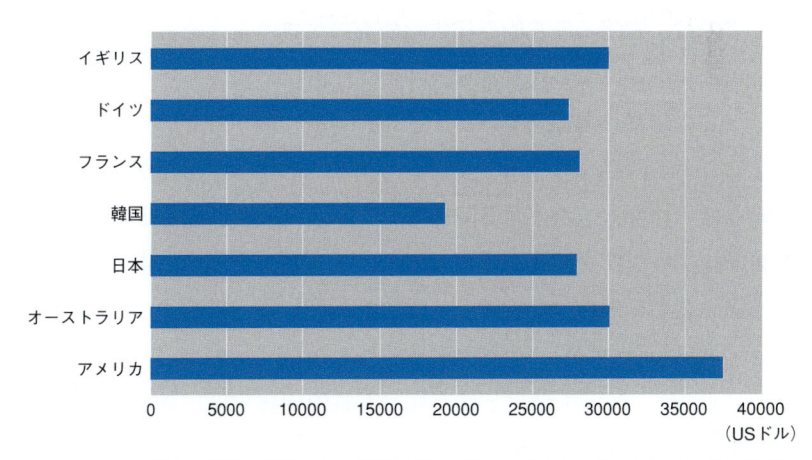

国	US ドル（概算）
イギリス	30000
ドイツ	27500
フランス	28000
韓国	19000
日本	28000
オーストラリア	30000
アメリカ	37500

(注)　購買力平価とは、2国間の物価水準の比率を元に決定される通貨の交換レート。
(資料)　図9-1と同じ。

9　経済はどのようにして成長するか

■経済成長とは

　経済成長とは，経済の活動水準が上昇することをいうが，具体的には，実質国内総生産あるいは実質国民総所得の増加率で表される。この増加率は実質経済成長率と呼ばれる。実質経済成長率が高いことは，モノやサービスで測った経済規模が拡大することを意味する。

　経済成長率は，実質国内総生産または実質国民総所得を人口で割った，一人あたり実質経済成長率で測られることもある。実質経済成長率を物質的な豊かさの指標と考える場合には，経済全体の実質国内総生産（または，実質国民総所得）の増加率よりも，一人あたりの実質国内総生産（または，一人あたりの実質国民総所得）の増加率で測った方が適切であろう。

■総供給能力と生産関数

　実質国内総生産とは総供給のことであるから，ある国がどれだけ成長する能力をもっているかは，完全雇用が達成されたときの総供給能力の増加率によって測ることができる。この実質経済成長率の上限は，当該経済の潜在的成長能力を示すという意味で，潜在成長率とも呼ばれる。経済が不完全雇用の状態であれば，現実の実質経済成長率は潜在成長率を下回ることになる。そこでここでは，経済の潜在的な総供給能力の大きさを決める要因を検討しよう。

　企業は一定の知識や情報をもって，土地や労働や資本などの生産要素を利用して，これらを組織化し，モノやサービスを生産する。したがって，一国の潜在的な総供給能力を決定する要因としては，生産要素の量と質およびそれらを組織化する方法と知識が重要である。さまざまな生産要素の投入量と実質国内総生産との関係は，次のような生産関数によって表すことができる。

$$y = AF(K, N) \tag{9-1}$$

　ここで，y，K，N，A は，それぞれ，実質国内総生産，資本，労働，生産性を表す。生産のために投入される労働と資本は生産要素と呼ばれる。労働とは人間の精神的・肉体的な生産的努力をいう。それに対して，資本とは，

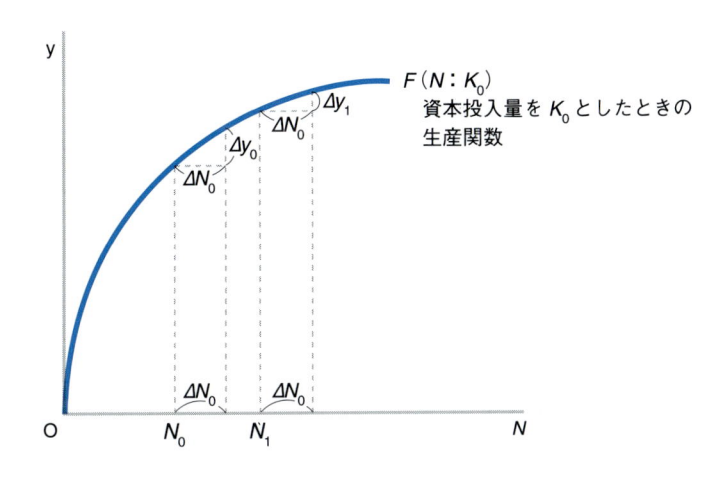

図 9–3 資本投入量を一定としたときの生産関数──収穫逓減の法則──

建造物，機械，設備などの経済活動によって生産された生産要素を指す。鉱物資源や原油などの原材料も採掘・選別などの経済活動が加えられて初めて利用可能になるので，資本に含められる。

なお，資本は資金の意味で使用されることもある。そこで，資金としての資本との混同を避ける必要がある場合には，生産要素としての資本を**資本財**，あるいは**実物資本**と呼ぶ。

生産には資本と労働のほかに，土地も投入されるのが一般的であり，とくに農業の場合は土地は重要な生産要素である。しかし，ここでは主として農業以外の産業を想定しているので，生産要素としての土地は省略して考えることにする。

■ 収穫逓減の法則

次に，生産関数の性質を説明しておこう。図 9–3 は生産性を表す A を 1 とし，資本投入量を K_0 としたときの，**労働投入量 N** と実質国内総生産 y との関係を示したものである。この場合の生産関数は $F(N, K_0)$ で示される。これは資本が K_0 で一定である場合に，労働投入量 N を増やした場合

に，実質国内総生産がどのように増加するかを示している。

この生産関数の第一の性質は，右上がりという点である。これは労働投入量 N を増やすと，実質国内総生産 y は増加することを示している。

生産関数の第二の性質は，上方に凸(あるいは，下方に凹)であるという点である。これは次のことを意味する。たとえば労働投入量を N_0 として，その投入量からさらに ΔN_0 だけ増やしたとしよう。このとき，図9-3から，実質国内総生産は Δy_0 だけ増加する。実質国内総生産の増加を労働投入量の増加で割った比率を，労働の限界生産性または労働の限界生産物という。労働投入量が N_0 の場合の限界生産性は次のように表される。

$$N_0 における労働の限界生産性 = \frac{\Delta y_0}{\Delta N_0} \qquad (9\text{-}2)$$

次に，労働投入量が N_1 のときに，労働投入量が上と同じ ΔN_0 だけ増えると，実質国内総生産は Δy_1 だけ増加する。したがって，N_1 における労働の限界生産性は次のようになる。

$$N_1 における労働の限界生産性 = \frac{\Delta y_1}{\Delta N_1} \qquad (9\text{-}3)$$

(9-2)と(9-3)の大きさを比較すると，図9-3から次のようになる。

$$\frac{\Delta y_0}{\Delta N_0} > \frac{\Delta y_1}{\Delta N_1} \qquad (9\text{-}4)$$

(9-4)は，N_0 における労働の限界生産性の方が，N_1 における労働の限界生産性より大きいことを示している。このことは，労働投入量を同じだけ増やすことによって得られる実質国内総生産は，労働投入量が N_0 のときよりも，N_1($N_0 < N_1$ に注意)のときのほうが少なくなることを意味する。これが，上方に凸(下方に凹)という生産関数の性質から得られる結論である。

以上のように，資本の投入量を一定として，労働の投入量だけを増やしていくと，労働の限界生産性は低下していく。これを労働の収穫逓減の法則という。この法則が働くのは，資本投入量を増やさずに，労働投入量だけを増やしていくと，労働者が利用できる一人あたりの資本が減少するからである。

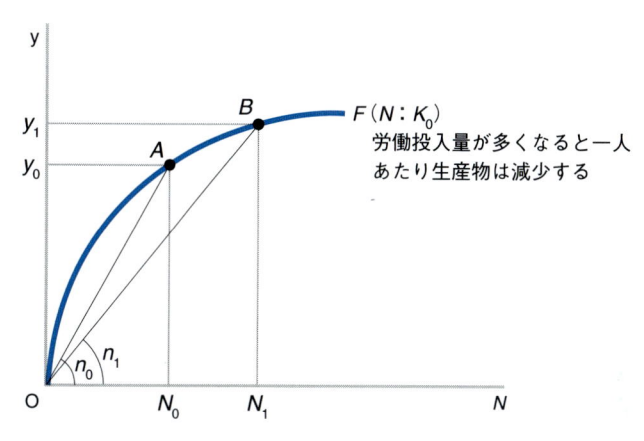

図9-4　収穫逓減の法則と一人あたり生産物

労働投入量が多くなると一人あたり生産物は減少する

たとえば，機械の台数が増えずに，労働者の数が増えると，機械が足りなくなって，労働者の一部は機械が空くのを待たなければならなくなる。このように，資本を一定として，労働者が増えるにつれて，労働時間に無駄が生ずるため，増えた労働者が生産するモノの量はしだいに減少していくのである。

労働の収穫逓減の法則は次のような重要な意味をもつ。図 9-4 で，労働投入量が N_0 であれば，実質国内総生産は y_0 である。このときの一人あたり実質国内総生産は，y_0/N_0 であるから，図 9-4 では，原点 O と生産関数上の点 A とを結んだ直線の角度に等しくなる。すなわち，次の関係が成立する。

$$N_0 \text{ における一人あたり生産物} = \frac{AN_0}{ON_0} = n_0 = \frac{y_0}{N_0} \tag{9-5}$$

ここで，一人あたり生産物とは，一人あたり実質国内総生産の意味であり，**労働の平均生産性**と呼ばれる。同様にして，労働投入量が N_1 の場合には，一人あたり生産物は次のようになる。

$$\begin{aligned} &N_1 \text{ における一人あたり生産物} \\ &= \text{労働の平均生産性} = \frac{BN_1}{ON_1} = n_1 = \frac{y_1}{N_1} \end{aligned} \tag{9-6}$$

図からわかるように，$n_0 > n_1$ であるから，N_0 における一人あたり生産

物(労働の平均生産性)の方が N_1 におけるそれよりも大きい。これが，労働について収穫逓減の法則が成立する場合の帰結である。これから次のことが導かれる。かりに，生産物はすべて労働者に対して等しく分配されるとしてみよう。この場合，上の生産関数の性質から，人口が増えて，生産に投入される労働者が増えると，一人の労働者に分配できる生産物の量は減少していく。そのため，人口が増えるにつれて，人々の平均的な生活水準は貧しくなってしまう。このことは，貧しい発展途上国では深刻な問題を引き起こす。これらの国では，人口が増えるにつれて，増えた人口が作り出す生産物は減少する(収穫逓減の法則が働く)ため，一人あたりの生産物は減少していく。このことは食料についてもあてはまる。いまかりに N_0 の水準で，一人あたりの食料はようやく人々の生存を保つ水準(生存水準という)にあるとしよう。その状態で，人口が増えると，収穫逓減の法則が働くため，一人あたりの食料は生存水準を割ってしまうため，飢餓から死亡率が上昇する。これは実際に人口増加率の高い一部の発展途上国で生じている現象である。

■資本の増加による労働の生産性の上昇

労働の収穫逓減の法則は，労働の平均生産性の低下をもたらす。これを防ぐ方法の一つは，生産に投入される資本の量を増やすことである。たとえば，農業において，労働の限界生産性と平均生産性は耕耘機が一台の場合よりも二台の場合の方が，上昇するであろう。第二次産業や第三次産業においても，さまざまな機械の投入量が増えることによって，労働の限界生産性と平均生産性は上昇する。次の二つの引用文は，機械などの資本が労働の生産性を引き上げる上でいかに重要であるかを如実に物語っている。

北部インドの農村では，「耕作は3インチ(7.5センチ)の刃先のついた木製の鋤を用いて多大の労力を費やして行われる。灌漑のためにはバケツで一杯ずつ水をくみ上げる必要があり，三人が二頭の牛を使って1週間働いてもわずか1エーカー(0.4ヘクタール)の小麦畑しか灌漑することができない。人の手ほどの大きさの鎌が全ての穀類の刈り込みに使われ，のろのろと歩く

図 9-5 資本の増加による労働の生産性の上昇

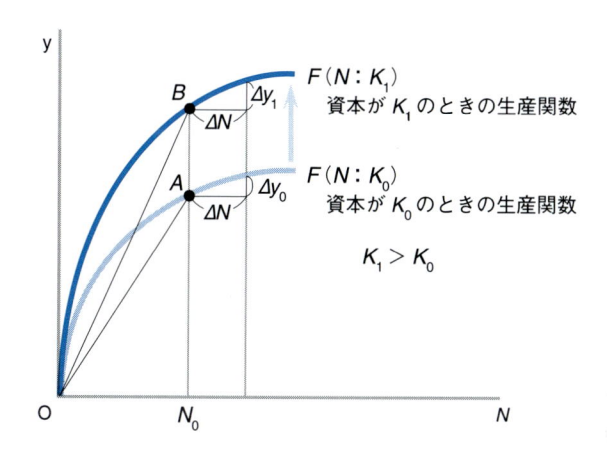

牛が脱穀のための労力として用いられる」(安場保吉・安場幸子訳『経済発展論』東洋経済新報社，1965，16 頁)。

この引用文にでてくる資本は，木製の鋤，バケツ，鎌，牛である。

他方，ニュージーランドの農業は次のようなものである。「ニュージーランドの酪農家の中には自分達が扱う牛乳を見ないものが少なくない。搾乳機によって絞られた牛乳はそのままタンク・トラックに移され，工場まで運ばれる。そこで牛乳は殺菌され，乳脂テストを受け，他の牛乳と一緒にされて1日に35トンものバターを生産するバター工場に送り込まれる。農民はトラック，トラクター，電流を流した鉄条網，草刈機，牧草反転機，乾草堆積機，掘溝機などの機械・装置を用いる。地面に起伏の多い地域には，飛行機を用いて空から肥料をやったり，種子をまいたりする」(前掲訳書，16 頁)。ニュージーランドの農業では，資本としてトラック，トラクターをはじめとして各種の機械，さらに飛行機までが投入されている。

このような北部インドの農村とニュージーランドにおける資本投入の差が，両地域の労働生産性に大きな格差をもたらしている。

図 9-5 は，機械などの資本が増加すると，生産関数が上方にシフトして，労働の限界生産性と平均生産性が共に上昇することを示したものである。い

ま，労働投入量が N_0 である場合に，資本の投入量が K_0 であれば，労働の平均生産性は AN_0/ON_0 である。それに対して，資本の投入量が K_1 に増加すると，同じ労働投入量 N_0 のときの労働の平均生産性は BN_0/ON_0 になるから，労働の平均生産性は資本投入量の増加によって上昇している。

また，N_0 における労働の限界生産性は，資本が K_0 のときには $\varDelta y_0/\varDelta N$ であるのに対して，資本が K_1 に増えると，$\varDelta y_1/\varDelta N$ になるので，図からわかるように，後者の方が大きい。すなわち，資本の投入量が増加して生産関数が上方にシフトすると，どの労働投入量についても労働の限界生産性は上昇する。このように，機械などの資本の投入量が増えれば，「人口が増えるにつれて，収穫逓減の法則が働いて，国民の平均的な生活水準が低下してしまう」という事態に陥ることを避けることができるのである。

■投資による資本の増加と投資のための貯蓄

資本を増やすためには投資が必要であるが，投資は，6-1節（134頁参照）で説明したように，政府部門と外国との貿易とが存在しない場合には，民間総貯蓄に等しくなる【(6-3)，134頁参照】。このことは，政府部門と貿易とが存在しない場合には，投資のためには貯蓄が必要であることを意味している。貯蓄とは生産されたモノのうち消費されなかった分にほかならないから【(6-2)，134頁参照】，投資のために貯蓄が必要であるということは，投資のためには消費を我慢して，貯蓄に励まなければならないことを意味している。この点を，次のような例によって説明しておこう。

いまある漁師が素手で魚をとる場合，1日に五匹とれるとしよう。それに対して，この漁師が1日の労働時間の5分の2を使って網を作るとすれば，網ができるまでの間は，魚は1日に三匹しかとれないが，網が出来上がった後には，1日に十匹とれるようになるとしよう。このケースでは，網という資本を投入することにより，労働の平均生産性は1日に五匹から十匹へと倍増する。この漁師がさらに時間を割いて，より大きな網や漁船を作るならば，それらの資本が出来上がった後には，労働の生産性はいっそう上昇するであろう。

上の例では，網を作っている間は1日に消費できる魚は五匹から三匹に減少したが，網が完成すると以後は1日に十匹の魚を消費できるようになる。この例のように，投資(上の例では網を作ること)のためには，しばらくの間，消費を減らして生活水準を落とさなければならない。上の例では，1日の魚の消費量は五匹から三匹に減少したが，この二匹の減少分を，魚の消費二匹分の減少に相当する貯蓄という意味で，魚で測った貯蓄という。

同じことは，土地や品種を改良したり，労働の質を改善したりする場合にもあてはまる。たとえば，労働をはじめとしてすべての生産要素が完全に利用されている経済(これを，完全雇用経済という)では，灌漑施設をつくるためには，それまで消費財(食料や衣服など)をつくるために使われていた土地や労働や資本を，灌漑施設の生産のために利用しなければならない。その分消費財の生産は減少するから，一国の国民が消費できる量も減少する。

上から，投資のためには消費の犠牲，すなわち貯蓄が必要だということが理解されたであろう。消費水準が生存水準ぎりぎりだったり，それをわずかに超える程度の経済では，それ以上，食料などの消費財の生産を減らして，機械などを生産することは困難である。資本を作り，それを新たな生産に利用できないならば，経済は成長を遂げることはできない。このようにして，貧困であるが故に貯蓄することができず，貯蓄することができないが故に，投資することができず，経済が停滞し，貧困に陥る。これを貧困の悪循環というが，これから逃れる一つの方法は，貯蓄を他国から借りてくることである。次にこのことを示そう。

■ 外国の貯蓄を借り入れることによる経済成長

表 9-1 は簡単化のために政府部門を無視し，貿易と外国からの借り入れがない場合の貯蓄と投資の関係を示したものである。この国が供給能力をフルに発揮した場合(すなわち，完全雇用経済)に実現可能な実質国内総生産(潜在的な総供給能力)を 100 とし，そのときの民間消費を 70 としよう。この国は残りの 30 を機械などの資本の生産にあてることができるので，民間国内

▶表 9-1　貯蓄と投資の関係
　　　　：貿易・外国借入のないケース

(1)	国内総生産	100
(2)	民間消費	70
(3)	民間国内総投資	30
(4)	民間総貯蓄　【(1)－(2)】	30

▶表 9-2　貯蓄と投資の関係
　　　　：貿易・外国借入が存在するケース

(1)	国内総生産	100
(2)	民間消費	70
(3)	民間国内総投資	70
(4)	輸出	20
(5)	輸入	60
(6)	経常収支の赤字　【(5)－(4)】	40
(7)	民間国内総投資と民間総貯蓄の差	40

総投資は 30 になる。国内総生産から民間消費を差し引いたものは民間総貯蓄である。この例からわかるように，民間総貯蓄は民間国内総投資に等しくなっている。これは投資のためには貯蓄が必要であることを，マクロ経済的に示したものである。

次に簡単化のために，上と同様に政府部門は無視するが，貿易と外国からの借り入れが可能な場合における貯蓄と投資の関係について説明しよう。

表 9-2 に示されているように，このケースでも民間総貯蓄(国内総生産から民間消費を引いたもの)は表 9-1 と同じ 30 であるが，民間国内総投資は民間総貯蓄を 40 だけ上回っている【(7)の欄を参照】。

他方この国は，20 だけ輸出し，60 だけ輸入しているので，経常収支(この例では，純輸出に等しい)の赤字は 40 になる【(6)参照】。表 9-2 の(6)と(7)を比較すればわかるように，経常収支の赤字は民間国内総投資が民間総貯蓄を超える分に等しくなっている。これは，政府部門が存在しないケースにおいて，(8-5)(221 頁)右辺の $(T-G)$ がゼロで，$NX<0$，$S_P<I_P$ になる場合にほかならない。

以上は次のように解釈することができる。この国の潜在的な生産能力(実現可能な最大の国内総生産)は 100 であるが，そのうち 70 を消費するので，

資本をつくるための投資には残りの30しか回せない。ところがこの国は将来の生産能力を一層高めるために，貯蓄を40だけ上回る70の投資をしたいと考えている。

　この貯蓄を上回る40の投資は，外国から機械などの資本を輸入しなければ実現できない。そこで，この国はまず自国が生産したモノから20だけ輸出して，輸入代金を支払うための国際通貨(国際的な取引の決済に利用可能な通貨。実際の世界経済では，米ドルであることが多い)を獲得する。さらに外国から40だけ資金を借りて，輸出によって獲得した20の国際通貨と合わせて，60だけ輸入する。輸出が20で，輸入が60であるから，経常収支は40の赤字になる(純輸出がマイナス40になること)。輸入された60のうちの40が機械などの資本であり，民間総貯蓄を超える投資の部分に相当する。

　以上から，民間国内総投資が民間総貯蓄を上回る40【(7)参照】は，この国の経常収支の赤字【(6)参照】に等しくなる。この経常収支の赤字(マイナスの純輸出)40は，この国の外国からの借り入れ40に等しい。

　上の数値例からわかるように，一国は貿易と外国からの借り入れとによって，民間総貯蓄を超える民間国内総投資を実現することが可能になる。これは外国の貯蓄を利用して，経済成長をはかることにほかならない。

　しかし，このような経済成長の方法に問題がないわけではない。それは外国からの借り入れは，将来，輸入を上回る輸出をし，国際通貨を獲得し，その通貨で返済しなければならないからである。これは，外国から借り入れて実施した投資が，将来その国の生産性を引き上げることに貢献し，国内総生産が増大することによってはじめて可能になる。したがって，かりに投資が生産性の上昇に結びつかないといった事態が発生すると，当該国は外国からの借り入れを返済できなくなってしまう。そのような事態になれば，当該国に資金を貸す国はなくなると考えられるので，当該国は外国からの借り入れによって経済成長をはかることはできなくなるであろう。

9　経済はどのようにして成長するか

■教育や訓練による人的資本の形成

　労働は教育や訓練によってその質が改善され，生産性が上昇する。最低限の「読み，書き，計算」ができなければ，近代的な労働者としては通用しない。教育は学校教育だけではなく，さまざまな場所で行われるが，労働者が仕事をしながら知識や技術を習得していくことを，仕事をしながらの訓練 (On the Job Training, **OJT** と略される) という。

　教育と訓練は従来の職種での労働の生産性を引き上げるだけでなく，新たな専門家や機械化の可能性ももたらす。たとえば，パーソナル・コンピュータによる情報処理は労働の生産性を向上させるが，そうした情報処理に従事できるためには，労働者は一定の教育と訓練を受けていなければならない。さらに知識の状態を改善する発明・発見さらに革新の担い手を生み出すためにも，教育が必要である。教育や訓練も機械の増加と同じように，一種の投資活動とみなすことができる。そこで教育や訓練を受けた労働者のことを人的資本と呼ぶことがある。

　機械などの資本の投入量が増加していくと，その資本を操作できるだけの能力をもった労働者，すなわち，そのような能力をもった人的資本が不足するようになる。そのため，そのような能力をもった人的資本の所有者の賃金率は上昇し，その人が生涯にわたって獲得する実質賃金所得は増大する。そこで，高い生涯賃金の獲得を目指して，子供に高い教育を与えようとする親が増加する。また，企業も労働者を訓練して彼らの生産性を引き上げようとする。このようにして，人的資本の形成が促され，豊かな国がさらに豊かになるというメカニズムが働く。

■技術進歩

　生産性は技術進歩によっても増大する。技術進歩には二つの側面がある。第一は発明・発見であり，第二は革新と呼ばれ，既存の知識を応用する方法の開発である。ただしほとんどの場合，既存知識の応用方法を開発する場合にも，新しい知識の開発が必要になるから，発明・発見と革新との区別は厳

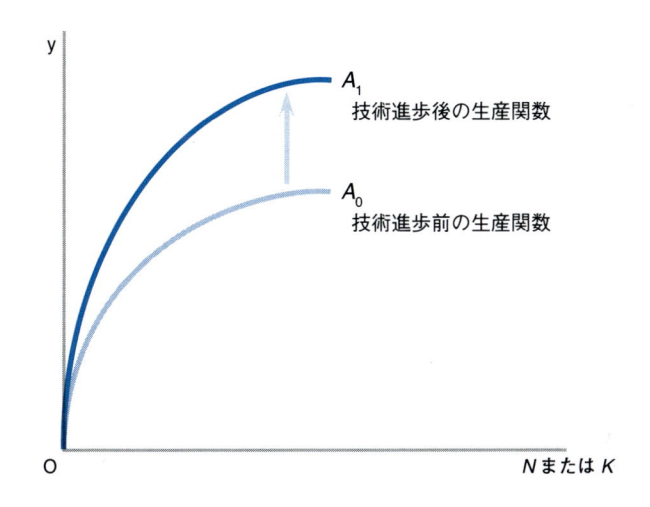

図9-6 技術進歩による生産関数の上方シフト

(図：縦軸 y、横軸 N または K。技術進歩前の生産関数 A_0 と技術進歩後の生産関数 A_1 が描かれ、A_1 が A_0 の上方にシフトしている)

密のものではない。

図9-6 は技術進歩によって労働と資本の生産性が共に上昇することを示したものである。図の横軸に労働の投入量をとれば，図の二つの生産関数は労働の投入量と実質国内総生産との関係を示す。A_0 で示される生産関数は技術進歩前の生産関数である。それに対して A_1 で示される曲線は技術進歩後の生産関数を示している。生産関数は技術進歩によって上方にシフトし，労働の平均生産性と限界生産性は共に上昇していることがわかる。

図9-6 の横軸に資本の投入量をとれば，労働に関して述べたことと同じことが資本についてあてはまる。すなわち技術進歩によって，資本の限界生産性と平均生産性は共に高まる。

経済の成長にとって，投資はきわめて重要である。投資は外国からの借り入れによっても可能であるが，外国からの借り入れは将来，消費を犠牲にして，貯蓄を増やし，それによって経常収支を黒字にして(純輸出をプラスにすること)，国際通貨を獲得し，その通貨で返済しなければならない。しかし，技術が進歩すれば，同じ投資による資本の増加でも資本の生産性は高まるから，一国の生産能力はより増大する。したがって，技術が進歩すれば，

それだけ国内総生産は増大するから、国民はより高い消費を維持しつつ、より高い経済成長を達成することができる。

技術進歩は、過去においてはどんなに大量の資源を投入しても生産できなかった自動車やコンピュータやジェット機などの新製品を絶え間なく大量に作り出してきた。また、技術進歩は一定の生産能力の拡大のために必要となる資源を大幅に節約することも可能にする。このような資源を大幅に節約する技術進歩が絶え間なく起こらなかったならば、先進国を中心とする近代的な経済成長は起こりえなかったであろう。

■ 研究開発投資と技術進歩

現代の技術進歩は、膨大な研究開発投資によってもたらされることが多い。図 9-7 は、実質研究開発投資の対実質 GDP 比率の最近の推移を、日本とアメリカ、イギリス、ドイツについて示したものである。これによると、最近の日本における研究開発投資の対実質 GDP 比率は 3 ％程度であり、アメリカやドイツよりも大きいことがわかる。

パソコンや携帯電話などに代表される情報機器やさまざまな新薬などの新製品は、過去における研究開発投資が開花したものである。これらの研究開発投資の特徴の一つは、ある企業の研究開発投資によって新製品が開発されたり、既存の製品の品質が向上したりすると、その過程での知識や経験が当該の企業だけでなく、産業全体に及ぶという点にある。これらの経験や知識は新製品を分解したり、模倣したりすることによって得られる。このようにして得られた経験や知識の蓄積は、経済全体の生産性の向上に貢献する。この研究開発投資の利益が当該企業にとどまらず、経済全体に波及することを、外部経済効果という。

以上のような、教育・訓練による人的資本の形成と研究開発投資によってもたらされる高度な経験や知識の蓄積は、持続的な技術進歩をもたらすことによって経済成長の持続を可能にする。このように、経済そのものの中に技術進歩とそれによる生産性の向上の力が埋め込まれ、それによって経済が成

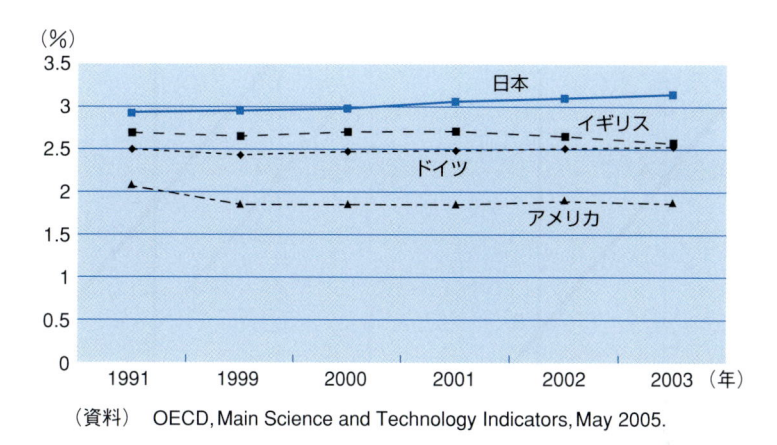

図 9-7　研究開発投資の対GDP比率

（資料）　OECD, Main Science and Technology Indicators, May 2005.

長していくことを，**内生的経済成長**と呼ぶ。

■経済成長と総供給曲線のシフト

　上に示したような要因によって，生産関数が上方にシフトすると，完全雇用が達成されているときの総供給曲線は，**図 9-8 の S_0 から S_1 のように右にシフト**する。この過程で，総需要曲線に変化がなければ，**図 9-8(1)** に示されているように均衡点は A から B に移動し，物価の低下をともなった実質国内総生産の増加が達成される。しかし，経済成長にともなって，実質国内総生産が増大し，人々の実質所得も増大すると，総需要曲線は**図 9-8(2)** のように D_0 から D_1 のように右にシフトして，総需要はいずれの物価水準においても増加するであろう。図では均衡点は A から C に移動する。この場合には，若干の物価の低下をともなった実質国内総生産（したがって，実質国内総所得）の増加が達成されている。このように，経済成長は，物価の上昇をともなうことなく，人々の実質国内総生産を増やすことを可能にするのである。

9　経済はどのようにして成長するか

図9-8　経済成長と総供給曲線のシフト

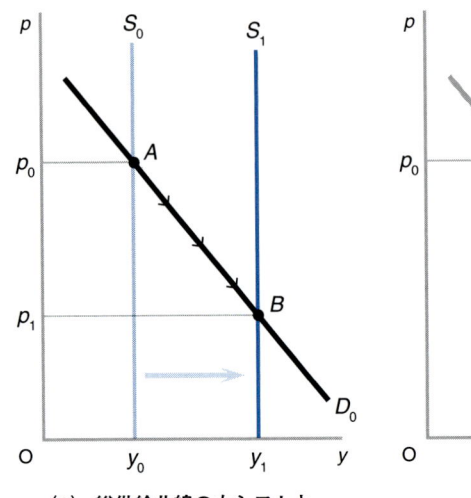

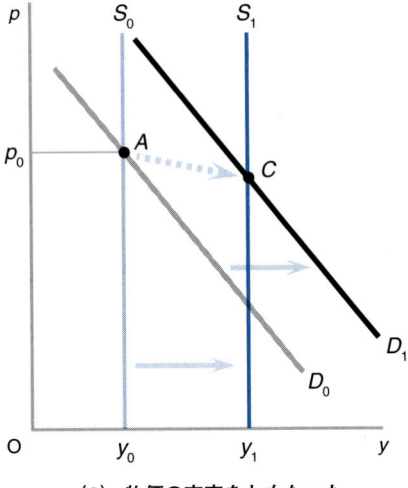

(1) 総供給曲線の右シフトと物価の低下

(2) 物価の安定をともなった経済成長

— check point 9.1

●キーワード

経済成長　　経済成長率　　潜在成長率　　生産関数　　資本　　労働　　労働投入量　　労働の限界生産性(労働の限界生産物)　　労働の平均生産性　　収穫逓減の法則　　資本の投入量　　投資　　貯蓄　　外国の貯蓄の借り入れ　　教育　　仕事をしながらの訓練(OJT)　　人的資本　　技術進歩　　研究開発投資　　内生的経済成長

● 9-1節 練習問題

1. 労働以外の生産要素の投入量を一定として，労働投入量だけが変化する場合の生産関数を図で示し，その図を用いて次の問に答えよ。

　　(1)　労働の限界生産性を定義せよ。
　　(2)　労働の収穫逓減の法則について説明せよ。
　　(3)　労働の平均生産性を定義せよ。

(4) 労働の収穫逓減の法則は，飢餓といった深刻な問題を引き起こす原因になるということを，(1)〜(3)で説明した用語を用いて説明せよ。

2. 完全雇用経済においては，外国との取引がない場合には，貯蓄を上回る投資は可能でないことを説明せよ。

3. 完全雇用経済でも貿易が存在する場合には，貿易収支（純輸出）を赤字にすることによって，国内の貯蓄を上回る投資が可能であることを，次の文のカッコ内を適切な言葉または数字で埋めることによってせよ。

　　政府部門の存在しないケースで完全雇用経済における実質国内総生産を1000とし，そのときの民間消費を700とすると，民間総貯蓄は(1)になる。外国との取引がなければこの経済が最大限可能な投資は(2)である。
　　それに対して外国から国際通貨を50だけ借り入れて，その50で(3)を輸入すれば，外国との取引がない場合に比べて(4)だけ多い投資が可能になる。輸出をゼロとすると，貿易収支は(5)の赤字になる。このケースでは，貯蓄と(6)の合計は(7)に等しくなるから，外国との取引が可能であれば，一国は貯蓄を上回る投資が可能であることがわかる。

9-2　経済成長の源泉の計測

■明治以来の日本の経済成長

　図 9-9 は1885年以降1990年までの日本の一人あたり実質国内総生産の推移を，アメリカと比較して示したものである。この図では，日本とアメリカの各年の一人あたり名目国内総生産を，1985年のアメリカの物価水準を基準にとって実質化している。この図の縦軸は一人あたり実質国内総生産の対数値をとったものである。対数値で示された曲線の傾きは，その期間の成長率を示し，傾きが大きいほど，成長率は高くなる。

9 経済はどのようにして成長するか

図 9-9　日米の一人あたり実質 GDP の推移

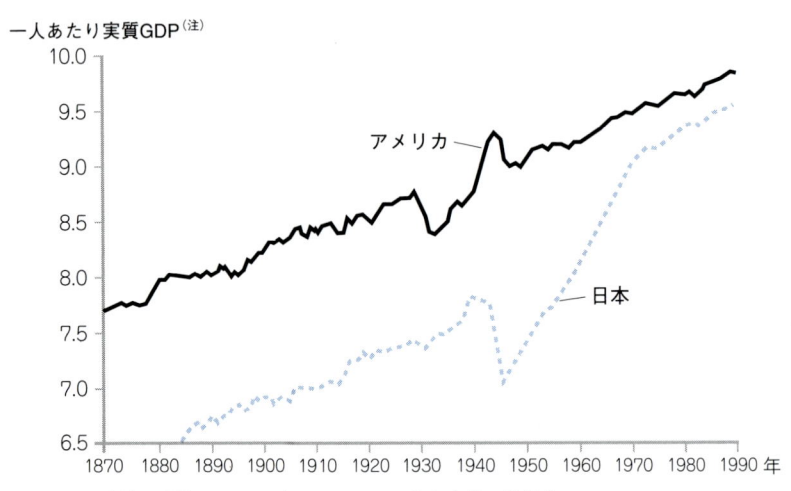

（注）縦軸は，1985 年のアメリカの物価水準で基準化した，一人あたり実質GDPの対数値。
（資料）R.J.Barro & X. Sala–i–Martin, *Economic Growth*, MacGraw–Hill, Inc.,1995.

　1890 年の日本の一人あたり実質国内総生産は 842 ドルであったが，1990 年には 1 万 6144 ドルとなり，100 年間で 19 倍になった。それに対して，アメリカの一人あたり実質国内総生産は，1890 年は 3101 ドルであったが，1990 年には 1 万 8258 ドルになった。アメリカの一人あたり実質国内総生産は 100 年間で 5.9 倍になったわけである。また，1890 年における日本の一人あたり実質国内総生産はアメリカの 27 ％にすぎなかったが，1990 年にはアメリカの 88 ％までに増大している。このように，日本がアメリカの 88 ％までに追いつくことができたのは，日本の年々の実質経済成長率がアメリカよりもかなり高かったためである。

■成長会計による経済成長の要因分解

　日本やその他の諸国の経済成長はどのような要因によってもたらされてきたであろうか。経済成長の諸要因は，もっとも単純には，(9-1) の生産関数

図 9-10 主要先進国の経済成長の要因

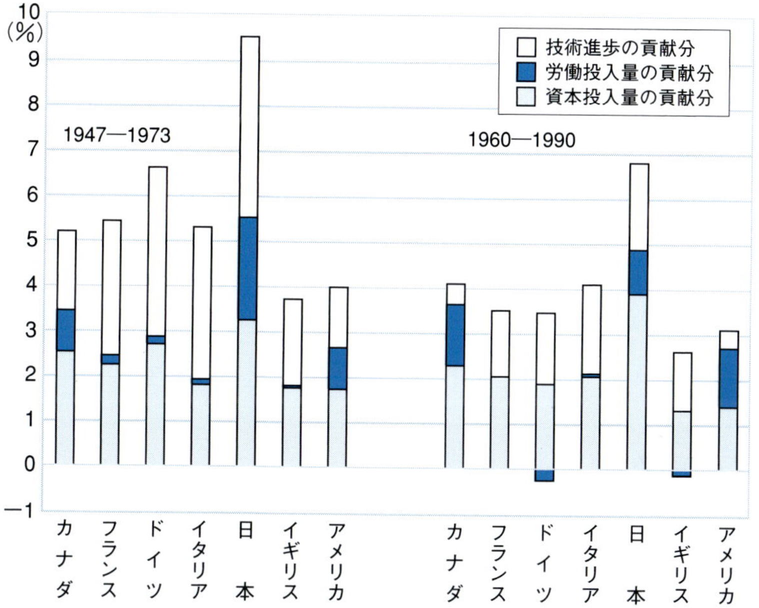
10
(%)
9
8
7
6
5
4
3
2
1
0
−1
1947—1973
1960—1990
技術進歩の貢献分
労働投入量の貢献分
資本投入量の貢献分
カナダ
フランス
ドイツ
イタリア
日本
イギリス
アメリカ
カナダ
フランス
ドイツ
イタリア
日本
イギリス
アメリカ

(注) 左側の棒グラフは 1947〜1973 年の推計値
右側の棒グラフは 1960〜1990 年の推計値
(資料) 図 9-9 に同じ。

を用いて求められる。この生産関数からは，国内総生産の成長率は，資本投入量の増加率と労働投入量の増加率および技術進歩率とに分けて考えることができる。図 9-10 は，主要先進国の，1947 年から 1973 年と 1960 年から 1990 年とについて，実質国内総生産の成長率の要因を分解したものである。日本は 1947 年から 73 年にかけて年率 9.5 %で成長した。この成長にもっとも貢献したものは技術進歩であり，それはこの期間の経済成長率の 42.3 %を説明している。この 42.3 %を，技術進歩の経済成長に対する貢献度という。資本投入量と労働投入量の貢献度は，それぞれ，34.5 %と 23.3 %である。その他の国についても，一般的に，成長への貢献度の一番大きいのは技術進歩であり，次いで資本投入量である。

それに対して 1960 年から 1990 年についてみると，ほとんどの国で，技術

進歩の貢献度が低下していることがわかる。とくにこの点はアメリカ，カナダ，日本について顕著である。日本の場合，技術進歩の貢献度は47年から73年については42.3％であったが，60年から90年については28.8％まで低下している。アメリカについては一層この傾向が顕著で，47年から73年の貢献度が33.6％であったのに対して，60年から90年については13.5％にまで落ち込んでいる。

このような技術進歩率の低下を反映して，二つの期間でどの国も実質経済成長率はかなり低下した。日本についてみると，実質経済成長率は47年から73年までの平均9.5％から，60年から90年までの平均6.8％へと，28％も低下している。

■アジアの奇跡

香港，シンガポール，韓国および台湾などは，60年代後半から90年代初めにかけて，7％から10％という高い経済成長を達成し，アジアの奇跡と呼ばれた。図9-11はこれらの国の経済成長の要因分解をしたものであるが，これによると，どの国も資本投入量の増大がもっとも貢献度が高く，次に高い貢献度は労働投入量である。それに対して，技術進歩の貢献度は比較的小さい。アメリカの経済学者ポール・クルーグマンはこれらの国の技術進歩率の低さをもって，これらの国の経済成長はやがて大きく鈍化するであろうと主張しているが，アジアの奇跡をめぐってはクルーグマンに対する反論もあり，この問題は現在のところ決着をみていないといえよう。

9-2 経済成長の源泉の計測

図 9-11　東アジア諸国の経済成長率

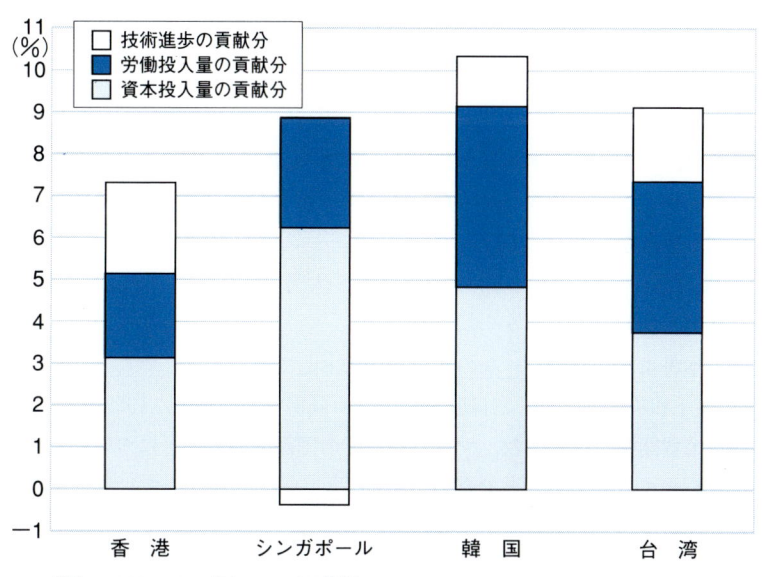

凡例：
- □ 技術進歩の貢献分
- ■ 労働投入量の貢献分
- □ 資本投入量の貢献分

（横軸：香港、シンガポール、韓国、台湾）

（注）　1966〜1990 年についての推計
（資料）　図 9-9 と同じ。

———— check point 9.2

● キーワード

成長会計　　アジアの奇跡

● 9-2節 練習問題

次の（　）内を適切な言葉で埋めて，文を完成せよ。ただし，同じ番号の（　）内は同じ言葉で埋めること。

1．成長会計によると，経済成長の要因は（1），（2），（3）の三つに分解される。
2．1960年から1990年にかけての主要先進国の実質経済成長率は，1947年から1973年にかけてのそれに比べてかなり低下した。その最大の要因は（1）の低下である。

参 考 文 献

　本書では，マクロ経済学を日本のマクロ経済の諸問題に応用することに，十分なスペースを割くことができなかった。この点を補う上で，読みやすく，かつ，興味深い事例が豊富な好著として，
　（1）福田慎一・照山博司『マクロ経済学・入門（第3版）』有斐閣，2005年
を強く推薦したい。
　次に，本書よりもややレベルの高い教科書として
　（2）浅子和美・加納悟・倉澤資成『マクロ経済学』新世社，1993年
がある。消費関数，投資関数，マクロ経済学の国際的側面などについて，初級の上から中級レベルまでを学ぶ上で有益である。
　さらに進んで，マクロ経済学を学びたい人には，
　（3）井堀利宏『入門マクロ経済学（第2版）』新世社，2003年
をお勧めする。経済成長の理論，景気循環理論，マクロ経済政策の有効性と深く関わる中立命題など，最近のマクロ経済学がわかりやすく解説されている。経済学部レベルのマクロ経済学の到達点を示した教科書であり，経済学研究者を目指すのでないかぎり，このレベルまで理解すれば，マクロ経済学の理解としては十分であろう。
　1990年代半ば以降，日本経済で起きたデフレーションについて理解を深めるには，
　（4）岩田規久男『デフレの経済学』東洋経済新報社，2001年
を参照されたい。

練習問題解答

● 1-1 節 練習問題解答
（1）マクロ経済学 （2）ミクロ経済学 （3）マクロ経済学 （4）国内総生産 （5）物価 （6）マクロ経済変数 （7）家計 （8）企業 （9）所得 （10）労働サービス

● 1-2 節 練習問題解答
（1）2 （2）3 （3）5 （4）3 （5）付加価値 （6）8 （7）8 （8）消費財 （9）在庫投資 （10）7 （11）投資財

● 1-3 節 練習問題解答
A （1）民間消費 （2）民間国内総投資 （3）政府支出 （4）輸出 （5）輸入 （6）民間在庫投資 （7）民間設備投資 （8）民間住宅投資 （9）製品在庫投資 （10）機械
B　1．○　2．×　最終生産物に対する支出のうち、外国で生産された最終生産物に対する支出、すなわち、輸入は国内総支出には含まれない。3．○　これを支出面からみると、原材料在庫投資になる。4．×　日本の国内総支出とは、日本で生産された最終生産物に対する支出である。問題文のベンツはドイツで生産された最終生産物であるので、日本の国内総支出には含まれない。5．×　アメリカ人による支出でも、日本の国内で生産されたパソコンに対する支出であるから、日本の国内総支出（具体的には、日本の輸出）に含まれる。

● 1-4 節 練習問題解答
（1）6【(1-14)式を使う】（2）～（7）は、民間消費、民間在庫投資、民間設備投資、民間住宅投資、政府支出、輸出（8）輸入（9）100（10）国内総生産（11）26（民間在庫投資、民間設備投資、民間住宅投資の合計を求める）（12）4（輸出から輸入を差し引く）

● 1-5 節 練習問題解答
（1）105（2）20（政府部門は存在しないから、国内総生産 = 国内総支出 110 億円 = 民間消費 50 億円 + 民間国内総投資 40 億円 + 純輸出である。これから、純輸出 20 億円）（3）35（民間国内純投資 = 民間国内総投資 − 固定資本減耗）（4）50（国内総生産 110 億円 = 国内総所得 = 雇用者所得 60 億円 + 総営業余剰から求められる）（5）112（国民総所得 = 国内総生産 110 億円 + 海外からの受け取った要素所得 3 億円 − 海外へ支払った要素所得 1 億円から求められる）（6）100【表 1-1 の(6)を利用すると、実質 GDP =【名目 GDP × 100】/GDP デフレーターであるから、実質 GDP = 110 × 100/110 = 100】

257

● 2-1節 練習問題解答
(1)超過供給 (2)低下(または,下落) (3)増加 (4)減少 (5)低下(または,下落)
(6)超過需要 (7)上昇 (8)減少 (9)増加 (10)上昇

● 2-2節 練習問題解答
1. y_0 2. y_1 3. 計画国内総生産＜計画国内総支出 4. 20億円の計画外在庫の減少(超過需要20億円に対して,当初保有の在庫30億円のうち20億円を取り崩す) 5. このケースでは,負の計画外在庫投資＝20億円＝計画国内総支出120億円－事後的国内総生産100億円であるから,事後的国内総生産100億円＝計画国内総支出120億円－負の計画外在庫投資20億円となり,右辺は定義によって事後的国内総支出であるから,事後的国内総生産＝事後的国内総支出＝100億円になる。

● 2-3節 練習問題解答
(1)1000 (2)200 (3)900(消費者たちは,今期生産された800台と取り崩された在庫100台を購入する) (4)100 (5)800 (6)300 (7)300 (8)計画外在庫投資(または,意図せざる在庫投資) (9)1000 (10)300 (11)1300 (12)在庫 (13)1000

● 3-1節 練習問題解答
1. 実質国内総生産が600のとき,民間消費は消費関数から520になる。これに計画民間国内総投資50を加えると,計画国内総支出は570になる。したがって,計画外在庫投資(事後的国内総生産600－計画国内総支出570)が30発生するので,企業は生産を減らそうとする。これにより,実質国内総生産(総供給)が減少すると,民間消費が減少するため,総需要も減少する。総供給と総需要がともに500(均衡においては,$y = C + I$であるから,$y = 100 + 0.7y + 50$。これから,$y = 500$が求められる)まで減少すると,均衡に達する。
2. このケースでは,30の超過需要が発生する。企業は150の在庫のうち30を取り崩して超過需要の一部に対応しようとする。計画外在庫の減少に直面した企業は,生産を拡大する。これにより総供給が増加すると,総需要も増加し,両者が500まで増加すると,均衡に達する。

● 3-2節 練習問題解答
1. 均衡条件式は,総供給 y ＝ 総需要 $C + I$ であるから,C と I に①と②を代入して,
$$y = 100 + 0.7y + 60$$
これから,　　$0.3y = 160$
∴ $y = 533.3\cdots$　　　　　　　　　　　　　　　　　　　　　　答　533
2. 投資乗数 ＝ $1/(1-b)$ であるから,①から $b = 0.7$ を代入して,
投資乗数 ＝ $3.33\cdots$　　　　　　　　　　　　　　　　　　　　　答　3.3

3．$\Delta y =$（投資乗数 × 投資の増加）であるから，$\Delta y = 3.3 \times 20 = 66$

答　66

● 3-3節　練習問題解答

1． $y = C + I + G$ の右辺に①～④を代入して，
　　　　$y = 100 + 0.7(y - 10) + 490 + 17$
　　　$0.3\,y = 600$
　　　∴ $y = 2000$

実質国内総支出

$D_0 = 600 + 0.7y$

E_0

600

45°

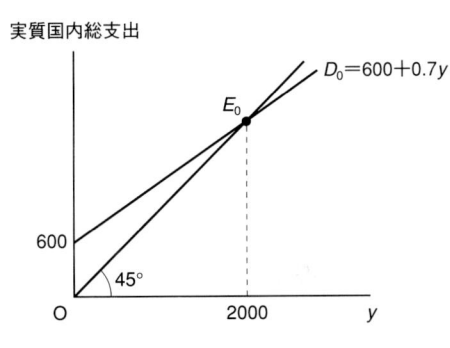

O　　　　2000　　　y

2．投資乗数 ＝ 政府支出乗数 $= 1/(1 - b) = 1/(1-0.7) = 3.33\cdots$　　答　3.3
　租税乗数 $= -b/(1 - b) = -2.33\cdots$　　答　-2.3

3．民間内総投資は50増加するから，$\Delta y = 3.3 \times 50 = 165$
　政府支出は10増加するから，　　　$\Delta y = 3.3 \times 10 = 33$
　減税は5であるから，　　　　　　$\Delta y = -2.3 \times (-5) = 11.5$

4．
10の政府支出増加のケース

実質国内総生産

$D_1 = 610 + 0.7y$
$D_0 = 600 + 0.7y$

E_1
10
E_0

610
600

45°

O　　　　2000 2033　　y

政府支出が10だけ増加すると，総需要曲線は D_0 から D_1 へと上方に10だけ平行移動し，均衡点は E_0 から E_1 へ移動し，実質国内総生産は政府支出乗数メカニズムが働いて2000から2033に増加する。

5だけ減税になると，総需要曲線は D_0 から D_2 へ3.5（限界消費性向 × 5）だけ上方に平行移動して，均衡点は E_0 から E_2 に移動し，実質国内総生産は租税乗数メカニズムが働いて，2000から2011.5へ増加する。

5の減税のケース

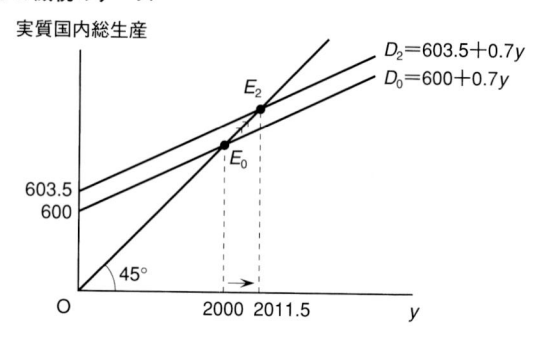

実質国内総生産

$D_2 = 603.5 + 0.7y$
$D_0 = 600 + 0.7y$

603.5
600

45°

O   2000 2011.5 y

● 3-4節 練習問題解答
1. 均衡条件式から，
$$y = 100 + 0.7(y - 10) + 527 + 20 + 15 - 20 - 0.5(y - 10)$$
$$y = 640 + 0.2\,y$$
$$0.8\,y = 640$$
$$\therefore y = 800$$

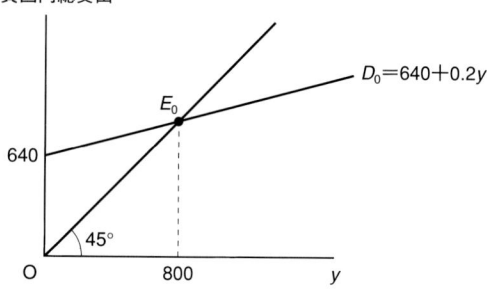

実質国内総支出

$D_0 = 640 + 0.2y$

640

45°

O   800 y

2. 外国貿易乗数 $= \dfrac{1}{1 - b + m}$ に，$b = 0.7$, $m = 0.5$ を代入して，

外国貿易乗数 $= \dfrac{1}{1 - 0.7 + 0.5} = 1.25$

租税乗数 $= \dfrac{-b + m}{1 - b + m}$ に，$b = 0.7$, $m = 0.5$ を代入して，

租税乗数 $= -\dfrac{0.2}{0.8} = -0.25$

● 4-1節 練習問題解答
(1) 生産能力拡大投資 (2) 生産要素代替投資 (3) 新製品生産のための投資

● 4-2節 練習問題解答

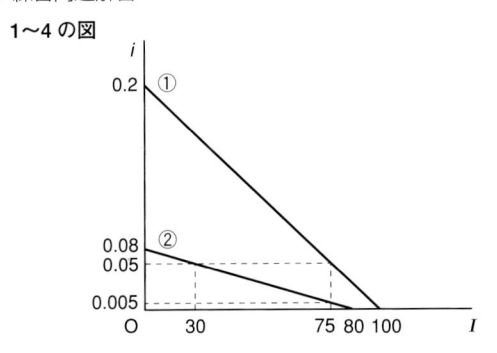

1〜4の図

2．$I = 100 - 500 \times 0.05 = 75$
4．$I = 80 - 1000 \times 0.05 = 30$ 　　　75から30に減少
5．$I = 75 = 80 - 1000\,i$ から，$i = 0.005$ 　　　0.5％に引き下げる

● 4-3節 練習問題解答

下の図のように，長期利子率が i_0 から i へ低下したときに，同時に，投資の期待収益率も低下して，投資曲線が I から I' へと左にシフトしたためであると考えられる。この場合には，投資は I_0 から I_1 へ減少する。

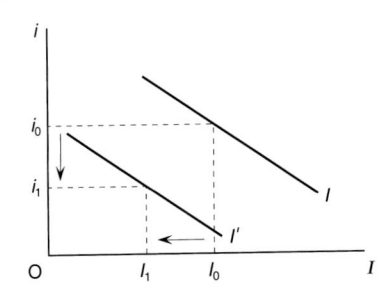

● 5-1節 練習問題解答
(1)現金(または，現金通貨) (2)預金(または，預金通貨) (3)M2 (4)M2＋CD (5)広義流動性 (6)〜(8)価値(の)尺度，交換手段(または，支払い手段，または，決済手段)，価値(の)貯蔵(または，価値保蔵)

● 5-2節 練習問題解答
(1)取引需要 (2)資産需要 (3)実質国内総生産(または，実質国民総生産) (4)利子率(または，債券利子率) (5)減少 (6)低下 (7)上昇

● 5-3節 練習問題解答
(1)日本銀行(または,中央銀行) (2)民間銀行 (3)預金創造 (4)信用創造 (5)日本銀行当座預金 (6)預金(または,当座預金)

● 5-4節 練習問題解答
1．○ 債券を売却する個人や企業は,それによって貨幣を手に入れようとする。したがって,この場合は,債券市場には超過供給が,貨幣市場には超過需要が存在する。
2．○
3．○ 同じ種類の債券について,その発行利子率が流通市場の利子率よりも高いということは,債券の発行価格が債券の流通価格よりも低いことを意味する(債券価格と利子率とは逆方向に変化することに注意。(5-2)式参照)。したがって,投資家は発行市場で債券をより低い価格で買って,流通市場でより高い価格で売って利益を得ることができる。

● 6-1節 練習問題解答
[1]：(1)限界貯蓄性向 (2)限界消費性向 (3)超過供給 (4)超過需要 (5)投資 (6)利子率 (7)財市場(または,生産物市場) (8)需要 (9)利子率 (10)貨幣市場
[2] B：LM 曲線上の点であるから,貨幣市場は均衡している。実際の利子率は財市場が均衡するための利子率よりも低いから,投資＞貯蓄となり,財市場には超過需要が存在する。
　　C：IS 曲線上の点であるから,財市場は均衡している。実際の利子率は貨幣市場が均衡する利子率よりも低いから,貨幣市場には超過需要が存在する。
　　D：LM 曲線上の点であるから,貨幣市場は均衡している。実際の利子率は財市場が均衡するための利子率よりも高いから,財市場には超過供給が存在する。
　　E：IS 曲線上と LM 曲線上の点であるから,財市場も貨幣市場も均衡している。

● 6-2節 練習題解答
1．(1)＞,超過供給 (2)＜,超過需要 (3)0.7, 770(民間総貯蓄 $S \equiv y - T - C$ を使う) (4)870($S + T = I + G$ を使う)
2．政府支出が G_0 から G_1 に増加すると,IS 曲線は IS_0 から IS_1 のように,右にシフトし,均衡点は E_0 から E_2 へ移動し,y は y_0 から y_2 へ増加する。このとき,貨幣市場で決定される利子率が i_0 から i_1 へ上昇しなければ,均衡点は E_1 へ移動するから,y は y_1 まで増加する。したがって,貨幣市場の変化を考慮する場合の方が,同じ金額の政府支出増加が y に及ぼす増大効果は小さくなる。

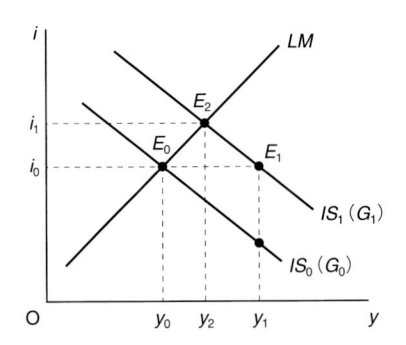

3. 2と基本的に同じであるから，解答は省略。

4. (1)

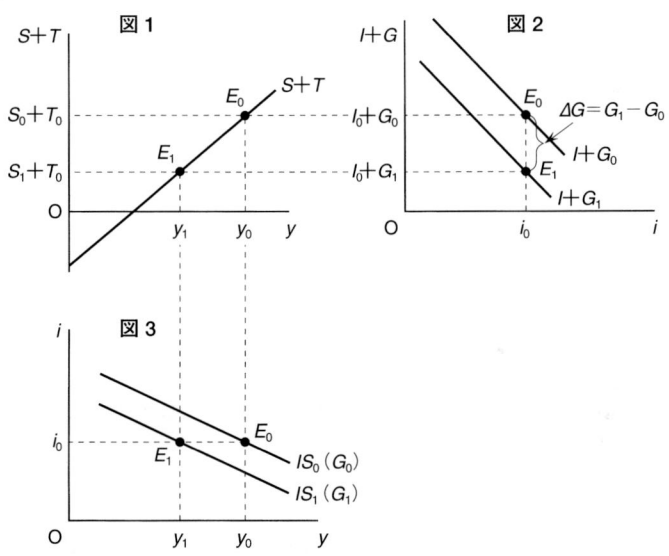

政府支出 G_0 のとき，財市場の均衡点 (y_0, i_0)。政府支出が G_1 に減少すると，$(I+G)$ 曲線は下方にシフトするから，i_0 のときに，財市場が均衡する y は y_1 になる。したがって，図3のように IS 曲線は左(または，下方)にシフトする。

(2)

(1)から IS 曲線は左にシフトするから，図4で，均衡点は E_0 から E_1 へ移動し，y は y_0 から y_1 へ減少し，i は i_0 から i_1 に低下する。

図 4

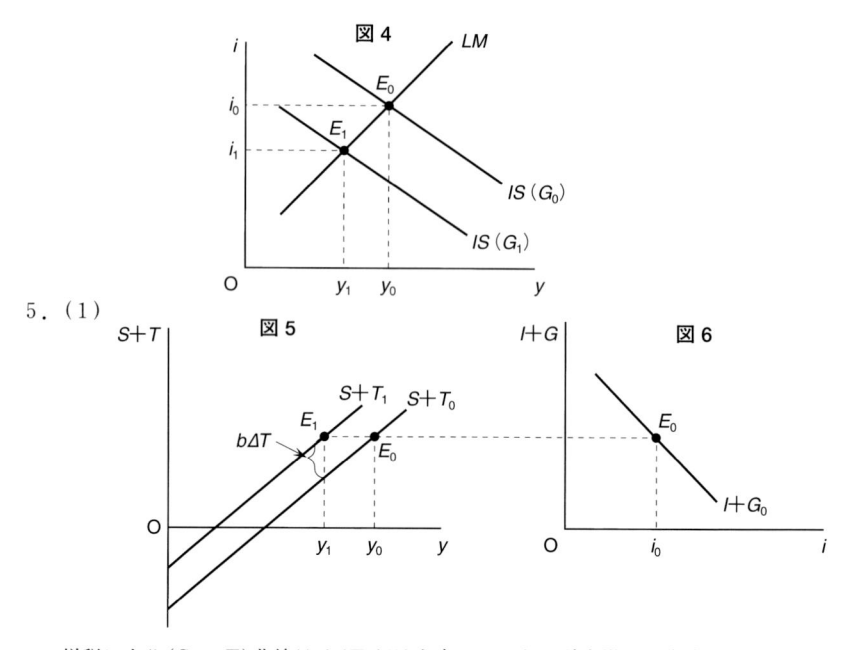

5．(1)

図 5　　　**図 6**

増税により $(S+T)$ 曲線は $b\varDelta T$ だけ上方にシフト。財市場の均衡点は (y_0, i_0) から (y_1, i_0) へ移動。$y_1 < y_0$ であるから，IS 曲線は左へシフト。

(2) 図は省略。IS 曲線が左へシフトするから，y は減少。i は低下。

6． 3 の減税のケースだけ図を示しておく。

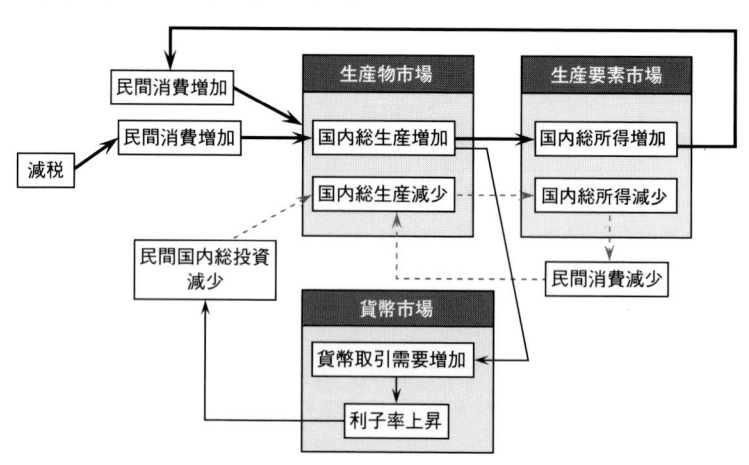

(注) 1) 太い実線の矢印は租税乗数メカニズム
　　 2) 破線の矢印は（負の）投資乗数メカニズム

練習問題解答

● 6-3節 練習問題解答
1．（1）

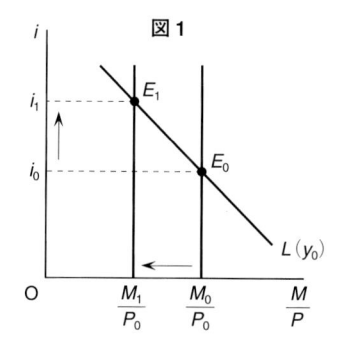

図1

日本銀行当座預金が減少すると，民間銀行は貸し出しを減らすため，預金供給が減少する。これにより，実質貨幣供給量は M_0/P_0 から M_1/P_0 のように減少する。均衡点は当初の E_0 から E_1 へ移動し，利子率は i_0 から i_1 へ上昇する。

（2）図1から，貨幣市場が均衡する y と i の組み合わせは，(y_0, i_0) から (y_0, i_1) へ変化する。$i_0 < i_1$ であるから，LM 曲線は上方(左)にシフトする。

（3）

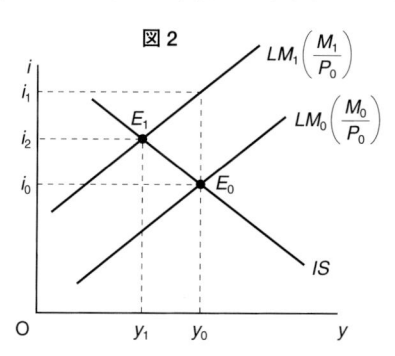

図2

（2）から LM 曲線は LM_0 から LM_1 のように上方(左)にシフトし，均衡点は E_0 から E_1 へ移動し，y は y_0 から y_1 に減少し，利子率は i_0 から i_2 へ上昇する。

2．図 6-17 の用語を以下のように変える。
　手形・債券買いオペ→手形・債券売りオペ，民間銀行貸出増→民間銀行貸出減，債券購入増→債券購入減，預金増加→預金減少，貨幣供給量増加→貨幣供給量減少，利子率低下→利子率上昇，利子率上昇→利子率低下，取引需要増加→取引需要減少，投資増加→投資減少，国内総生産増加→国内総生産減少，国内総所得増加→国内所得減少，民間消費増加→民間消費減少

● 7-1節 練習問題解答
1．図 7-2 とそれに即した本文の説明を要約して答える。

2．点 A と点 B の間では，非自発的失業が存在しているが，このとき，ケインズ・モデルでは名目賃金率は下方硬直的で，一定である．物価は点 A から点 B にかけて上昇するから，実質賃金率は点 A から点 B に移動するにつれて低下する．点 B と点 C の間では，完全雇用が達成されているため，名目賃金は物価と同率で上昇するから，実質賃金は一定になる．

3．ヒント：

政府支出の削減と増税の効果　　　　　　　債権売りオペの場合

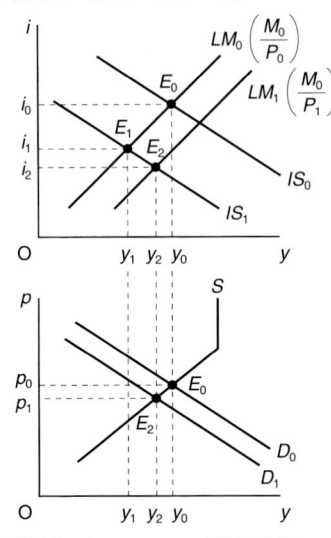

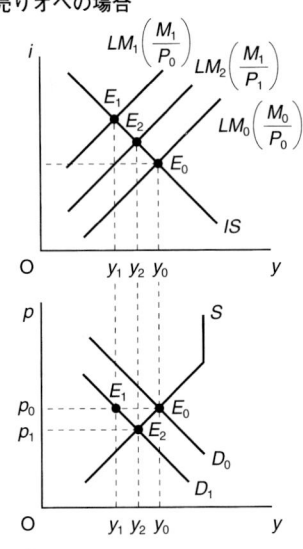

(1) 物価一定のケース：IS 曲線左シフト．$y_0 \to y_1$，$i_0 \to i_1$
(2) 物価が変化するケース：総需要曲線は D_0 から D_1 へ左シフト．物価は P_0 から P_1 へ低下．物価の低下により，LM 曲線は LM_0 から LM_1 へ右(下方)シフト．均衡点は E_0 から E_2 へ．y_0 から y_2 へ．i_0 から i_2 へ．

　　総需要の減少により，物価が低下すると，名目貨幣供給量に変化がなくても，実質貨幣供給量が増加して，LM 曲線が右(下方)にシフトするため，物価が一定の場合よりも，利子率の低下は大きくなり，したがって，民間国内投資の増加も大きくなる．そのため，物価が変化する場合の方が，政府支出削減や増税による総需要削減効果は小さくなる．これにより，物価が変化する場合の方が，政府支出削減や増税による y の縮小効果は小さくなる．

(1) 物価一定のケース：日本銀行当座預金の供給減少 → 実質貨幣供給量 $M_0/P_0 \to M_1/P_0$ へ減少して，LM_0 から LM_1 へ左シフト → y_0 から y_1 へ減少．
(2) 物価が変化するケース：総需要曲線 D_0 から D_1 へ左シフト → 物価 P_0 から P_1 へ低下．LM 曲線 LM_0 から LM_2 へ左シフト → y_0 から y_2 へ減少．

　　物価が変化する場合の方が，名目貨幣供給量が減っても，物価が低下するため，

実質貨幣供給量の減少は小さくなり，それによって，利子率の上昇は抑制される。したがって，物価が変化する場合の方が，民間国内総投資の減少も小さくなるから，y の減少も小さくなる。

● 7-2節 練習問題の解答とヒント
1. 本文の該当箇所の説明を 400 字以内で要約する。
    (1) 労働者は自分の実質賃金だけでなく，他人と比較した相対賃金にも強い関心をもっているという点がポイント。
    (2) 省略
    (3) 企業の方が労働者よりも所得(労働者の場合は賃金。企業の場合は利潤)変動の危険を負担する能力が高い点がポイント。
    (4) 内部労働者に外部労働市場の実質賃金よりも高い賃金を支払うことにより，労働意欲を高める点がポイント。
    (5) 外部労働者(アウトサイダー)を適切な内部労働者(インサイダー)に育てるためには，採用費用や教育訓練費用がかかるため，これらの費用のかからない内部労働者は賃金交渉において有利な立場に立つことがポイント。
2. ヒント：図 7-9 を利用する。ケインズ・モデルの均衡点は，非自発的失業が存在しても名目賃金率が一定であるため E_0。古典派モデル派モデルでは，非自発的失業が存在するかぎり，名目賃金率が低下するため，総供給曲線が右(または，下方)にシフトして，均衡点は E_1 になり，完全雇用が達成される。
3. 図 7-11 とそれに即した本文の説明を要約する。(1)金融緩和政策によって，短期的には物価の上昇をともないつつ，雇用量を増やすことができるが，(2)物価が上昇するにつれて，労働者たちのインフレ期待が上方に修正され，期待が現実に一致する長期では，実質賃金率が一定となり，雇用量は金融緩和政策実施前の水準に戻ってしまうという点がポイント。

● 7-3節 練習問題解答とヒント
1. 貨幣供給増加率が 80 年代から 90 年代のはじめにかけて，60 年代から 70 年代の終わりに比べて低下したため。
2. 終身雇用制やボーナス制度の下で，実質賃金率が労働市場の需要と供給を反映して伸縮的に変化する点がポイント。
3. 賃金の下方硬直性による高い非自発的失業率と，最低賃金制や雇用保護法などの制度的要因による高い自然失業率がポイント。

● 7-4節 練習問題解答とヒント
1. 次の三つの要因により失業率が上昇したことを説明する。
    (1) 名目賃金の下方硬直性。

(2)「流動性のワナ」に陥った。
　　(3) バランス・シートの悪化による投資の減少。
2. インフレ率を一定の範囲に中期的に収めようとする金融政策。イギリス，オーストラリア，ニュージーランド，カナダなどが採用。安定的な成長と失業率の低下を達成。

● 8-1節　練習問題解答とヒント
1. (1)0.0067　(2)円(または，邦貨)　(3)ドル(または，外貨)　(4)円　(5)ドル　(6)減少　(7)増加　(8)輸入額　(9)輸出額
2. **図8-3(b)**を用いて，S曲線がシフトしないケースについての本文の説明を要約せよ。
3. **図8-3(b)**を用いて，長期的に，S_0からS_1へのシフトが起きるケースについての本文の説明を要約せよ。

● 8-2節　練習問題解答
1. (1)～(3)C, I_p, G　(4)NX　(5)C　(6)I_p　(7)G　(8)S_p　(9)I_g　(10)T　(11)C_g　(12)S_g　(13)S　(14)I
2. (1)赤字　(2)黒字

● 9-1節　練習問題解答
1. (1)(2)**図9-3**を用い，それに関連する本文の説明を簡潔に要約する。
　　(3)(4)**図9-4**を用い，それに関連する本文の説明を簡潔に要約する。
2. **表9-1**の貿易と外国からの借り入れがないケースに関する本文の説明を参照。
3. (1)300　(2)300　(3)資本　(4)50　(5)50　(6)貿易収支の赤字　(7)投資

● 9-2節　練習問題解答
(1)技術進歩率　(2)～(3)資本投入量の増加率，労働投入量の増加率

索　引

あ　行

アウトサイダー　184
アジアの奇跡　254
アブソープション　227
　——アプローチ　227
アメリカの景気　88
アメリカへの輸出依存度　88
暗黙の契約仮説　183
安定した貨幣の購買力　160

依存支出　69
意図せざる在庫の減少　55
意図せざる在庫の積み増し　53
インサイダー　184
　——アウトサイダー仮説　183
インフレーション（インフレ）　190,211
インフレ目標政策　208,212
　伸縮的——　208
インフレ率　191,194,198,200,203,208～210
　高い——　198
　——と失業率のトレード・オフ　191,192
インフレーション　161

売上高　10,11

営業余剰　31

営業利益　31
エネルギー代替　100
円高　214
　——の効果　219,221
　——の国内総生産に及ぼす効果　219
　——のＪカーブ効果　225
　——の短期的な効果　221
円高不況　221,230
円建ての円・ドルレート　215,218

か　行

買いオペ　179
海外から受け取った要素所得　33
海外からの純要素所得　34,35
海外の居住者に支払った要素所得　33
外国からの借り入れ　243
外国貿易乗数　91,93
外部経済効果　248
外部労働市場　183
外部労働者　184
価格　114
額面価格　119
家計　4,29,114,118
　——の可処分所得　83
　——の最終生産物に対する支出　19
　——の所得の増加　89
貸付信託　117
可処分所得　82

269

価値尺度機能　114,115
価値貯蔵機能　115,116,121
価値の貯蔵　115
価値保蔵機能　115
貨幣　113,114,118
　　狭義の――　116
　　広義の――　117
　　――に対する資産需要　121
　　――の機能　114,115
　　――の購買力　234
　　――の調達　114
　　――の需要と供給　113
貨幣供給　139
　　――増加の効果　163
　　――増加率　194
　　――の変化　163〜165
貨幣供給量　127,128,180
　　――の変化と LM 曲線のシフト　165
　　――の変化と国内総生産の変化　165
貨幣残高　127
貨幣市場　129,139,142,166
　　――の均衡　141
　　――の均衡点　170
貨幣需要　121
　　――関数　121
貨幣需要曲線　127,139
　　――のシフト　123
貨幣需要量　127,128
株式　18,118
株主　29
為替レート　214,216,217
　　――の安定　160
　　円建て――　214
　　外貨建て――　214
　　邦貨建て――　214
完全雇用　174,178,186
　　――の成立　185
完全雇用経済　243
完全雇用水準　190
企　業　4,29,61〜63,82,98,102,107,114,118,174,183
　　――の最終生産物に対する支出　19
企業業績　195
企業損失　30
企業利益　29,30
　　――の配分　30
技術革新　99
　　――を体化した投資　99
技術革新投資　99
技術進歩　246,248
期待収益率　98,102
期待（予想）の要素　188
キャピタル・ゲイン　36
キャピタル・ロス　36
90年代不況期　111
供給　29
均衡　54
　　――へのメカニズム　71
均衡国内総生産　141,164,178
均衡実質国内総生産　47,62,71,74,81
均衡点　62
　　――の移動　144
均衡物価　47
均衡利子率　141,164,170
銀行　114
　　――の借入利子率　107
金融緩和政策　166,179,180,205
金融機関　114
金融資産　18,114,118,125
　　――の購入　107
金融政策　3,162,163,166,179,194,212
　　――の手段　161
　　――の目的　160
金融投資　18
金融引き締め政策　166,191

クーポン　119
グリーンスパン，A.　208

計画外在庫投資　53,56,58
計画国内総支出　53,54

索 引

計画国内総生産　53,54
計画在庫投資　53,56,71
景気　195
経済指標　1
経済主体　4,18
経済成長　233,236,245,249
　　高い――　254
経済成長率　236
経済変数　119
経済変動の要因　98
経常移転収支　223,224
経常収支　213,222,224,244
　　――決定のメカニズム　224
ケインズ型消費関数　68,70,73,135
ケインズ J. M.　60,182
ケインズ・モデル　43,44,60,176,186,
　194,197,210,211,219
　　単純な――　60,62,67,74,94
　　――における完全雇用対策　176
　　物価一定の――　77,92
決済手段　114
限界消費性向　69,73,78,82,135,156
限界貯蓄性向　135
限界輸入性向　89
減価償却費　32
研究開発投資　248
現金通貨　115
原材料　15
　　――在庫投資　15,16
減税　84,85,177

交換手段　114,115,116
公共投資　86
広義流動性　117
構造改革　208,210
公定歩合　162
高度経済成長　234
購買力平価　234
効率賃金仮説　183
合理的期待形成仮説　210
国債　117,119
　　――の利子率　107
国際収支表　223
国際通貨　245
国際通貨基金（IMF）方式　223
「国内」概念　33
国内純所得　32
国内純生産　32
国内総支出　14,19,21,24,25,26,31
国内総所得　31,32
　　――の増加　77
　　――の変化　94
国内総生産　3,4,6～8,10,11,19,24,25,
　31,32,34,118,138,141,142,171,179
　　――と国内総支出の恒等関係　26
　　――と物価　179
　　――と物価の同時決定　175,176
国内総生産増加のメカニズム　167
国内総生産物　4
国内で生産された最終生産物　19
　　――に対する支出　21
「国民」概念　33
国民経済計算　1,6,18,21,32,35,50
　　日本の――　39
国民総所得　7,33,34
固定価格モデル　61
固定為替相場制　214
固定資本減耗　32
古典派モデル　43,44,46,58,72,185,186,
　194,197,198,210,211,219,226
　　――の現実妥当性　196,211
雇用　2,6,179,219
　　――の安定　191
　　――の拡大　180
雇用者所得　31
雇用保護法　196
雇用量　2,221,230

さ　行

財　2
債券　18,102,118,119,206
　　――の売りオペレーション　162

271

——の買いオペレーション　162
　　——の価格　120
　　——の利子率　119,120
債券売りオペ　162
債券オペレーション　161,162
債券買いオペ　162
債券残高　127
債券市場　129
債券需要　120
債券発行市場　130
債権放棄　207
債券流通市場　130
在庫投資　11,12,15,16,24,26,29,50,56,
　98,205
　　意図した——　53
　　意図せざる——　53
最後の貸し手　162
財市場　4,44,114,142,166
　　——の均衡　141
　　——の均衡条件　134
　　——の均衡条件式　94,148
最終生産物　10
　　——に対する支出　14,22
　　——の生産高　12
財政赤字　148
財政金融政策　76,169,186
財政黒字　148
財政支出乗数　81
財政収支　148
財政政策　3,85
　　——の効果　147
最低賃金制　196
債務　206,207
　　——不履行　207
サッチャー改革　209
サービス　2
三面等価の法則　6,31,34

仕掛品　15
仕掛品在庫投資　16
賃金　102,161

自己資金　107
　　——のコスト　106
事後的　49,50,52
　　——国内総支出　54
　　——国内総生産　53,54
　　——な支出　51
　　——な生産　51
仕事をしながらの訓練　238
資産需要　118,121,122
　　——曲線　122
資産デフレ　207,210
支出　5,14,46,50
支出面　31
市場　44
市場経済　76,114,161
事前的　49,52
　　——な支出　51
　　——な生産　51
自然失業率　190
　　——仮説　188,189
失業　198,211
失業保険給付　197
失業率　2,191,194〜203,206,208,209,
　221,230
　　日本の——　194
　　——の上昇　196
実質貨幣供給量　163
　　——の増加　164
実質貨幣残高　127
実質貨幣需要　121,122
実質為替レート　227
実質経済成長率　236
実質国内総支出　44,68
実質国内総生産　40,43,44,46,52,59,61,
　67,68,71,76,81,82,84,178,186,219,
　236,237,249
　　——の計算式　94
実質GDP　36,37,39
実質純輸出　219
実質賃金　196
実質賃金率　173,174,182,185,190,195

索引

——の調整　186
実質民間設備投資　111
実物資本　237
実物的景気循環理論　211
自発的失業者　174
支払い手段　114
資本　236
　　——の限界性　247
　　——の平均生産性　247
資本財　237
資本投入量　237,242
社会資本　86
社会保障税　196
社債　119
　　——の収益率　120
収穫逓減の法則　237,240
終身雇用制　195
住宅投資　16,17,98
主要先進国の失業率　198
需要決定型マクロ経済モデル　62
需要者たちの「計画」を示す曲線　46
純外需　227
準通貨　116
純輸出　21,27,219,222,227,244
　　——決定のメカニズム　224
　　——黒字の拡大要因　228
　　——の短期的変動　225
省エネルギー投資　100
償還価格　119
償還期間　119
償還差益　120
乗数　75
　　——の計算式　94
譲渡性定期預金　116
消費　3,14,24
消費関数　68,91
消費財　4,10,14,82
消費者物価上昇率　194
将来の名目地代　207
所得収支　223,224
所得に依存する支出　69

所得の増加　69
新古典派モデル　211
伸縮的価格モデル　60
新製品のための投資　99
人的資本の形成　246
信用創造　125
　　——による預金の供給　125

ストック　127

生産関数　236
　　——の上方にシフト　241,242,247
生産高　9〜11
生産能力拡大投資　98,99
生産の量的調整　64
生産費用　99
生産物市場　4,6,44,114,118,166
　　——の均衡条件式　94
生産物に対する需要　92
生産面　31
生産要素　100,236
　　——の価格　100
生産要素代替投資　100
税収の変化　156,158
　　——と国内総生産の変化　158
　　——によるIS曲線のシフト　157
生存水準　240,243
成長率　39
製品在庫投資　15,16
政府支出　20,22,81,178
　　——の増加による雇用の増加　178
　　——の増加の効果　154
　　——の変化　151,152
　　——の変化によるIS曲線のシフト　151,152
政府支出乗数　81,93
政府支出乗数メカニズム　155,156
政府と貿易を含んだ国内総支出の数値例　22
政府部門　150
　　——を考慮したときのIS曲線　149,150

273

——を考慮したときの財市場の均衡条件
　　　式　147
石油ショック　100
石油輸出国機構（OPEC）　100
設備投資　16,29,76,98,110,205
ゼロ金利政策　205
潜在成長率　236

総営業余剰　32
総供給　44,54,61,62,68,74,81,84,135,
　　172
　　——の増加　77
　　——の変化　94
総供給曲線　45,49,173,185,190,249
　　短期的な——　190,219
　　長期の——　219
総供給能力　236
総需要　46,54,59,61,62,68,72,74,81,
　　135,170,172,186,219
　　——の減少　63,83,85
　　——の増加　77,84,91,92
　　——の変化　64,94
　　輸入を考慮したときの——　90
総需要曲線　46,49,73,74,76,88,171,172,
　　180,221,249
増税　85
相対的賃金　182
相対賃金仮説　182
粗営業余剰　32
租税乗数　82,84,85
　　——のメカニズム　84,85,93
　　輸入を考慮したときの——　94
租税乗数効果　158

た 行

耐久消費財　18
他の生産要素を代替するための投資　100
短期利子率　109
団体交渉による労働協約　197

地代　29,31

中央銀行　160,191,194
中間投入物　9
超過供給　45,47,58,61〜64,128,149
超過需要　45,47,55,58,59,61,64,72,128,
　　149
長期的な純輸出の決定　226
長期利子率　109〜111
　　——の低下　110
貯蓄　135,141,234
　　——と税収の合計　150,152,157
　　——と投資の関係　244
貯蓄関数　135〜137,142,143
貯蓄超過　230
貯蓄・投資の均等　138
貯蓄・投資（IS）バランス・アプローチ
　　229,230
賃金　4,29,114,118,219
　　——の下方硬直性　196,210
　　——の調整　185
賃金率調整のメカニズム　175
賃金率の調整　175,191

通貨の交換比率　214

定期性預金　116
手形売りオペ　162
手形オペレーション　161,162
手形買いオペ　162
手形・債券買いオペレーション　166
手形の売りオペレーション　162
手形の買いオペレーション　162
適正な投資水準　98
適切な雇用水準の維持　160
デフレーション（デフレ）　203〜208,210,
　　211

投資　18,98,105,106,141,204〜208,242
　　——と政府支出の合計　150,152,157
　　——の期待収益率　98,101,103,105,
　　106,108〜110,204
　　——の期待純利益　101

索 引

投資家　119
　　機関——　119
　　個人——　119
投資関数　106,135,137,142,143
投資曲線　106,108,111
投資決定基準　103
投資財　11,12,25
投資資金のコスト　107
投資資金の調達コスト　98,102
投資乗数　75,76,79
　　——効果　144
　　——メカニズム　155,166,167
　　——モデル　74,75
投資超過　230
投資費用　102
投資利益の源泉　98
当座預金　116
独立支出　73,80,87
土地投資　17
取引需要　118,121
ドル建ての円・ドルレート　215,218
ドル安　214
　　——・円高　215

な 行

内需　227
内生的経済成長　248
内部留保　29
内部労働者　183,184

日銀貸出の増加　179
日米経済摩擦　222
日本銀行　124,161,180
　　——貸し出し　161
　　——による現金の供給　124
日本銀行券　124
日本の賃金率の調整　195
ニュー・ケインジアン　183,196,210,211

は 行

配当　29

80年代バブル期　111,206
バブル景気　2,110
バランス・シート　206〜208

非自発的失業　182,185,187,219
　　——者　174
一人あたり実質国内総生産　251
貧困の悪循環　243

フィリップス曲線　191,192,198
　　——が右にシフト　198
　　長期——　192
　　右下がりの——　198,200
付加価値　9〜11,30
　　——合計　12
不確実な要因　99
不完全雇用　175,182
不況対策　85,178
　　——としての財政対策　85
負債　207
普通預金　116
物価　2,43,44,52,121,170,179,186
　　——と国内総生産　178
　　——の安定　191
　　——の上昇　59,178,179
　　——の低下　170
物価一定のモデル　61
物価上昇率　175,191
物価水準　45,47,55,61,63,88,163
　　——の安定　160
物価の変化　171
　　——を考慮したケインズ・モデル　169
負の計画外在庫投資　55,59
負の投資乗数メカニズム　156
フロー　130
　　——の市場　130
分配面　5,29
　　——からみたマクロ経済　29

変動為替相場制　214

275

貿易・サービス収支　223
貿易収支　213,222
補助通貨　116

ま　行

マクロ経済学　2,3
　　――の均衡のメカニズム　71
　　もっとも単純な――　24
マクロ経済変数　35
マクロ経済モデル　60
貧しい国　226
マネタリスト（貨幣重視主義者）　188
マネタリズム　192,210

ミクロ経済改革　209
ミクロ経済学　3
民間銀行　124,161
　　――による預金の供給　125
民間国内純投資　32
民間国内総投資　18,22,72,76,97,98,111,
　　134,178,244
民間在庫投資　19,27
民間最終消費支出　18
民間収支　148
民間消費　18,22,26,72
民間消費曲線　73
民間設備投資　19
民間総貯蓄　134,244
民間貯蓄投資差　148
民間投資乗数　93

名目売上高　206
名目貨幣供給量　163,177
名目貨幣需要　121
名目為替レート　227
名目国内総支出　40
名目国内総生産の国際比較　234
名目国民総支出　40
名目GDP　36,37
名目賃金率　45,182,185,186,190
　　――が一定　182

　　――の下方硬直性　182
　　――の調整　173
名目利子率　204～206

や　行

家賃　29,31

有価証券　125
有効需要　62
　　――の原理　62
輸出　20,87,214,215
　　――と為替レート　214
　　――の増加　88,92
輸出額　216
輸出曲線　215
輸出乗数　91,93
　　輸入を考慮した場合の――　91,92
輸出量　216
豊かな国　234
輸入　20,214,215,217
　　――と為替レート　218
　　日本の――　88
輸入額　218
輸入関数　89,91
輸入曲線　217
輸入品　22
　　――に対する需要　92
輸入量　217

要素所得　30
預金創造　125
預金通貨　116
予想インフレ率　204,205
予想実質利子率　204,205
予想収益率　98
45度線　74
　　――の性質　70
45度線分析　67,68
　　――で示される単純なケインズ・モデル
　　172

ら　行

リアル・ビジネスサイクル仮説　211
利子　29,31
利子率　102,103,105,106,114,138,141,142,163,170
　——決定理論　127
　——の決定　114,128
利潤　29,107
流動性選好説　113,127
流動性選好の理論　127
流動性の不足　162
流動性のワナ　205,206
留保利益　29
留保利潤　107
量的緩和政策　205

レーガノミックス　209

労働　100,236,246
　——と資本の生産性　247
　——の限界生産性　238,240,242
　——の限界生産物　238
　——の収穫逓減の法則　238,240
　——の平均生産性　239,240,242
労働組合仮説　182
労働サービス　4,29,114,118

労働市場　4,6,174,190
労働生産性　184,209,246
労働代替　100
労働投入量　237
ロボットによる労働の代替　100

欧　字

CD　116
GDP　7,32,36
GDP デフレーター　36,37,38,203
GNI　33
IS 曲線　134,137,138,143,150,172,213
　——のシフト　142,152,156
　——の導出　138
IS-LM 曲線　220
IS-LM 分析　144,147,158,171,178,179
　——で示されるケインズ・モデル　172
J カーブ効果　225
LM 曲線　134,139,179
　——のシフト　164
　——の導出　140
M 1　116
M 2　116
M 2＋CD　116
NDP　32
OJT　246

著者紹介

岩田　規久男（いわた　きくお）

1942 年　大阪府に生まれる
1966 年　東京大学経済学部卒業
　　　　上智大学経済学部教授，
　　　　学習院大学経済学部教授を経て
現　在　前日本銀行副総裁　学習院大学名誉教授

主要著書

『金融政策の経済学』，『ゼミナール ミクロ経済学入門』（以上，日本経済新聞社）
『経済学を学ぶ』，『マクロ経済学を学ぶ』，『日本経済を学ぶ』（以上，ちくま新書）
『金融入門　新版』，『国際金融入門　新版』（以上，岩波新書）
『デフレの経済学』，『日本経済にいま何が起きているのか』（以上，東洋経済新報社）

■基礎コース［経済学］— 2 ■

基礎コース　マクロ経済学　第2版

1997 年 10 月 10 日 Ⓒ	初 版 発 行
2005 年 2 月 10 日	初版第 10 刷発行
2005 年 12 月 10 日 Ⓒ	第 2 版 発 行
2020 年 3 月 10 日	第 2 版第 12 刷発行

著　者　岩田規久男	発行者　森平敏孝
	印刷者　加藤文男
	製本者　米良孝司

【発行】　　　　　　　株式会社　**新世社**
　〒151-0051　　東京都渋谷区千駄ヶ谷1丁目3番25号
　☎(03)5474-8818(代)　　サイエンスビル

【発売】　　　　　　　株式会社　**サイエンス社**
　〒151-0051　　東京都渋谷区千駄ヶ谷1丁目3番25号
　営　業 ☎(03)5474-8500(代)　　振替　00170-7-2387
　FAX ☎(03)5474-8900

印刷　加藤文明社　　製本　ブックアート

≪検印省略≫

本書の内容を無断で複写複製することは，著作者および出版者の権利を侵害することがありますので，その場合にはあらかじめ小社あて許諾をお求め下さい。

ISBN4-88384-097-2
PRINTED IN JAPAN

ライブラリ経済学への招待 1

経済学への招待

岩田　規久男 著
A5判／208頁／本体1800円（税抜き）

経済学の基本的な仕組みを読みやすい文体と豊富な図版を用いて，誰にでも分かるようコンパクトに解説．重要語句・概念を本文欄外に配置することにより最重要箇所が一目で分かる構成．ヴィジュアルに学べる3色刷．

【主要目次】
希少性と資源配分／需要と供給／
価格の決定とその変化／資源配分と所得分配の決定／
政府の役割／国内総生産の決定／
経済の変動と安定化政策／経済成長

発行　新世社　　　発売　サイエンス社

基礎コース［経済学］1

基礎コース
経済学
第2版

塩澤修平 著
A5判／352頁／本体2,100円（税抜き）

世界経済の低迷により，わが国でも様々な経済問題が大きな課題となる中，変化する社会を理解する「知性」の一つとして経済学を身につける重要性は増している．本書では，経済学の基礎を学ぶことを意図しており，左頁に解説，右頁に図表・囲み記事を配した見開き構成でわかりやすく解説する．第2版では初版刊行以降の社会の動きに対応し，用語やデータの更新を行った．

【主要目次】
経済の基本問題と経済システム／消費者と生産者の行動／市場均衡／経済厚生と不確実性／国際貿易・国際資本移動・為替レート／マクロ経済学の基礎概念／経済政策／ほか

発行 新世社　　　発売 サイエンス社

基礎コース[経済学] 10

基礎コース
統 計 学
第2版

田中勝人 著
A5判／264頁／本体1,900円（税抜き）

信頼性高い標準的教科書として刊行以来高い評価を得てきた書の最新版．初めて学ぶ学生に向けて必須の基礎概念を説き明かすというコンセプトは維持しつつ，前半の記述統計に関する章における補足説明やデータのアップデートを中心にして改訂を行い，更に本文や例題で示している各種の計算を全て新データで再実行している．

【主要目次】
統計学とは何か／度数分布／データの特性値／多変数データの整理／確率変数と確率分布／さまざまな母集団分布／標本分布と正規近似／確率モデルと推定／検定／回帰モデルによる統計的分析

発行　新世社　　　発売　サイエンス社